Johann W. Goethe
FAUSTO

Clásicos Universales Planet

Johann W. Goethe

FAUSTO

Introducción de
Francisca Palau Ribes
profesora de la Universidad de Barcelona

Traducción y notas de
José María Valverde
catedrático de la Universidad de Barcelona

PLANETA

© Editorial Planeta, S. A., 1996
    Córcega, 273-279, 08008 Barcelona (España)
Diseño colección de Helena Rosa-Trias
Realización cubierta de Manuel Vizuete
Ilustración cubierta: retrato de F. G. Kugelgen, Museo Goethe, Frankfurt
del Main
Quinta edición en esta colección: noviembre de 1996
Depósito Legal: B. 41.899-1996
ISBN 84-08-01938-4
Impresión: Liberduplex, S. L.
Encuadernación: Serveis Gràfics 106, S. L.
Printed in Spain - Impreso en España

SUMARIO

	Págs.
INTRODUCCIÓN	IX
Cronología	XXXI
Bibliografía hispánica	XXXVI

FAUSTO

Dedicatoria	3
Preludio en el teatro	5
Prólogo en el cielo	11
PRIMERA PARTE	15
SEGUNDA PARTE	
Primer acto	139
Segundo acto	194
Tercer acto	251
Cuarto acto	295
Quinto acto	324

INTRODUCCIÓN

Entre las valoraciones cambiantes y contradictorias de la personalidad de Johann Wolfgang Goethe permanece un núcleo sólido, brillante, inconfundible e incontestable: su universalidad que le coloca no sólo muy por encima de su nación, cuyas fronteras trasciende, sino también de su época. No sin fundamento, el escritor contemporáneo Werner Bergengruen pone de relieve las características del genio de Goethe, diciendo: «La·universalidad de Goethe hace que sea imposible considerarlo únicamente o·más que nada como representante de su nación.»[1] Goethe es el gran europeo, abierto a la antigüedad clásica, a la poesía oriental, a la Edad Media alemana, a lo popular, a aquellas influencias que considera capaces de coadyuvar a la maduración de la literatura alemana. Es el forjador del merecido prestigio de la cultura alemana más allá de sus fronteras, que aglutina y crea valores estéticos. En su larga vida se observa una evolución dinámica, propia del genio, que parte de una imitación superficial y formalista para virar enérgicamente hacia la poesía espontánea tumultuosa que, sin detenerse en esta fase, evoluciona hacia la madurez serena, pero siempre pletórica de vida, de un clasicismo de forma depurada, síntesis de una profunda asimilación de la cultura helénica, la luminosidad meridional y los valores germánicos.

El contexto histórico en que se desarrolla la vida de Goethe (1749-1832), lleva la impronta del auge de Prusia, que se convierte en gran potencia bajo la

[1] Janés, Alfonsina, *Goethe. Elegías y Epigramas*, Introducción, p. 63, Barcelona, 1978.

enérgica mano de Federico el Grande *quien, amigo
de Voltaire y admirador incondicional de la cultura
francesa, considera como provinciano y mediocre todo
cuanto se escribe en alemán. Al mismo tiempo, el
brillo de la corte imperial de Viena de María Tere-
sa y José II, va cediendo en supremacía política en
el territorio alemán septentrional, sobre todo después de la Guerra de los Siete Años. No obstante,
sigue irradiando su influencia cultural.*

*Frankfurt del Main, lugar de nacimiento de Goe-
the, era ciudad libre imperial en que se realizaba la
coronación de los emperadores, y un gran centro co-
mercial. Los padres de Goethe pertenecían a la alta
burguesía. Su padre, austero, pedante, de normas
rígidas, vivía bastante alejado de la sociedad, dedicado a sus estudios, a sus colecciones y a la educación de Johann Wolfgang y de su hermana Cornelia.
Su madre, mucho más joven que su marido, era de
temperamento abierto, alegre.*

*De su niñez, Goethe subraya en su autobiografía
las impresiones causadas por la ocupación francesa; la coronación del emperador José II; la educación dirigida por su propio padre con gran rigidez,
pero que le presenta el vasto horizonte de la cultura
europea; el contacto con el teatro francés, gracias
a un oficial de dicha nacionalidad que se hospedó en
su casa durante la ocupación. El aprendizaje del griego, latín, hebreo y francés favorecen su apertura pre-
coz a otras culturas.*

*A los 16 años se traslada a Leipzig como perfecto
cortesano que domina la métrica, es buen jinete y se
mueve con soltura en sociedad. Leipzig, llamado el
«Pequeño París», centro de la moda, de la galan-
tería, de los amoríos superficiales, acoge y subyuga
al joven estudiante de jurisprudencia quien se des-
preocupa de sus estudios. Importante para su orientación posterior fue su amistad con Oeser, un gran
admirador de Winckelmann. Su amor juvenil por*

Käthchen Schönkopf se refleja en sus poesías, en las que la superficialidad formal del rococó asfixia la inspiración personal. También en su comedia pastoril Los caprichos del enamorado, *Goethe se deja vencer por el gusto de la época. No obstante, aflora aquí y allí la vivencia personal del amor por Käthchen. Poco más tarde, en su comedia* Los cómplices, *Goethe ya se distancia de esta tendencia, puesto que critica el mundo burgués superficial.*

Enfermo, y sin terminar sus estudios, regresa a Frankfurt. En su convalecencia le cuida una amiga de su madre, Susanne von Klettenberg. Goethe lee asiduamente literatura pietista, teosófica y reflexiona seriamente sobre la dicotomía de corazón y razón, la superficialidad de la vida de la alta sociedad, y el misterio de la naturaleza.

Restablecido de su dolencia, prosigue sus estudios en Estrasburgo. Dos acontecimientos de gran trascendencia influyen en Goethe: su encuentro con Herder y su amor por Friederike Brion.

Con razón se ha dicho que es en Estrasburgo donde empieza la creatividad poética de Goethe. Gracias a Herder, se aleja del formalismo juguetón anacreóntico, porque comprende que la verdadera poesía surge de la vida, presente en la historia y la naturaleza, del sentimiento íntimo, personal, expresado con espontaneidad. Reconoce el valor del genio de Shakespeare y el de la canción popular. En ese estilo sencillo, apasionado, auténtico, vierte Goethe su amor por Friederike Brion en la que se expresan el sentimiento, la fantasía y la pasión en un estilo espontáneo, sencillo y arrebatador. Las poesías «Acogida y despedida» y «La canción de mayo» son la más pura expresión de este viraje decisivo hacia la poesía íntima, vivida.

Durante su estancia en Estrasburgo y, más tarde, en Frankfurt, establece contacto con el grupo del «Sturm und Drang» (Tormenta e ímpetu), formado

*por jóvenes que se oponen al racionalismo y a la ri-
gidez y superficialidad del neoclasicismo.*

*De los planes concebidos por los «genios» del
«Sturm und Drang» para la creación de las obras
dramáticas dedicadas a grandes héroes (César, Só-
crates, etc...), Goethe sólo llegó a componer himnos
solemnes, apasionados que, en el sentido del «Sturm
und Drang», no se ajustan a ninguna forma estrófica
regular y rechazan la rima.* El genio es el individuo
que lo arriesga todo, que se siente dispensado de
seguir toda clase de norma, empujado hacia un porvenir brillante pero lejano. Está seguro de sí mismo
y reta a los dioses. Prometheus *y* Ganymed *se com-
pletan, retador el primero, el segundo elevándose hacia la divinidad lleno de nostalgia infinita.*

*De los planes dramáticos de Estrasburgo sólo llegó
a terminar el drama* Götz de ·Berlichingen *con la
mano de hierro, cuyo título denota ya la tendencia
épica y que está completamente bajo la influencia de
Shakespeare. Goethe ensambló las escenas y ordenó
de nuevo la acción después de la crítica de Herder:
«Shakespeare os ha estropeado del todo.»*

*Esta obra le convirtió en jefe del movimiento del
«Sturm und Drang» formado por aquellos jóvenes
escritores que se rebelaban contra el racionalismo y
sus normas y proclamaban la libertad, la espontaneidad, adoraban al «genio», persona que estaba por
encima de todo y sólo buscaba su autorrealización,
se entusiasmaban por el culto a la naturaleza, por
la cultura germánica y el arte gótico.*

*Durante una corta estancia de pocos meses en
Wetzlar, sede del Tribunal Imperial, se enamora, sin
ser correspondido, de la novia de su amigo Kestner,
Charlotte Buff, a la cual se sustrae huyendo de Wetzlar. El suicidio por amor de un conocido, le induce
a amalgamar la propia vivencia con ese episodio,
cuyo fruto es la novela* Werther. *Su forma epistolar
correspondía a la corriente inspirada por el pietismo*

que presentaba las emociones íntimas de las almas.

En esa obra —que fue traducida rápidamente y extendió la fama de Goethe por toda Europa— es patente la influencia de Richardson y Rousseau, y uno de sus asiduos lectores fue Napoleón. En Werther *se presenta el amor apasionado y avasallador que barre la realidad y lleva al héroe a la autodestrucción.*

Las obras dramáticas Clavigo y Stella *siguen la línea del «Sturm und Drang», y reflejan las vivencias del autor; la primera de ellas, su recuerdo de Friederike.*

En esa misma época encontramos también sus primeros conatos de dar forma poética a la historia de Fausto, en cuanto presenta el ímpetu titánico hacia lo absoluto, esta vez por el cauce del amor que se estrella ante Margarita.

Aunque publicada mucho más tarde, también la tragedia de Egmont *es concebida en la época de los genios de Frankfurt. La figura de Egmont encarna a la persona «demoníaca», en su simpatía y popularidad. Según el concepto de Goethe, ésta es la persona excesivamente segura de sí, ciega y confiada ante la realidad que le destruye. Ningún aviso detendrá a Egmont o le hará reflexionar; la seguridad en sí mismo le lleva a la catástrofe. Lo que le obliga a actuar de ese modo, según el concepto de Goethe, es lo «demoníaco», fuerza misteriosa, irresistible.*

En 1775, conoce Goethe a la hija de un banquero, Lili Schönemann. Tras comprometerse formalmente con Lili, Goethe temió ser infiel a su vocación poética si se quedaba encerrado en el ambiente de la alta sociedad de Frankfurt y, como ocurrió frecuentemente en su vida, buscó sustraerse al encanto de la muchacha asociándose al viaje que dos poetas del «Sturm und Drang», los hermanos Stolberg, habían emprendido hacia Suiza. Sus poesías «En el lago», «El rey de Thule», «A Belinda» son ya muestra de la plenitud creadora del autor: sencillez, intimidad, pasión, naturaleza, espontaneidad.

Antes de llegar a Italia, la meta de su viaje, Goethe decide regresar a Frankfurt, atraído por el amor a Lili, pero indeciso todavía. De esta indecisión lo saca la invitación del joven duque de Weimar Karl August. Rompe con dolor el compromiso y se inicia, con su traslado a Weimar, en 1775, una nueva etapa de su vida. Entre los manuscritos que se lleva a Weimar se halla el Urfaust *y algunos fragmentos de* Egmont.

Weimar era entonces una pequeña ciudad que contaba apenas 6 000 habitantes, corte regida por el joven duque, quien organizaba fiestas y cacerías. Poco después, Weimar se convirtió en corte bien regida, y esa ciudad fue la sede de adopción del poeta. Surgió una sincera amistad con el duque, quien le confió cargos de responsabilidad que indujeron a Goethe a realizar estudios de mineralogía, botánica, anatomía y a realizar varios viajes. Todo ello le acercó a la naturaleza y se insertó, en cierta manera, en su creación poética. En el campo científico, Goethe elaboró teorías de las que se sentía muy orgulloso.

El vaivén de la corte, en la que le cuesta adquirir el reconocimiento de la nobleza, no es propicio para su creación literaria. Pero el desempeño de sus obligaciones como administrador de bosques y minas le llevan a formar su personalidad, la cual emerge con mayor serenidad en poesías como «Nocturno del caminante» o «A la luna» que plasman el anhelo y la nostalgia del hombre por encontrar tranquilidad y sosiego junto a un amigo o en el silencio de la naturaleza, todo ello magistralmente expresado en la breve poesía «Sobre todas las cumbres planea el sosiego», perla de la lírica alemana.

En las baladas «El pescador» y «El rey de los alisos», Goethe entreteje de nuevo el poder misterioso, demoníaco, irresistible que acarrea la muerte o la desgracia.

El ímpetu de la «época de los genios» va serenándose lentamente gracias a la toma de conciencia de los límites del ser humano; este hecho se observa en las maravillosas poesías «Límites de la humanidad» y «Canto de los espíritus sobre las aguas», en la que las nubes y el agua se convierten en símiles de la vida. La bondad, que actúa y ayuda, es el núcleo de la poesía «Lo divino». Por entonces se perfila ya el proyecto de una novela que pretende presentar la formación de un joven, La misión teatral de Wilhelm Meister.

A toda esta evolución contribuye uno de los encuentros más trascendentales de la vida de Goethe, la amistad con Carlota von Stein, una mujer de temple realmente noble, de actitud clara y serena que ejerció una influencia incalculable sobre Goethe, quien confiesa esta influencia en poesías líricas de sublime inspiración, como «¿Por qué nos diste las miradas profundas?» o en las figuras de Ifigenia o la de la princesa en Tasso. Gracias a frau Von Stein, Goethe encuentra en sus poesías la mesura, la serenidad, el cultivo de la forma, sin perder la intimidad, es decir, el equilibrio entre fondo y forma y la profundidad del sentimiento.

La obra que acaso refleja mejor esta influencia es el drama Ifigenia, la cual irradia bondad, mesura, dominio de sí, rectitud y sinceridad, que salvan a Orestes. La primera versión de esa obra se escribió en prosa. Tanto Ifigenia como otro drama clásico, Tasso, en el que el poeta tiene que aprender a dominarse y a comprender su limitación dolorosa, recibieron su redacción definitiva en Italia.

Goethe, tras haber pasado unos diez años en Weimar, sintió de nuevo el deseo de huir de las ligaduras de la vida cortesana y de sus obligaciones administrativas. Casi sin despedirse, emprende en 1786 su primer viaje a Italia. La luminosidad del país meridional, el clasicismo en su pureza inmediata, le en-

*tusiasman y proporcionan nuevas y profundas viven-
cias. La observación de la naturaleza le lleva a ela-
borar la teoría de la metamorfosis de las plantas, y
de los seres que, partiendo de un tipo primitivo, van
transformándose continuamente, teoría que plasma-
rá más tarde en su obra* La metamorfosis de las
plantas.

*En Italia redacta definitivamente, en el verso clá-
sico alemán, el yambo de cinco pies, sus obras* Ifigenia, Tasso *y trabaja en* Fausto.

*A su regreso de Italia, que ha recorrido hasta Sici-
lia, incluso en numerosas excursiones a pie, Goethe
se encuentra solo. En sus obras poéticas se percibe
la influencia de sus teorías naturalistas y presenta
más que personalidades, tipos como en* La hija natural *o, más tarde, en* Las afinidades electivas.

*También se enfrían las relaciones con Charlotte von
Stein, sobre todo cuando Goethe se une a la joven
Christiane Vulpius, con la que se casará años más
tarde.* Elegías romanas *se inspiran en esta relación.*

*Goethe queda dispensado de todas sus obligaciones
administrativas y sólo se ocupa de la dirección del
teatro de la corte. Su participación como observador
en las campañas del ejército alemán contra el francés, le llevan a predecir el inicio de una nueva época
y a evadirse del vaivén en la epopeya, sátira del egoís-
mo y la mezquindad,* Reineke Fuchs, *basada en un
antiguo poema alemán.*

*El año 1794 es decisivo para Goethe porque se ini-
cia su amistad con Schiller, gracias a la cual surgirá
una colaboración entre ambos poetas, uno de cuyos
resultados más atrayentes fue el año de las baladas
(1797), de esas composiciones lírico-dramáticas en las
cuales el elemento «demoníaco» predomina en las de
Goethe y el dramático en las de Schiller.*

*En 1796 Schiller insta a su amigo a reanudar su
trabajo en la novela de formación* Años de aprendizaje de Wilhelm Meister.

En 1796 escribe Goethe, bajo la impresión de las consecuencias de la Revolución francesa, la epopeya burguesa Hermann y Dorotea, en la cual enaltece el valor de la familia, el idilio amoroso, el orden, el trabajo tenaz y constante y el sacrificio personal.

La muerte de Schiller (1805) deja una profunda huella en el ánimo de Goethe, quien afirmará: «He perdido un amigo y, con él, la amistad de mi vida.» Y escribe la poesía «Epílogo a la "Campana" de Schiller», en recuerdo emocionado del amigo.

Gracias a éste, Goethe terminó la primera parte de Fausto, el drama que le acompañó toda su vida.

Con esa fecha (1805) se suele dar por terminada la época clásica, ya que, en los años posteriores a la muerte de Schiller, se inicia una nueva etapa en la creación literaria de Goethe. Históricamente es la época inquietante de los desastres militares de Prusia, poco propicia para la producción artística.

Abundan los epistolarios, las obras autobiográficas y recuerdos de viaje. Descuellan entre ellas El viaje a Italia y, sobre todo, Poesía y verdad, en la cual el autor evoca su juventud hasta su llegada a Weimar, documento valiosísimo para conocer su evolución y su entorno histórico, social y literario.

Su labor como novelista se completa con las Afinidades electivas, intriga muy refinada sobre la fuerza elemental del amor entre personajes que se atraen fatalmente como los elementos químicos, y en una novela corta destinada a ser intercalada en la segunda parte de Wilhelm Meister, bajo el título genérico de Novelle.

En uno de sus viajes a Renania, conoce a Marianne von Willemer, esposa de un banquero de Frankfurt. Su amor da origen a la colección de poesías Diván de Occidente y Oriente, expresión de amor en ropaje oriental.

Por esa época, reanuda el trabajo en la novela Andanzas de Wilhelm Meister, la segunda parte de dicha novela, conjunto de narraciones, tratados, cartas y sentencias, apenas conectadas entre sí. La meta que se propone es exponer la formación universal, adecuada para el protagonista, símbolo de una generación destinada a vivir en una nueva época técnica y especializada en la que el individuo debe brindar su colaboración a la comunidad. Este ideal de servicio, de entrega, recuerda el esbozado en la segunda parte de Fausto.

En una de sus estancias en Marienbad, balneario al que acudía con la corte de Weimar, estalla su amor por Ulrike von Levetzow, joven de diecisiete años, amor al que renuncia dolorosamente. La pasión y resignación encuentran una expresión acabada y profunda en la «Elegía de Marienbad».

La riqueza de su personalidad y la sabiduría de su ancianidad, se aglutinan en las últimas pinceladas de la segunda parte del Fausto, cuyo manuscrito sella solemnemente como don póstumo a la humanidad.

Con razón se ha dicho que Goethe pertenece por su lengua a Alemania, pero por su poesía pertenece a todos los tiempos y latitudes. A todos tiene algo que decirnos, puesto que él tampoco se encerró en el ámbito de su pueblo. Concebía la literatura universal como una gran fuga en la cual van emergiendo una tras otra las voces de todos los pueblos para fundirse, al final, en un todo armónico.

Vio proféticamente que su propia universalidad —cultivó la poesía, el teatro, la epopeya, la novela, la crítica, los estudios científicos, las memorias— sería irrepetible, porque se anunciaba ya la era de la especialización y de la técnica, cuyos peligros vislumbraba y quería evitar apelando al deber del hombre a ponerse al servicio de la comunidad y legándole la experiencia del anciano Fausto, quien sólo encontró la felicidad haciendo felices a sus semejantes y no cejando nunca en su esfuerzo de superación.

El «Fausto» I y II

En el fragmento épico, relacionado con Montserrat, Los misterios, Goethe nos da una pista para la lectura de su obra inmortal el Fausto. Habla de un canto maravilloso que nos llevará por montes y valles, brindándonos amplias perspectivas o angostos vericuetos. Se limitará a «acercarnos» a la meta. No obstante, sigue diciendo, nadie debe llevarse a engaño. Por mucho que se esfuerce y reflexione, no se llegará a descifrar nunca el poema en su conjunto, si bien, todos cuantos lo lean podrán encontrar en él «una flor» que enriquecerá su espíritu. Estas palabras pueden aplicarse acertadamente a la obra cumbre de nuestro autor.

Origen, etapas de composición
   y estructura del «Fausto»

El poema dramático del Fausto está dividido en dos partes. Es una obra que se va elaborando a lo largo de toda la vida de su autor.

Son significativas las manifestaciones del propio Goethe, en una carta dirigida a su amigo Humboldt, el año de su muerte (1832). Le confirma que el tema del Fausto le ha preocupado toda su vida.

En la creación intermitente de la obra va entretejiendo sus vivencias, sus reflexiones, sus estudios e investigaciones estéticas, científicas, filosóficas; en resumen, su cosmovisión en incesante devenir. Bien es verdad que también el interés mostrado por amigos y conocidos como Carlota von Stein, Schiller, Eckermann y otros le animaron a proseguir su empeño.

El Fausto histórico

Las crónicas señalan que un tal doctor Georg o Johann Faust vivió por los años 1480-1540. Era médico, astrólogo, charlatán y probablemente libertino. Se sabe que buscaba entrar en contacto con círculos humanistas, mostraba afición por la filosofía naturalista (magia naturalis) *y se arrogaba poderes sobrenaturales, por lo que sus coetáneos solían atribuir su poder mágico a un pacto con el diablo. Se sabe asimismo que fue expulsado de varias ciudades alemanas y que probablemente murió de forma violenta.*

Ya en vida, se convirtió en personaje misterioso y legendario. Su modo de ser y actuar pueden relacionarse con las leyendas de Cipriano —recogidas en El mágico prodigioso *de Calderón— o de Simón el Mago.*

El Fausto en la literatura anterior a Goethe

Los llamados «libros populares», relatos anónimos, son la primera presentación literaria de la leyenda de Fausto. En una edición de fines del siglo XVI (probablemente alrededor de 1587) se conserva una versión del impresor Spies de Frankfurt. En este Libro de Fausto, *el protagonista es contrapuesto al luteranismo, cuyas limitaciones pretende rebasar mediante un pacto con el diablo. Pero sucumbe, prendido en las redes diabólicas.*

La leyenda de Fausto, muy difundida por toda Alemania, sobre todo en la versión de Spies, y traducida al inglés, interesó vivamente al dramaturgo inglés, precursor de Shakespeare, Marlowe, el cual creó, en 1589, el drama La historia trágica del doctor Faustus. *En esta versión, Marlowe se ajusta a las etapas del* Libro de Fausto, *iniciando la obra con el monólogo de Fausto en el cual, desechando todas las ciencias, decide entregarse a la magia. Fausto sucumbe a las astucias del demonio.*

· *Sin adentrarnos en detalles de la leyenda y sus posteriores refundiciones y ampliaciones, que se amoldan al espíritu y tendencias de los respectivos autores, es importante dar constancia del hecho de que las compañías de actores inglesas la representaron en Alemania, y que sus versiones fueron el modelo para la comedia de marionetas, cuya existencia puede documentarse desde 1746. En esta forma debió de conocerla Goethe en su niñez.*

El tema de Fausto, apasionante por su problemática, interesó vivamente a Lessing, gran iniciador y renovador del teatro alemán. Sólo llegó a redactar una escena sobre este tema, y de su plan es importante retener que el desenlace no había de ser trágico; Fausto, por el contrario, se salva. Este desenlace está en consonancia con la actitud de la «Aufklärung» que pone de relieve el ansia de saber, la rebeldía contra Dios del protagonista.

El grupo literario revolucionario del «Sturm und Drang» (Tormenta e ímpetu), encuentra en el Fausto al héroe que se eleva como titán por encima de leyes, normas y convenciones. En la obra de uno de ellos (Klinger), La vida, las obras y el viaje al infierno de Fausto (1791), éste se convierte en revolucionario social que pide ayuda al diablo para hacer desaparecer las injusticias. Convertido en nihilista, pide al diablo su propia aniquilación.

Goethe y el Fausto

Durante su estancia en Estrasburgo, Goethe se acercó al grupo de jóvenes del «Sturm und Drang». No es de extrañar pues que, evocando sus recuerdos de niñez, centrara su atención en este personaje tan afín al ideal humano de los poetas revolucionarios.

Las etapas de la composición del Fausto

Cronológicamente pueden señalarse las siguientes etapas en la elaboración de esta obra que ocupa casi toda la vida de Goethe:

1.ª Leipzig, Frankfurt y Estrasburgo (1765-1771). Es una etapa inicial, balbuceante.

2.ª Frankfurt (1771-1775) con intensa dedicación a la obra.

3.ª Weimar (1775-1786).

4.ª Durante el viaje a Italia (1786-1788)

5.ª De nuevo, en Weimar (1788-1794).

6.ª La amistad con Schiller (1794-1808), le anima a dar los últimos toques a la primera parte de la tragedia. Se publica en 1808 bajo el título de Faust I. Una tragedia.

Siguen algunos años (1808-1834) en que Goethe abandona la prosecución del Fausto, *para el que tiene planeada una segunda parte, cuya escena central debía ser la dedicada a la antigüedad clásica en conjunción con la cultura germánica. La obra vuelve a ocupar su atención de 1824-1827 (7.ª etapa). A partir de esa fecha y, hasta el año de su muerte, animado ahora por su fiel secretario Eckermann, trabaja intensamente en la redacción definitiva. El día de su cumpleaños, sella solemnemente el manuscrito (1832) con la orden de no darlo a conocer hasta después de su muerte.*

Las ediciones

De lo antedicho se desprende claramente que la obra fue escrita de manera discontinua y que la labor ingente para Goethe, era ir ensamblando las escenas y actos para constituir un todo armónico.

La primera versión conocida es la llamada Urfaust, Fausto primitivo. *El manuscrito se perdió, aunque se conserva el texto íntegro, gracias a la copia que*

*de él hizo en Weimar fräulein Von Göschhausen, co-
pia descubierta por Erich Schmidt a fines del siglo
pasado.*

*Esta primera versión contiene la tragedia del eru-
dito desesperado por su limitación, recuerdos de la
vida estudiantil de Goethe en Leipzig, la escena del
estudiante, la bodega de Auerbach y la tragedia de
Gretchen Margarita. Falta todavía la conexión de las
escenas.*

*Goethe publica por primera vez en 1790 una am-
pliación de dicho fragmento, en el cual se hace notar
la influencia de su viaje a Italia y su contacto con
las claras formas mediterráneas: Faust. Un Fragmento. Goethe pule el estilo, da a conocer el plan general
de la obra: Mefistófeles está llamado a llevar a
Fausto por el microcosmos y, luego, por el macrocosmos para que éste pueda llegar a comprender
todo cuanto encierra el universo. Este plan primitivo será el hilo conductor de las dos partes del
Fausto, en su redacción definitiva.*

*Pero hay que esperar a que la amistad con Schi-
ller le dé el último impulso, para que Goethe se
decida a dar término a la primera parte del Fausto
que publica en 1808, bajo el título de Fausto. Una
tragedia.*

*De todos modos, se sabe que ya por esas fechas
había proyectado el desenlace y había esbozado la
escena de Elena, destinada à ser el núcleo central
de la segunda parte. En 1827, se publica dicho acto
bajo el título de Elena, fantasmagoría clásico-ro-
mántica.*

*Al preparar Goethe, en 1824, la edición definitiva
de sus obras, pensó enriquecerla con algunas escenas destinadas a la segunda parte del Fausto. Dichos fragmentos debían ser reestructurados y com-
pletados. Por este motivo, Goethe tomó la firme
decisión de no contentarse con la simple inserción
de dichos fragmentos más o menos remozados sino*

*encauzar su labor poética de tal modo que la se-
gunda parte del* Fausto *llegara a constituir un todo
armónico.*

*La gran importancia concedida por Goethe a la
terminación de su obra magna queda perfectamen-
te expresada en las palabras dirigidas a Eckermann,
un año antes de su muerte, en 1831, refiriéndose al*
Fausto: *«Puedo considerar lo restante de mi vida
como un puro regalo y, en el fondo, es del todo
indiferente lo que pueda ya llegar a hacer yo todavía.»*

La forma externa

*En cuanto a la forma, es digno de tener en cuen-
ta que Goethe se sirve libremente de toda clase de
versos que ajusta a situaciones y a personajes. Si
bien en la segunda parte respeta la estructura clásica del drama alemán en cinco actos, la primera
está formada por un solo acto, y en ambas se aleja
de la tradicional numeración de las escenas, las
cuales llevan un título específico como «De noche»,
«Cocina de bruja», «Calle», etc...*

*La estructura de la primera parte es más senci-
lla y, sobre todo en la tragedia de Margarita, de
una condensación dramática llena de dinamismo.*

*La segunda, se caracteriza por la alineación y su-
perposición de escenas, lugares, por la riqueza y
diversidad de personajes reales, mitológicos, fantásticos que dificultan no tan sólo la lectura sino aun
la representación, apenas posible sin un aparato es-
cénico excepcional.*

*Según lo requieren las situaciones, el estilo re-
corre todas las gamas, desde el más puro lirismo
hasta el lenguaje grosero.*

El contenido. «Faust I»

A la acción propiamente dicha, Goethe antepone la dedicatoria, recuerdo y acicate para reemprender la redacción («lo que tengo, lo veo en lejanía, lo extinguido se me hace realidades»), y dos introducciones: el preludio en el teatro, un diálogo sostenido por el Director, el Poeta y el Bufón representante de los actores y que está desligado, en cierto modo, del argumento principal. No obstante la conversación termina con las palabras clave que señalan el leitmotiv de la obra: «Así entra en la estrechez del escenario la Creación entera en su amplia espera y va con cuidadosa rapidez por el mundo, del cielo hasta el infierno.»

El «Prólogo en el cielo» viene a ser la exposición del conflicto: el demonio, Mefistófeles, apuesta contra Dios; se trata de apartar a Fausto de su afán y búsqueda sincera de la verdad. Mefistófeles recibe plenos poderes para desviar a Fausto y demostrar al Señor que se equivoca al creer que «un hombre bueno en su ímpetu en tiniebla, del buen camino tiene ya conciencia».

La suerte está echada: la primera escena, cuyo título es «De noche», nos presenta a Fausto, el investigador infatigable, que pretende descifrar racionalmente el misterio del ser. Convencido de la incapacidad de la inteligencia humana, y por lo tanto del racionalismo, acude a la conjuración del Espíritu de la Tierra. La ironía de éste y la pedantería de su discípulo Wagner, prototipo del racionalista satisfecho de su ciencia libresca, llevan a Fausto al borde de la desesperación y decide poner fin a su vida.

El repique de las campanas y cánticos de coros que anuncian la fiesta de la Pascua, evocan en él felices recuerdos de su niñez y desiste de su empeño. «Fluya el llanto. La tierra me recobra.»

Se ha iniciado el tránsito hacia una distensión: ante la puerta de la ciudad Fausto sale de su gabinete para mezclarse con el pueblo que le aprecia. El inicio de la primavera es cantado en versos de sublime sencillez y profunda emoción. «Libres del hielo están tus arroyos por el dulce mirar vital de Primavera...» Fausto siente en lo más profundo de su ser el abismo que le separa de esa muchedumbre, alegre, sencilla, sin problemas. Su insatisfacción brota de la escisión punzante que siente en su interior y que le lleva a formular su dolor con estas palabras: «Dos almas, ay, habitan en mi pecho y quieren una de otra separarse, una con recio afán de amor se aferra al mundo con sus miembros abrazados; otra, fuerte, se eleva desde el polvo a los campos de los nobles abuelos...»

Éste es el momento propicio para la irrupción de Mefistófeles. El pacto se transforma en apuesta. Fausto impone condiciones, si Mefistófeles logra extinguir su afán de superación, por una parte, y ofrecerle la felicidad incondicional por otra, podrá apoderarse de su alma. «Si un día en paz me tiendo en lecho de ocio, me da igual lo que pueda ser de mí. Si un día con halagos me seduces, de tal modo que a mí mismo me agrade... Si a un instante le digo alguna vez: ¡Detente, eres tan bello!, puedes atarme entonces con cadenas...»

A partir de ese momento la tarea de Mefistófeles se concentra en crear situaciones que puedan colmar los deseos de Fausto y alejarle del recto camino.

Tras una ironización de la enseñanza pedante y árida que nada tiene en común con la verdadera ciencia, en un diálogo que Mefistófeles sostiene con un estudiante, Fausto es introducido en una orgía en la bodega de Auerbach, en Leipzig, destinada a mostrar el poder de Mefistófeles y el sarcasmo de ese espíritu que se define a sí mismo como el espí-

*ritu que siempre niega. Fausto es rejuvenecido en
la cocina de la bruja. Y la contemplación de la imagen de Elena en un espejo no es más que el preludio
de la tragedia de Margarita.*

*Goethe condensa en ésta sus vivencias personales, sus remordimientos por el abandono de Friederike. La pasión de Fausto se desborda. Nos hallamos ante una explosión personal típica del «Sturm
und Drang» al par que ante un idilio amoroso. El
amor, el remordimiento, el·deseo de expiación, la
piadosa plegaria, encuentran en estas escenas una
expresión emocionada. La ayuda de Mefistófeles acarrea la catástrofe. Mefistófeles huye con Fausto a
la noche de Walpurgis, la llamada germánica, en
contraposición a la clásica de la segunda parte. Se
intercala aquí el «Sueño de la Noche de Walpurgis»
o las «Bodas de Oro de Oberón y Titania», alusión
a escenas análogas en la segunda parte del Fausto.
Con todo ello Mefistófeles no logra hacer olvidar a
Fausto su amor. Margarita, acusada de infanticidio,
está encarcelada y va a ser ajusticiada. Fausto exige
a Mefistófeles que la libere. Pero el poder del mal
se estrella aquí contra la firme voluntad de Margarita quien «lo había hecho todo por amor», y está
dispuesta a expiar su culpa con la muerte. No acepta la libertad de manos de Mefistófeles, el cual se
declara vencido ante la firme voluntad de Margarita. A la voz de Mefistófeles que anuncia la condenación de Margarita, responde una de lo alto que dice:
«está salvada».*

*En esta parte del Fausto, sin duda la más dramática, cabe señalar las bellísimas escenas en que Margarita da libre curso a su tristeza, a su confianza, a
su ruego de ayuda a la Virgen, pasajes líricos de
incomparable belleza.*

*El desenlace trágico de la primera parte, pone
casi en olvido la finalidad de Mefistófeles, el cual,
una vez más, ve frustrado su intento de desviar a*

Fausto proporcionándole un momento de suprema felicidad.

«Faust II»

La segunda parte se inicia con el despertar de Fausto en un paraje ameno: en un largo y profundo sueño ha olvidado todo lo sucedido, don del espíritu de Ariel. Todo remordimiento queda borrado. Es claro el paralelismo de esta primera escena con el «Prólogo en el Cielo» que introduce la primera parte, ya que tan sólo difieren en cuanto a la intervención de los espíritus. Aquí las fuerzas cósmicas muestran su poder sobre el hombre, tanto en sentido positivo como negativo; en cambio, en la primera, los arcángeles proclamaban la armonía del universo.

Mefistófeles busca otros caminos para satisfacer a Fausto: le presenta el espejuelo del poder material en la corte de un emperador arruinado. Con la ayuda de Mefistófeles y el invento del papel moneda, le salva de la catástrofe. En las fiestas carnavalescas que se organizan en la corte, aparecen figuras mitológicas como faunos, sátiros, y gigantes. Los personajes llevan nombres genéricos: emperador, mariscal, heraldo, etc...

El emperador, no satisfecho con ello, manifiesta el deseo de ver a Elena y Paris. Se insinúa la escisión entre el clasicismo y la cultura germánica, pues Mefistófeles se declara impotente diciendo: «Esta gente pagana no me gusta, tienen su propio infierno.» Hay un abismo todavía entre el norte romántico, pletórico de íntimo sentimiento, y la perfecta belleza de la forma propia de la antigüedad clásica. A través de varias peripecias en el reino de las «Madres», se logra la conjuración de Elena en un entorno que simboliza, según varios intérpretes, la interrelación entre la vida y el arte, la idea y la reali-

dad, la claridad mediterránea y el caos, el pasado y el presente. Fausto, arrebatado por la belleza del fantasma de Elena, se acerca a ella y pretende convertirla en realidad tangible. «Con violenciù la abraza, y la figura ya se enturbia», dice el Astrólogo aterrorizado. Se oye una explosión y Fausto queda tendido en el suelo. El sarcasmo de Mefistófeles no se hace esperar: «Cargarse con un loco, acaba haciendo daño hasta al demonio.» El conato de síntesis entre la cultura nórdica y la helénica ha fracasado, porque ésta no se deja arrebatar con violencia.

Fausto es restituido a su estudio. Wagner ha logrado escalar altos rangos académicos. En una redoma se ha producido un «lindo hombrecito», Homunculus, figura de la entelequia del hombre, espíritu puro que cobra vida gracias a la intervención de Mefistófeles. Homunculus adivina el deseo de Fausto de asistir a la Noche de Walpurgis clásica y se brinda a ser su guía. Goethe nos conduce a través de un laberinto de personajes y situaciones, al momento crucial de la obra: la unión de Fausto y Elena. De esta unión nace Euforión, ávido de vida y afán de superación. Pero muere este genio de la poesía víctima de su atrevido vuelo hacia lo alto. En este episodio, Goethe evoca la muerte prematura de Byron, mezclando así el pasado con el presente. Elena sigue a su hijo, y Fausto sólo retiene su manto que, transformado en nube —evocación de Elena y Margarita— le traslada a un monte y lo devuelve a la tierra.

Se inicia una nueva acción. Fausto se siente dotado de nuevas fuerzas, quiere llevar a cabo grandes hazañas. Construirá diques y ganará tierra al mar. En su empeño, ambicioso y egoísta todavía porque pretende mostrar su poder, le molesta tener como vecinos al matrimonio Filemón y Baucis, quienes no quieren cederle su propiedad. Fausto se ve envuelto de nuevo en culpabilidad, puesto que Mefis-

tófeles prende fuego a la cabaña y el anciano matrimonio perece.

Fausto, ya anciano, pierde la vista al acercársele la figura simbólica de la «inquietud». Pero no ceja en su empeño de ir ganando terreno al mar. Su motivación ha cambiado. Ya no quiere dar prueba de su poder, sino ofrecer cobijo y libertad a la gente humilde. Ya no piensa en sí mismo, sino en los demás. Espera, con vehemencia, que una gran multitud podrá ser feliz e, imaginando ese momento, muere al pronunciar las palabras clave de la apuesta: «¡Querría poder ver ese afanarse, estar con gente libre en suelo libre! ¡Querría yo decir a este momento: Detente, eres tan bello!» El infierno reclama su alma, no obstante los ángeles la recogen proclamando que pueden salvar «al que no cesa de esforzarse» y, podríamos añadir, aspira siempre hacia lo alto. Según manifestó el propio Goethe, ésta es la verdadera clave de la salvación de Fausto. Goethe se sirve en la última escena de personajes e imágenes del mundo cristiano para presentar la salvación del protagonista. Ya no se trata de la autosalvación del genio. Éste recibe la salvación por la gracia divina que se le otorga al hombre que no ha asfixiado en su interior la aspiración hacia lo alto, al hombre que no ha cesado de buscar la unión del yo con el universo. En cambio, el espíritu «que siempre niega» se ve obligado a confesar el límite de su poder. Su afán de destrucción se ha estrellado ante el noble afán del hombre culpable, pero siempre dispuesto a reemprender el buen camino.

En un broche final, la entelequia de Fausto se eleva hacia regiones espirituales jerárquicamente ordenadas, desde el valle habitado por anacoretas hasta las esferas más altas, desprendiéndose de las ligaduras que le ataban a la tierra y conducido, gracias a la indicación de la Mater gloriosa, por el espíritu de Margarita.

Problemática de la interpretación

El Fausto, sobre todo en su segunda parte, ha sido objeto de innúmeras interpretaciones que varían según las ideologías de los autores. Recientemente ha surgido la tendencia, iniciada por Karl Burdach [1] y otros filólogos, que considera en primer lugar la obra artística en sí y la riqueza de pensamiento que encierra, alejándola de interpretaciones ideológicas unilaterales que desfiguran y manipulan la obra cumbre de la literatura alemana.

F. PALAU-RIBES CASAMITJANA

CRONOLOGÍA

1749 Johann Wolfgang Goethe nace en Frankfurt del Main, el 28 de agosto, hijo de Johann Kaspar, consejero imperial, y de Catalina Isabel Textor, hija del burgomaestre de la ciudad. Su padre se encarga personalmente de dirigir su formación en el espíritu de la Ilustración.

1765-1768 Estudia Derecho en la Universidad de Leipzig. Sus amoríos con Käthchen Schönkopf inspiran sus poesías de estilo rococó Libro de Annette y la obra dramática Los caprichos del enamorado.

1768-1770 Sin terminar los estudios y gravemente enfermo, regresa a Frankfurt, donde entra en contacto con el pietismo. Acaba la obra dramática Los cómplices.

[1] Burdach, Karl, *Führer durch Goethes Faust,* Dichtung, Stuttgart, 1961.

1770-1771 *Prosigue y termina sus estudios de Derecho en Estrasburgo. Su amistad con Herder es decisiva para el cambio radical de orientación de su labor poética. Se acerca a los círculos del «Sturm und Drang». Su amor por Friederike Brion inspira su poesía lírica, sencilla y espontánea, recogida en* Canciones de Sesenheim.

1771-1772 *Ejerce la abogacía en Frankfurt. En sus frecuentes excursiones a Darmstadt, sigue el contacto con el «Sturm und Drang». En este estilo impetuoso escribe la historia dramatizada de* Götz von Berlichingen *(1771), que refundirá más tarde (1773). En esta misma época, inicia la composición de* Faust (Urfaust), *obra que le acompañará toda su vida.*

1772 *Se traslada a Wetzlar para ejercer su profesión en el Tribunal Imperial. Se enamora de la prometida de su amigo Kestner, Charlotte Buff, episodio que inspira su primera novela,* Werther.

1772-1775 *Regresa a Frankfurt. Se relaciona con el naturalista Lavater. Visita al poeta Klopstock. Conoce a Karl August, príncipe heredero del ducado de Weimar. En 1774 se promete con Lili Schönemann y compone* Canciones a Lili.

1774 *Publicación del drama* Clavigo *y de* Los sufrimientos del joven Werther, *obra que le hará popular en toda Europa. Escribe himnos como* Prometeo. *Tras un breve viaje por el Rin, impulsado por su anhelo de libertad, rompe el compromiso con Lili. Primer viaje a Suiza. Recibe una invitación para trasladarse a Weimar, lugar donde establecerá su residencia hasta el fin de su vida.*

1775 *Goethe llega a Weimar en calidad de consejero del joven duque Karl August y entre ambos se establece una gran amistad. Poco después, es nombrado consejero privado de Legación, director del Departamento de Guerra y Caminos y consejero privado. Se relaciona con el poeta Wieland. Por la intervención de Goethe, se invita a Herder a establecer su residencia en Weimar, lo que convierte la ciudad en el centro cultural de Alemania.*

1776-1788 *Amistad con frau Von Stein. Bajo su influjo, la poesía de Goethe se aleja del «Sturm und Drang». Son de esta época las* Poesías a Charlotte von Stein, *varios himnos y la obra dramática* Stella. *Inicia también otra obra que le acompañará durante decenios,* Wilhelm Meister.

1778 *Goethe visita Potsdam y Berlín. Su poesía lírica llega a su punto culminante en «A la luna», «Los límites de la humanidad», etc.*

1779-1780 *Goethe realiza su segundo viaje a Suiza.*

1782 *El emperador José II le concede el título de nobleza.*

1783-1785 *Compone baladas como* El rey de los alisos *y poesías líricas magistrales. Empieza una epopeya relacionada con Montserrat,* Los misterios, *que no terminará. Se dedica a estudios de anatomía y descubre el hueso intermaxilar.*

1786-1788 *De nuevo su anhelo de libertad le induce a emprender su primer viaje a Italia, que le llevará hasta Sicilia. Trabaja en la versión definitiva de* Ifigenia *(1787), y en la tragedia* Egmont *(1788).*

1788-1792 *Regresa a Weimar. Entabla relaciones amorosas con Christiane Vulpius (1765-1816). Queda libre de casi todas sus obligaciones administrativas. Primer encuentro con Schiller. Segundo viaje a Italia. Al margen de su producción literaria, Goethe se interesa por las ciencias naturales. Publica en 1790 un ensayo sobre la metamorfosis de las plantas. También* *realiza ese año un viaje a Silesia y Dresden.*

1789-1791 *Se hace cargo de la dirección del teatro de Weimar. Publica la obra dramática de corte clásico* Tasso *(1789) y* Un fragmento de Fausto *(1790).*

1792 *Toma parte en la campaña contra Francia.*

1793 *Durante el sitio de Maguncia, compone el drama* El general burgués, *y se evade de la realidad guerrera escribiendo el poema épico burlesco* Reineke Fuchs *(1794).*

1794-1805 *Inicia su amistad con Schiller, que desembocará en una fructífera colaboración entre ambos poetas. Goethe da fin a la novela de formación,* Los años de aprendizaje de Wilhelm Meister *(1795-1796), plasma sus impresiones y reflexiones sobre Italia en* Las elegías romanas, *y los* Epigramas venecianos *(1796). En colaboración con Schiller, publica los* Xenien, *breves y punzantes críticas de la literatura contemporánea. Escribe un poema épico idílico* Hermann y Dorotea, *y numerosas baladas.*

1797 *Goethe emprende su tercer viaje a Suiza.*

1798 *Es el llamado «año de las baladas», ya que es cuando Schiller y Goethe publican la mayor parte de las suyas.*

1798-1800 *Publica su tragedia* La hija natural.

1805 *La muerte de Schiller marca un hito en la vida de Goethe.* ·

1806 *Batalla de Jena. Durante el saqueo de Weimar, Goethe, impresionado por la valentía de Christiane, decide contraer matrimonio con ella.*

1808 *Goethe se entrevista con Napoleón, asiduo lector del* Werther. *Se publica la primera parte del* Fausto *(1808). Su amor por Minna Herzlieb le inspira los* Sonetos *(1807). Da fin a su obra dramática* Pandora *(1808) y a la novela* *de madurez* Las afinidades electivas (1809). *Prosigue sus estudios científicos sobre óptica y establece una teoría de los colores (1810). Su mirada se dirige hacia el pasado, y publica cuatro partes de su autobiografía* Poesía y verdad *(1811-1833).*

1812 *Encuentro con Beethoven en Karlsbad.*

1814 *Realiza un viaje a la región del Rin y del Main. Encuentro con Marianne von Willemer.*

1815 *Es nombrado ministro de Weimar.*

1816 *Muere su mujer Christiane. Goethe prosigue sus obras autobiográficas* Viaje a Italia *(1816-1817), y* Campaña en Francia *(1822).*

El estudio y admiración por la poesía oriental y su amor por Marianne von Willemer le inspiran las poesías del Diván del Occidente y Oriente *(1819). Da fin a la segunda parte de su novela de formación* Las andanzas de Wilhelm Meister *(1821).*

1823-1832 *Amor por Ulrike von Levetzow.*

J. P. Eckermann se convierte de secretario en colaborador y recoge fielmente la evolución espiritual de Goethe en su obra Conversaciones con Eckermann.

En sus frecuentes estancias en Marienbad con la corte de Weimar, Goethe prosigue su labor poética. El idilio con Ulrike von Levetzow inspira La elegía de Marienbad.

1827-1831 *Edición de sus obras completas en cuarenta volúmenes.*

1828 *Muere el duque de Weimar Karl August. Goethe se dedica a la narrativa en la novela corta* Novelle *(1828), a la autobiografía con la publicación del* Epistolario con Schiller, *y termina en 1831 la segunda parte del* Fausto *que no se publicará hasta 1833, después de su muerte.*

1829 *Primera representación del* Fausto.

1832   *Goethe muere, el 22 de marzo, en Weimar, su
       ciudad adoptiva.*

BIBLIOGRAFÍA HISPÁNICA

BICKERMANN, J., *Don Quijote y Fausto. Los héroes y las
obras*, Barcelona, 1932.

BIELSCHOWSKY, A., *Goethe el hombre y su obra*, refun-
dición de J. CASÁN HERRERA, prólogo por el doctor
R. SARRÓ, Barcelona, 1944.

CAHN, A., *Goethe, Schiller y la época romántica*, Buenos
Aires, 1960.

CANSINOS ASSENS, R., Estudio preliminar, en *Goethe.
Obras literarias*, Madrid, 1944 y 1950.

BRAVO VILLASANTE, C., *Vida de Bettina Brentano. De Goethe a Beethoven*, Madrid, 1966.

CARRÉ, J. M., *Goethe*, Madrid.

DILTHEY, W., *Vida y poesía. Goethe y la fantasía poética.*
México, 1945, pp. 147-212.

GRIMM, H., *Vida de Goethe*, México, 1956.

LUDWIG, E., *Goethe, historia de un hombre*, Barcelona,
1965.

LUKÁCS, G., *Goethe y su época*, Barcelona, 1968.

LLEONART, J., *Apuntes sobre la vida y las obras de Goethe*,
Barcelona, 1943.

MANN, Th., *Freud, Goethe, Wagner, Tolstoi*, Madrid, 1944.

MARÍAS, J., *Ortega ante Goethe*, Madrid, 1961.

MONTOLIU, M., «La influencia de Goethe en la literatura
catalana», *La Revista*, Barcelona, 1932.

ORTEGA Y GASSET, J., *Goethe desde dentro*, Madrid, 1964.

PABÓN Y SUÁREZ DE URBINA, J. M., *Algunas influencias del
Fausto de Goethe en España*, Zaragoza, 1927.

REYES, A., *Trayectoria de Goethe*, México-Buenos Aires,
1954.

SANTAYANA, G., *Tres poetas filósofos, Lucrecio, Dante,
Goethe*, Buenos Aires, 1945.

SÖHNGEN, G., *El cristianismo de Goethe*, Madrid, 1959.

VALVERDE, J. M.ª, Introducción a las obras de Goethe, Clásicos Planeta, Barcelona, 1963.

VOSSLER, K., «La personalidad lírica de Goethe», en *Revista Verbum*, núm. 82, 1932.

ZUBIRI, X., «Goethe y la idea de la Naturaleza», en *Investigación y Progreso*, año VI, núm. 4, Madrid.

ESTUDIOS GERMÁNICOS, boletín núm. 9, 1749-1949, número especial dedicado a J. W. Goethe, Buenos Aires, Sección Anglo Germánica del Instituto de Literatura, 1949.

REVISTA DE OCCIDENTE, centenario de Goethe, Madrid, año X, núm. CVI.

FAUSTO

DEDICATORIA

De nuevo os acercáis, vagas figuras
que antaño mis turbados ojos vieron.
¿Intento reteneros esta vez?
¿Siento mi alma inclinada a tal locura?
¡Os agolpáis! Pues bien, podéis reinar,
surgiendo en torno a mí, de niebla y vaho;
tiembla mi pecho joven otra vez
al soplo mago de vuestro cortejo.

Imágenes traéis de alegres días,
y se alzan muchas sombras bienamadas;
como vieja leyenda medio hundida
dais el amor primero y la amistad;
se hace nuevo el dolor, la queja insiste
en el curso enredoso de la vida,
nombrando a quienes ya me precedieron
con el engaño de horas de alegría.

Esas primeras almas que canté
no escucharán los cantos que ahora empiezo;
se disipó el tumulto cariñoso,
¡ay! se extinguió el resón del primer eco.
A extraña multitud mi dolor[1] canta,
y hasta su aplauso el alma me amedrenta;
cuanto un día alegraba mi canción,
si aún vive, vaga errante por el mundo.

[1] Quizá se trate de una errata de imprenta, *Leid*, «dolor», en vez
de *Lied*, «canto»; pero, en este caso, la nueva palabra debió agradar
al autor.

Y siento un ansia casi ya olvidada
de aquel reino de espíritus en calma;
se cierne ahora en sones imprecisos
mi canto susurrante, en arpa eólica[2],
siento un escalofrío, fluye el llanto,
y el corazón severo va ablandándose;
lo que tengo, lo veo en lejanía;
lo extinguido, se me hace realidades.

[2] Arpa eólica es la que hace sonar el viento.

PRELUDIO EN EL TEATRO[1]

Director, Poeta Dramático, Bufón.

DIRECTOR. Vosotros que otras veces me ayudasteis
en el apuro y la tribulación,
decidme, ¿qué esperáis de nuestra empresa
ahora, en estas tierras alemanas?
Yo querría halagar al vulgo, sobre
todo, porque al vivir, deja vivir.
Ya están los palos, puesto está el tablado,
y cada cual aguarda diversión.
Ya se han sentado, con la boca abierta,
tranquilos, deseando que les pasmen.
Pero yo nunca he estado tan perplejo:
no están acostumbrados a lo bueno,
pero han leído tanto, que me asustan.
¿Cómo haremos que todo sea nuevo,
fresco, agradable, al par que edificante?
Pues, la verdad, me gusta ver la plebe
agolparse en torrente en mi barraca,
e, insistiendo a empujones, ir metiéndose
por esta puerta estrecha de la gracia[2];
en pleno día, ya antes de las cuatro,
luchando a golpes hasta la taquilla,
y, como por el pan en tiempo de hambre,
casi romperse el cuello por su entrada.
Este milagro, en gente tan diversa,
lo hace sólo el poeta: ¡amigo, hoy hazlo!
POETA.   ¡No me hables de esa plebe abigarrada

[1] La idea de este «preludio» se la dio a Goethe la introducción al
antiguo drama indio *Sakuntala*, de Kalidasa.
[2] Alusión a *Mateo*, 7, 13 y *Lucas*, 13, 24.

a cuya vista el alma se me escapa;
no me hagas ver el ondulante acoso
que nos lleva al abismo a pesar nuestro!
No, llévame al callado y celestial
rincón, florido en gozo ante el poeta,
donde amor y amistad cuidan, con mano
divina, bendiciones en el alma.
Ay, lo que allí brotara en nuestro pecho,
lo que empezó a esbozar, tímido, el labio,
fracasado una vez, y otra logrado,
lo envuelve la violencia del instante,
y es frecuente que sólo al cabo de años
aparezca en su forma bien madura.
Lo que brilla, nació para el instante.
Lo auténtico se queda bien guardado,
intacto para la posteridad.

BUFÓN.   ¡No me vengáis con tal posteridad!
Si de posteridad me pongo a hablar
¿quién a la actualidad hará reír?
Y lo que quiere es risa, y con razón.
Ver delante a un simpático muchacho,
yo diría que nunca es poca cosa.
El que sabe expresarse haciendo gracia,
no amargará a la gente los humores;
querrá estar ante un público más amplio,
para así conmoverlo más seguro.
Pórtate bien entonces y da ejemplo:
que hable la fantasía con sus coros,
razón, pasión y sensibilidad,
pero, fíjate bien, no sin locura.

DIRECTOR.   ¡Pero que ocurran cosas, sobre todo!
Se viene a ver, mirar es lo que gusta.
Urdiendo ante los ojos muchas cosas,
que la plebe se quede boquiabierta,
les ganarás en masa en un momento,
y serás predilecto de la gente.
Sólo con masa ganas a la masa,
pues así cada cual saca lo suyo.
Quien mucho da, da un poco a cada cual
y a casa vuelven todos satisfechos.
Si les das una pieza, dala en piezas:
con esa pepitoria tendrás suerte:

más rápida es de dar que de inventar.
No sirve que les des un todo entero;
lo despedaza el público al instante.

POETA. ¡No comprendes qué malo es ese oficio,
qué poco digno del genuino artista!
La porquería de esa linda gente
ya veo que se ha vuelto tu precepto.

DIRECTOR. Semejante reproche no me hiere:
aquel que piensa obrar como es preciso
debe usar la herramienta que haga falta.
Piensa que has de partir madera blanda
si miras sólo para quién escribes:
el uno viene por aburrimiento,
el otro viene ahíto de su mesa,
y lo que es aún peor, algunos vienen
después de la lectura del periódico.
Acuden distraídos, como a máscaras,
por la curiosidad movidos sólo;
las damas, a lucirse en sus tocados,
y a hacer también comedia sin cobrar.
¿Qué sueñas en tu altura de poeta?
¿Por qué te alegra ver llena la sala?
¡Observa desde cerca a esos Mecenas!
Fríos los unos, zafios los demás:
uno, tras la función, espera naipes;
otro, una orgía en brazos de una moza.
Pobres locos, ¿por qué, para tal fin,
deben tanto sufrir las dulces Musas?
Te digo, dales más y más y más,
y no podrás errar el objetivo.
Busca sólo enredarles y embrollarles;
saciarles, es asunto muy difícil...
¿Qué prefieres? ¿Dolores o entusiasmos?

POETA.

¡Anda allá, vete en busca de otro esclavo!
Por ti ¿debe el poeta profanar
la justicia más alta y elevada,
el bien humano que Naturaleza
le otorga, con sarcasmo criminal?
¿Con qué puede él mover todas las almas?
¿Con qué logra vencer todo elemento?
¿No es la armonía que del pecho brota

y vuelve al corazón, atando el mundo?
Mientras Naturaleza hila en el huso,
indiferente, el hilo perdurable,
y la masa estridente de las cosas
nos enoja con ruido destemplado,
¿quién parte ese fluir siempre monótono,
quién le da vida, quién lo anima en ritmo?
¿quién llama a universal consagración
lo aislado, herido en mágicos acordes?
¿quién agita en pasiones las tormentas
y enciende en sentir grave los crepúsculos?
¿quién esparce la flor primaveral
por los senderos donde va la amada?
¿quién trenza verdes hojas sin valor
en coronas que premien todo mérito?
La fuerza humana, viva en el poeta.
BUFÓN.   Pues usa, entonces, esa linda fuerza
y emprende tu trabajo de crear,
igual que una aventura del amor.
Uno se acerca, por casualidad,
siente, y se queda, y poco a poco, así
uno se enreda, crece la dulzura
y luego se combate; hay entusiasmo
entonces el dolor acude, y antes
de darnos cuenta, ya está la novela.
¡Demos una función también así!
¡Echa mano a la vida humana entera!
Todos la viven, pocos la conocen;
si les asombra, se hace interesante.
En mucho color, poca claridad,
mucho yerro, una chispa de verdad,
así fermenta la mejor bebida
que a todo el mundo anima y edifica.
La juventud en flor así se junta
ante tu escena, atenta a tu mensaje,
y todo ánimo tierno absorbe en tu obra
el sustento de su melancolía;
muy pronto se emociona éste y el otro,
cada cual ve lo que hay en su interior.
A reír o a llorar ya están dispuestos:
les gusta la apariencia, honran el ímpetu:
con el maduro, no hay nada que hacer,

pero el que se hace, siempre lo agradece.
POETA. Pues devuélveme entonces esos tiempos
cuando también yo estaba aún haciéndome,
cuando brotaba siempre un manantial
de cantos que salían en tumulto;
cuando la niebla el mundo me velaba
y los brotes milagros prometían;
tiempos en que cortaba las mil flores
que llenaban los valles de riqueza.
Nada tenía y nada me faltaba:
anhelo de verdad, gozo en mi engaño.
Devuélveme el impulso sin mesura,
la dicha dolorosa en lo profundo,
la fuerza de odio y el poder de amor,
¡devuélveme otra vez mi juventud!
BUFÓN. La juventud te haría falta, amigo,
si fueras acosado en la batalla,
si a tu cuello, violentas, se colgaran
muchachas hermosísimas, si, lejos,
la corona llamara hacia la meta
difícil de la rápida carrera,
si, tras el torbellino de la danza
disiparas la noche en borrachera.
Pero hoy, viejo señor, sólo te toca
acometer con ánimo y con gracia
el pulsar consabido de la lira,
y avanzar vacilando en dulce errar
a la meta que tú mismo te pones;
y no por eso te estimamos menos.
La vejez no hace niños, como dicen,
nos halla siendo aún niños de veras.
DIRECTOR. Ya cambiasteis palabras en exceso:
¡hacedme ver también hechos por fin!
En tanto que os estáis cumplimentando,
se podría hacer algo de provecho.
¿Para qué tanto hablar de inspiración?
Nunca se le aparece al que vacila.
Puesto que te las echas de poeta,
da tus órdenes a la poesía.
Ya sabes lo que aquí se necesita,
queremos engullir bebidas fuertes:
ponlas a fermentar sin más tardar.

Lo que hoy no ocurre, no se hará mañana,
y no hay que malograr un solo día.
La decisión, que agarre lo posible
por los pelos, valiente y en seguida;
luego, no ha de dejársela escapar
y seguirá el trabajo, porque debe.
Sabéis que en los teatros alemanes
cada cual pone a prueba lo que puede:]
por eso, no ahorréis en este día
ninguna bambalina o maquinaria.
Usad luces del cielo, la luz grande
y la pequeña, y derrochad estrellas,
que no falte agua y fuego y altos muros
de rocas, ni cuadrúpedos ni pájaros.
Así entra en la estrechez del escenario
la Creación entera en su amplia esfera,
y va con cuidadosa rapidez
por el mundo, del cielo hasta el infierno.

PRÓLOGO EN EL CIELO[1]

El Señor. Las Huestes Celestiales.
Después, Mefistófeles.
Se adelantan los tres Arcángeles.

RAFAEL.   Con la antigua armonía el sol resuena
entre el canto fraterno y a porfía
de las esferas; y anda, como un trueno,
hasta el final de la prescrita senda.
Su visión da energías a los ángeles,
aunque ninguno puede sondearla;
espléndidas, igual que el primer día,
están las altas obras misteriosas.
GABRIEL.   También con misteriosa rapidez
da vueltas la hermosura de la Tierra;
alterna claridad de paraíso
con honda noche, llena de terrores;
rompe el mar en espuma al estrellarse
en la honda base de las altas rocas,
y las rocas y el mar son arrastrados
en raudo, eterno giro de la esfera.
MIGUEL.   Y rugen tempestades rodeando
la porfía del mar contra la tierra,
y en su torno, con furia, van trenzando
una cadena del más hondo influjo.
Desolación de rayo inflama allí
la senda por delante de los truenos;
pero tus mensajeros, Señor, honran
el caminar suave de tu día.
LOS TRES.   Esta visión da fuerzas a los ángeles,

[1] Este prólogo imita el libro de *Job*, cap. 1, vs. 6-12.

porque nadie te puede sondear,
y todas tus excelsas obras son
tan espléndidas como el primer día.
MEFISTÓFELES. Señor, pues otra vez te has acercado
a preguntar qué tal va por aquí,
y te agradó mirarme en otros tiempos,
aquí estoy, por en medio de los tuyos.
Perdona, yo no sé hablar elevado,
aunque de mí se rían todos ésos;
mi patetismo te daría risa,
si no hubieras perdido tal costumbre.
De soles y de mundos no sé hablar;
sólo veo qué mal les va a los hombres.
Este pequeño dios del mundo siempre
sigue tan raro como el primer día.
Viviría mejor tal vez, si no
le hubieras dado ver la luz del cielo;
él la llama razón y la usa sólo
para ser animal más que animal.
Con perdón de tu gracia, me parece
una de esas cigarras de altas zancas[2]
que vuela dando un salto, y otra vez
canta su vieja copla entre la hierba:
¡y ojalá se quedara entre la hierba!
pero en toda inmundicia mete el pico.
EL SEÑOR. ¿No tienes otra cosa que decirme?
¿Siempre habrás de venir para acusar?
¿Nunca ves en la tierra nada bueno?
MEFISTÓFELES. No, Señor, todo está allí como siem-
muy mal. Los hombres dan pena, en su vida   [pre,
de dolor: ni les puedo molestar.
EL SEÑOR. ¿Tú conoces a Fausto?
MEFISTÓFELES.   ¿El Doctor?
EL SEÑOR. ¡Mi siervo!
MEFISTÓFELES.   Sí, y os sirve extrañamente.
No es del mundo el sustento de ese loco.
Su tormento le impulsa a lo lejano;
de su locura, a medias se da cuenta;
pide al Cielo los astros más hermosos
y a la Tierra los goces más sublimes,
pero nada, cercano ni lejano,

---

[2] Se mezclan rasgos de los saltamontes y de las cigarras.

le sacia el pecho, en honda agitación.

EL SEÑOR. Aunque ahora me sirve en extravío
pronto le llevaré a la claridad.
El jardinero sabe, al verdear .
el arbolillo, que vendrán los frutos.

MEFISTÓFELES.
¿Qué apuestas? Todavía has de perderle
si me das el permiso de llevarle
por mi camino, quedo y poco a poco.

EL SEÑOR. Mientras siga viviendo por la tierra
no te estará vedado procurarlo.
El hombre puede errar mientras se afana.

MEFISTÓFELES.
Te lo agradezco, porque con los muertos
no me ha gustado nunca andar en tratos.
Prefiero las mejillas frescas, llenas.
Con un cadáver no me encuentro a gusto:
me pasa como el gato ante el ratón.

EL SEÑOR. Bien, entonces, te sea permitido.
De su prístina fuente aparta a esa alma,
y llévala, si puedes aferrarla,
por tu camino abajo, junto a ti;
pero maldito si has de confesar:
un hombre bueno, en su ímpetu en tiniebla,
del buen camino tiene ya conciencia.

MEFISTÓFELES.
¡Muy bien! no tardaremos mucho tiempo.
Mi apuesta no me da miedo ninguno.
Permíteme, si logro mi objetivo,
que cante a voz en cuello mi victoria.
El polvo morderá, para mi gozo,
como mi tía, la serpiente célebre.

EL SEÑOR. Podrás venirme a ver con libertad:
nunca odié a los demonios como tú.
De todos los espíritus que niegan,
el pícaro es quien menos me molesta.
La actividad del hombre se adormece,
y le gusta el descanso sin estorbos;
por eso es bueno darle un compañero
que empuje y pinche y le haga de demonio.
¡Pero vosotros, hijos de los Cielos.
gozad las hermosuras animadas!

Lo que deviene, lo que vive siempre,
abrazadlo en amor, en dulces límites,
¡y lo que flota en oscilante imagen,
con ideas perennes afirmadlo!
  (Se cierra el Cielo y los Arcángeles se dispersan.)
MEFISTÓFELES *(solo).*
De vez en cuando, es bueno ver al Viejo;
y me guardo con él de regañar.
En un Señor tan grande, es muy bonito
que hable hasta con el diablo, tan humano.

PRIMERA PARTE DE LA TRAGEDIA

DE NOCHE

*(En una estancia gótica, estrecha y de altas bóvedas.
Fausto, intranquilo, en su asiento ante el pupitre.)*

FAUSTO.   ¡Ay!, he estudiado ya filosofía,
jurisprudencia, medicina, y luego
teología también, por mi desgracia,
con caluroso esfuerzo, hasta el extremo.
Y aquí me veo ahora, pobre loco,
y sigo sin saber más que al principio.
Me titulo *Magister* y Doctor,
y pronto hará diez años que, agarrados
por la nariz, arrastro a mis discípulos
de abajo a arriba, de un lado hacia otro...
viendo que no podemos saber nada.
Esto casi me quema el corazón.
Claro que soy más sabio que esos necios,
teólogos, doctores y escritores;
no me afligen escrúpulos ni dudas,
ni me dan miedo infierno ni demonio...
Pero he perdido toda la alegría;
no creo saber nada con sentido,
ni supongo poder enseñar nada,
ni a nadie mejorar ni convertir.
Tampoco tengo bienes ni dinero,
ni honor ni distinciones ante el mundo;
¡No querría seguir tal vida un perro!
Me he dedicado, entonces, a la magia,

a ver si por palabra y poderío
del espíritu, entiendo algún misterio;
a ver si ya no tengo que decir,
con amargo sudor, lo que no sé;
a ver si a saber llego lo que el mundo
contiene reunido en sus entrañas,
veo toda potencia germinal
y no revuelvo más con las palabras.
¡Ah clara luna llena, si alumbraras
ahora por vez última mi pena
por la que a medianoche, tantas veces,
he velado sentado ante esta mesa,
hasta que, sobre libros y papeles,
melancólica amiga, aparecías!
¡Ay, si pudiera andar bajo tu amada
claridad por las cumbres de los montes,
cernerme por cavernas con espíritus,
vagar en tu penumbra por los prados,
libre de todo espasmo de conciencia,
a bañarme, robusto, en tu rocío!
¡Ay!, ¿seguiré encerrado en esta cárcel?
¡Agujero maldito en la pared,
donde hasta la querida luz del cielo
por cristales pintados entra turbia!
Encerrado detrás de tanto libro
que el polvo cubre y roen los gusanos,
y que hasta lo alto de esas altas bóvedas
se envuelven en papeles ahumados;
cercado de redomas y retortas,
atornillado a fuerza de instrumentos,
entre trastos de los antepasados...
¡Es tu mundo! ¡y un mundo esto se llama!
¿Y aún preguntas por qué tu corazón
se te para en el pecho, temeroso?
¿Y por qué hay un dolor inexplicable
que te estorba el impulso de la vida?
En vez de la Naturaleza viva
que infundió Dios al hombre al producirle,
te rodean tan sólo el humo, el moho,
muertos caparazones y esqueletos.
¡Huye, sal, sal afuera, a la amplia tierra!
Y aquel libro, cargado de misterio,

autógrafo del sabio Nostradamus[1],
¿no te será bastante compañía?
Con él sabrás cómo andan las estrellas,
y, sometida la Naturaleza,
en ti se elevará el poder del alma,
tal como habla un espíritu a otro espíritu.
En vano es que la seca reflexión
aquí te explique los sagrados signos:
¡a mi lado, oh espíritus, voláis;
contestadme si es cierto que me oís!
   (*Abre el libro y mira el signo del Macrocosmos[2].*)
¡Ah! ¡Qué delicia irrumpe de repente
al mirarlo, por todos mis sentidos!
Joven, sagrada dicha de vivir
corre, ardiente, en mis nervios y en mis venas.
¿Ha sido un dios el que trazó estos signos
que calman el furor de mi interior,
al pobre corazón llenan de gozo
y en torno me desvelan, con impulso
misterioso, las fuerzas naturales?
¿Soy un dios? ¡Todo se hace claro y leve!
En estos trazos puros se evidencia
Naturaleza activa ante mi espíritu.
Ahora sí entiendo lo que dice el sabio:
«No está cerrado el mundo espiritual:
es tu alma la que está cerrada y muerta.
Discípulo, levanta, y baña alegre
en la aurora tu pecho terrenal». (*Observa el Signo.*)
¡Cómo todo en el Todo se entreteje,
y lo uno en lo otro actúa y vive!
¡Como fuerzas celestes, suben, bajan
y se siguen los áureos cangilones!
¡Con vaivén de un olor de bendición
bajan y entran en tierra desde el cielo,
sonando en armonía por el Todo!
¡Qué espectáculo! ¡Ay!, sólo es espectáculo.
¿Dónde captarte, oh gran Naturaleza?

[1] Nostradamus, aunque se convirtiera en nombre legendario al que atribuir todo saber astrológico y de magia negra, fue realmente Michel de Notredame (1503-1566).
[2] El Macrocosmos es el mundo natural; el Microscosmos, el hombre. Según las concepciones clásicas, había una correspondencia entre ambos «cosmos», incluso parte por parte.

¿Dónde estáis, pechos, fuentes de la vida,
de que penden los cielos y la tierra,
y adonde el corazón marchito acude...?
Fluís, manáis, y yo ¿deseo en vano?
(Hojea malhumorado el libro y ve el signo del Es-
píritu de la Tierra³.)
Este signo ¡qué influjo más diverso
ejerce sobre mí! ¡Tú estás más cerca
de mí, Espíritu de la tierra! ¡Siento
que mis fuerzas están más elevadas;
como con vino nuevo, ya me enciendo,
siento valor para lanzarme al mundo,
y asumir el dolor y la ventura
de la tierra, envolverme en tempestades,
y no temblar al ruido del naufragio!
Las nubes se amontonan sobre mí...
La luna está escondiendo su fulgor...
La lámpara se extingue...
Surge un vapor... Se encienden rojos rayos
rodeando mi cabeza. ¡Sopla un hálito
de horror desde lo alto de la bóveda
y me penetra entero!
¡Siento que alrededor de mí te ciernes,
espíritu anhelado! ¡Manifiéstate!
¡Cómo se me desgarra el corazón!
A nuevos sentimientos
se me abren los sentidos. ¡Entregado
siento mi corazón a ti del todo!
¡Revélate, aunque pierde yo la vida!
(Toma el libro y pronuncia misteriosamente el signo
del Espíritu. Se enciende una llama rojiza, y apa-
rece el Espíritu en la llama.)
ESPÍRITU.   ¿Quién me llama?
FAUSTO *(Volviendo la cara)*.   ¡Visión aterradora!
ESPÍRITU.   Con gran poder aquí me has atraído,
absorbiéndome lejos de mi esfera,
y ahora...
FAUSTO.   ¡No te puedo soportar!
ESPÍRITU.   Suplicas, sin aliento, poder verme,
poder oír mi voz y ver mi cara;

---

³ El Espíritu de la Tierra no pertenece a ningún repertorio tradicional, sino que es invención de Goethe.

el fuerte afán de tu alma aquí me atrae
¡y aquí estoy! ¿Qué mezquino horror te invade,
superhombre? ¿Y el alma y su clamor?
¿Dónde está el pecho que creó en sí un mundo,
y lo abrigó y guardó, y temblando en gozo,
se hinchó para elevarse a ser igual
que nosotros, espíritus? ¿Y dónde
estás ahora, Fausto, cuya voz
con su fuerza sonó para atraerme?
¿Eres tú quien, rodeado de mi aliento.
tiembla en lo más profundo de la vida,
gusano amedrentado, acurrucado?

FAUSTO. ¿Huiré de ti, oh engendro de la llama?
¡Yo soy Fausto, yo soy tu semejante!

ESPÍRITU. En rebose de vida, en tempestad
de acción, yo subo y bajo en oleadas,
y me agito de un lado para otro.
Mi cuna y mi sepulcro
son un mar perdurable,
un tejer alternado,
una vida ardorosa;
así, en el zumbador telar del tiempo,
hago el manto viviente del Creador.

FAUSTO. ¡Tú que das vueltas por el ancho mundo,
atareado espíritu, te noto
muy cercano a mí mismo!

ESPÍRITU. Te asemejas tan sólo a aquel Espíritu
que comprendes ¡no a mí! (*Desaparece.*)

FAUSTO (*desplomándose*).   ¿No a ti? Y entonces
¿a quién soy semejante?
¡Yo, semejanza, yo, imagen de Dios[4]!
¡Y ni siquiera semejante a ti! (*Llaman.*)
¡Ah, muerte! Lo conozco... éste es mi fámulo...
¡Se aniquila mi suerte más hermosa!
¡Que este árido reptil vaya a romper
semejante riqueza de visiones!
(*Entra Wagner, en batín y gorro de dormir, y con
una lámpara en la mano. Fausto se vuelve de es-
paldas, de mala gana.*)

WAGNER. ¡Perdone! Le he escuchado declamar:

---

4 *Génesis,* 1, 27.

¿Leía una tragedia griega, acaso?
Querría entender algo de esas artes,
pues, hoy día, resulta provechoso.
Se pondera a menudo que un actor
a un predicador puede aleccionar.

FAUSTO. Sí, si el predicador es un actor,
como bien puede a veces ocurrir.

WAGNER. ¡Ay!, estando tan preso en un Museo[5],
y apenas viendo el mundo los domingos,
y eso por catalejo y a distancia,
¿cómo con persuasión se ha de guiarlo?

FAUSTO. Si no lo sientes, no lo lograrás;
si no brota del alma, y con fluidez
de fuerza original, somete, firme,
el corazón de todos los oyentes,
¡no, ya puedes quedarte bien sentado!
¡Haz un pegote, guisa sobras de otros
festines, y reaviva las mezquinas
llamas de tu poquito de cenizas!
Admiración de niños y de monos
tendrás, si le va bien al paladar;
pero nunca darás alma a las almas
si no empieza saliéndote del alma.

WAGNER. Sólo exponer da gusto al orador:
noto muy bien que estoy muy atrasado.

FAUSTO. ¡Busca ganancia honrada!
¡No seas un bufón de campanillas!
Razón y buen sentido, con muy poco
arte se manifiestan y se expresan;
y si tomas en serio el decir algo
¿te hace falta ir en busca de palabras?
¡Sí, tus discursos, siempre refulgentes,
en que a la Humanidad sacas virutas,
son molestos como el viento con niebla,
que en otoño susurra entre hojas secas!

WAGNER. ¡Ay, Dios!, el arte es largo
y nuestra vida es corta.
En mis esfuerzos críticos, a veces
siento miedo en el pecho y la cabeza.
¡Qué difícil lograr hallar los medios
con que puede ascenderse hasta la fuente!

---

[5] «Museo» en el antiguo sentido académico de «cuarto de estudio».

Y antes de recorrer medio camino,
uno habrá de morirse, pobre diablo.
FAUSTO. ¿Es la fuente sagrada el pergamino,
en que un sorbo nos sacia para siempre?
Tú no habrás obtenido refrigerio
mientras que no te brote de ti mismo.
WAGNER. ¡Perdone! Es gran placer el trasladarse
al espíritu de otros tiempos; ver
cómo, antes de nosotros, pensó un sabio,
y de qué hermoso modo lo seguimos.
FAUSTO. ¡Ah, sí, hasta las estrellas lo seguimos!
Los tiempos del pasado, amigo mío,
son un libro de siete sellos. Y eso
que el espíritu de los tiempos llamas,
es nuestro propio espíritu, en el fondo,
en que van reflejándose los tiempos.
¡Y es verdad que a menudo es una lástima!
Para echar a correr, sólo de verlo:
un cubo de basura, o un desván;
¡si acaso, una función solemne y noble,
con excelentes máximas pragmáticas,
tal como cuadra en boca de muñecos!
WAGNER. Pero ¡el mundo, y el alma, el ser del
De eso, todos querríamos saber.   [hombre!
FAUSTO. Lo que llaman saber, ¡sí! ¿Quién podría
nombrar al niño por su nombre auténtico?
Los pocos que han sabido de eso, y, locos,
no se guardaron lleno el corazón
y a la plebe mostraron su sentir
y su visión, han sido, desde siempre,
muertos en cruz o muertos en hoguera.
Pero perdona, amigo, ya es muy tarde;
lo hemos de interrumpir por esta vez.
WAGNER. De buena gana seguiría en vela
para hablar con usted tan doctamente.
Pero mañana, que es el primer día
de Pascua, dejará que le pregunte.
Me he entregado al estudio, diligente:
sé mucho, pero quiero saber todo. *(Se va.)*
FAUSTO *(solo).* ¡Bien dura la esperanza en la cabeza
de quien siempre se agarra a hueras cáscaras,
y hurga con avidez, busca tesoros,

y si encuentra lombrices, se contenta!
¿Puede sonar aquí tal voz humana,
donde sentí el rebose del espíritu?
Pero ¡ay!, por esta vez te doy las gracias,
el más mísero de los terrenales.
Me arrancaste a la desesperación,
que ya me destrozaba los sentidos.
Tan gigantesca fue la aparición
que tuve que sentirme hecho un enano.
Yo, la imagen de Dios, que me pensaba
junto al espejo de verdad eterna,
en fulgor celestial de mí gozando,
despojado del hijo de la tierra;
yo, más que el Querubín, con libre fuerza
pronta a llenar las venas de este mundo,
a punto de gustar, en creación,
vida de dioses, ¡cómo he de pagarlo!
Un trueno me ha arrastrado, esa palabra.
No debo pretender asemejarte.
Aunque tuve la fuerza de atraerte,
para hacerte quedar no tengo fuerzas.
En ese mismo instante de ventura,
me he sentido tan grande y tan pequeño;
con empujón cruel me has rechazado
al destino inseguro de los hombres.
¿Quién me enseña? ¿Qué debo yo evitar?
¿Tengo que obedecer a aquel impulso?
Nuestras acciones, como nuestras penas,
estorban el fluir de nuestra vida.
A lo mejor que el alma haya acogido
se añade más y más materia extraña;
si alcanzamos lo bueno de este mundo,
se llama lo mejor locura, engaño.
Aquel alto sentir que nos dio vida
se congela en el caos terrenal.
Si con osado vuelo, Fantasía
se lanzó, esperanzada, hacia lo eterno,
luego le basta espacio breve, cuando
dicha tras dicha se hunden en el tiempo
en remolino. En lo hondo del espíritu
hace nido el cuidado y da secreto
dolor, se mece inquieto, y hunde el gozo

y la paz, y de máscara se cambia;
bien se presente como casa, Corte,
mujer, hijo, agua, fuego, puñal, droga;
tiemblas por todo cuanto no te hiere
y siempre has de llorar lo que no pierdes.
¡No soy como los dioses! Bien lo noto;
como el gusano soy, que escarba el polvo
y se nutre de polvo, y la pisada
del caminante entierra y aniquila.
¿No es polvo lo que en esa alta pared,
en cien estanterías, me sofoca?
¿los trastos, que, con tal cacharrería
me abruman en un mundo de polillas?
¿Puedo encontrar aquí lo que me falta?
¿Quizá voy a leer en tantos libros
que el hombre en todas partes se atormenta,
y ha habido uno feliz acá y allá?
¿Por qué sonríes, hueca calavera?
¿Tu seso, como el mío, se extravió
buscando el claro día, y en la sombra
erró triste con ansias de verdad?
Instrumentos, ya sé que me hacéis burla
con ruedas, dientes, ejes y arandelas;
llegué a la puerta, y no me fuisteis llaves;
el pestillo no alzáis con vuestras barbas.
Secreta en pleno día, no se deja
quitar el velo la Naturaleza,
y lo que ella a tu espíritu no muestre
no lo arrancas con barras ni tornillos.
Vosotros, viejos trastos que no he usado,
porque os usó mi padre estáis aquí.
Tú, viejo pergamino, te has ahumado
con el turbio velón que ardió en la mesa.
¡Disipara mejor mi escaso haber,
en lugar de cargarlo en mi fatiga!
Esto que has heredado de tus padres
has de ganarlo para hacerlo tuyo.
Lo que no se usa, se hace carga muerta;
lo que el instante crea, puede usarlo.
¿Por qué se va mi vista hacia ese sitio?
Ese frasco ¿es imán para los ojos?
¿Por qué de pronto noto dulce luz,

como de luna en el nocturno bosque?
¡Te saludo, redoma singular,
al bajarte devotamente! En ti
honro el ingenio humano, el arte. Síntesis
de las piadosas savias que adormecen,
extracto de sutil fuerza mortal,
¡concede tus favores a tu dueño!
Te veo, y el dolor queda endulzado;
te cojo, y el afán se disminuye,
el torrente del alma va colmándose.
Hacia alta mar me veo transportado,
el espejo del mar brilla a mis pies,
un nuevo día llama a orillas nuevas.
¡Vuela un carro de fuego en vaivén leve
y se me acerca! Aquí estoy dispuesto
por nueva senda el éter a cruzar,
a esferas nuevas de una pura acción.
Tal delicia de dioses, alta vida,
¿la vas a merecer, tú, aún gusano?
¡Sí, solamente vuelve las espaldas,
decidido, al sol dulce de esta tierra!
Prepárate a forzar las grandes puertas
que quieren los demás pasar de largo.
Ahora es el tiempo de mostrar con hechos
que ni a los dioses cede en dignidad
el hombre, sin temblar ante esas simas
en que la fantasía se condena
a su propio tormento, al esforzarse
por ese paso en torno a cuya boca
estrecha ardiendo está el infierno entero;
lanzándose sereno a dar tal paso
aun a riesgo de disolverse en nada.
¡Baja, pues, cristalino y rico frasco!
¡Sal de tu viejo estuche, que desde hace
tantos años tenía yo olvidado!
En las fiestas paternas refulgiste,
y alegraste a los graves invitados
al pasar de uno a otro, a la redonda.
El rico lujo y arte en las imágenes
que el que bebía había de explicar
en verso, y vaciar de un solo trago,
muchas noches de joven me recuerda:

no he de pasarte ahora a mi vecino,
ni he de mostrar mi ingenio ante tu adorno;
hay una savia aquí que pronto embriaga:
con oscuro fluir llena tu hueco.
¡Este trago que elijo y que preparo,
el último, lo ofrendo cordialmente,
saludo alto y festivo, a la mañana!
        (Se lleva el recipiente a la boca.)
    (Repique de campanas y cánticos de coros.)
CORO DE ÁNGELES.

> ¡Cristo ha resucitado[6]!
> ¡Alegría al Mortal,
> al que fue amenazado
> por fuerzas corruptoras,
> sutiles y ancestrales!

FAUSTO.   ¿Qué profundo zumbar, qué claro son
quita a la fuerza el vaso de mi boca?
Campanas silenciosas, ¿anunciáis
ya la primera hora de la Pascua?
Coros, ¿cantáis ya el canto de consuelo
que en noche sepulcral sonó en angélicos
labios, certificando Nueva Alianza?
CORO DE MUJERES.

> Con perfumes y ungüentos
> le hemos embalsamado;
> nosotras, siempre fieles,
> allí le hemos dejado
> con vendas y con lienzos
> puros le hemos envuelto.
> ¡Ay, y ya no encontramos
> a Jesucristo aquí!

CORO DE ÁNGELES.

> ¡Cristo ha resucitado!
> ¡Dichoso el amador
> que ha sabido vencer
> la turbadora prueba
> que trae la salvación!

FAUSTO.   ¿Por qué, fuertes y suaves, me buscáis,
melodías celestes, entre el polvo?
¡Sonad allá, donde hay hombres más blandos!

---

[6] Es la Pascua de Resurrección, según indicó antes Wagner, al retirarse a dormir.

Oigo el mensaje, mas la fe me falta;
el milagro es el hijo de la fe.
No me atrevo a elevarme a esas esferas,
donde resuena la dulce noticia;
pero este son que he oído desde niño
me llama de regreso hacia la vida.
El beso del amor celeste, antaño
caía a mí en la fiesta silenciosa;
con presagios sonaban las campanas,
y era placer ardiente la oración.
Un anhelo suave, incomprensible,
me hacía andar por bosques y praderas,
y entre lágrimas cálidas sentía
cómo un mundo surgía ante mi vista.
Me hablaba esa canción de juegos niños,
de libres dichas en la primavera;
hoy el recuerdo, con sentir pueril.
me contiene ante el grave, último paso.
¡Sonad, sonad, dulces cantos celestes!
¡Fluya el llanto, la tierra me recobra!

CORO DE LOS DISCÍPULOS.

> Mientras el Sepultado
> ha ascendido a la altura,
> sublimado y viviente,
> elevado con gloria;
> y en devenir alegre
> al gozo creador
> se acerca, aquí en la tierra
> para el dolor quedamos.
> Nos ha dejado atrás
> en congoja a los suyos;
> ¡ay, hemos de llorar,
> Maestro, tu ventura!

CORO DE ÁNGELES.

> Cristo ha resucitado
> de entre la corrupción;
> liberaos con gozo
> de vuestras ligaduras.
> Alabándole activos,
> demostrándole amor,
> comiendo en hermandad,
> predicando a lo lejos,

prometiendo venturas,
cercano está el Maestro,
¡al lado le tendréis!

ANTE LA PUERTA DE LA CIUDAD

(Salen paseantes de todas clases.)

Unos aprendices.   ¿Por qué vais por ahí?
Otros.   Vamos a Jagerhaus.
Los de antes.   Queremos pasear hacia el molino.
Un Aprendiz.   A Wasserhof os digo que vayáis.
Aprendiz Segundo.
   El camino hasta allí no es muy bonito.
Los demás.   Entonces, ¿qué haces tú?
Aprendiz Tercero.   Yo voy con los demás.
Aprendiz Cuarto.
   Vayamos hasta Burgdorf: seguro que encontramos
   las muchachas más guapas y la mejor cerveza,
   y diversiones de la mejor clase.
Aprendiz Quinto.
   Eh, compadre juerguista, ¿por tercera
   vez te pica la piel? Yo no podría,
   tengo miedo a ese sitio.
Muchacha de servicio.
   No, no voy a volverme a la ciudad.
Otra.   Seguro, en esos chopos lo encontramos.
La anterior.   Para mí, no es gran suerte;
   él se pondrá a tu lado;
   sólo baila contigo en la explanada.
   ¡Qué me importan a mí tus alegrías!
Otra.   Seguro: hoy no está solo; nos ha dicho
   que el del pelo rizado va con él.
Estudiante.   Mira cómo andan esas chicas guapas.
   Cerveza fuerte, buen tabaco, y una
   criada endomingada: eso me gusta.
Una Señorita.   ¡Mira aquellos muchachos!
   Da vergüenza, de veras; aun pudiendo
   tener la compañía más selecta,

¡persiguen a esas mozas!

TERCER ESTUDIANTE *(al Primero)*.

¡No tan de prisa!, vienen dos atrás
puestas muy elegantes;
y la una es mi vecina:
muy inclinado estoy a esa muchacha.
Van con paso tranquilo,
pero habrán de alcanzarnos al final.

PRIMER ESTUDIANTE.

¡No, cofrade! No quiero la etiqueta.
¡De prisa! No perdamos esa pista.
La mano que movió la escoba el sábado
te acaricia el domingo como nadie.

UN BURGUÉS.

¡No, no me gusta nada nuestro alcalde!
Ya que está, es cada vez más insolente,
y por nuestra ciudad, ¿qué es lo que hace?
¿No se pone peor de día en día?
Más que nunca, hace falta obedecer
y pagar más que nunca.

MENDIGO *(canta)*.   ¡Bellas damas, señores distinguidos,
tan elegantes y de buen color,
tengan la caridad de contemplarme,
y vean y remedien mi miseria!
No hagan que toque en vano el organillo,
sólo está alegre aquél que puede dar.
Un día que es de fiesta para todos,
para mí sea día de cosecha.

OTRO BURGUÉS.   Los domingos de fiestas, lo mejor
es charlar de batallas y de guerras,
mientras allá a lo lejos, en Turquía,
se dan golpes los pueblos entre sí.
Uno bebe su vaso en la ventana,
ve las barcas de gala, río abajo,
y a la tarde se vuelve alegre a casa
bendiciendo las épocas de paz.

TERCER BURGUÉS.   Eso mismo hago yo, señor vecino,
y allá pueden romperse la cabeza,
y todo puede andar patas arriba
con tal que en casa siga como siempre.

VIEJA *(a las Señoritas)*.

¡Ay, qué elegantes!, ¡joven sangre hermosa!

¿Quién no se quedará pasmado al veros?
Pero ¡no tanto orgullo, ya está bien!
Lo que queréis, yo puedo conseguirlo.

UNA SEÑORITA. ¡Vamos, Agathe, no querría yo
que me viera la gente con tal bruja!
Ésta me hizo, de noche, en San Andrés,
ver, en carne, a mi amor del porvenir.

LA OTRA. A mí me lo enseñó por un cristal.
de soldado, con otros bravucones;
miro en torno, le busco en todas partes,
pero nunca me quiere aparecer.

SOLDADOS.   ¡Castillos con murallas
elevadas y almenas,
muchachas con altivos
humores de desprecio,
querría yo ganar!
¡Osado es el esfuerzo,
espléndido es el premio!
Hagamos resonar
la trompeta llamando,
para la perdición
igual que para el gozo.
¡Esto sí que es asalto!
¡Esto sí es buena vida!
Muchachas y castillos
se tienen que entregar.
¡Osado es el esfuerzo,
espléndido es el premio!
Y siguen adelante
los valientes soldados.
        (Fausto y Wagner.)

FAUSTO. Libres del hielo están ríos y arroyos,
por el dulce mirar vital de Primavera;
en el valle verdea la dicha esperanzada;
el viejo invierno, en su debilidad,
se retira a las ásperas montañas.
Desde allí, fugitivo, envía sólo
chaparrón impotente de hielo granizado,
por el llano que ya verdea, a ráfagas.
Pero el sol no tolera nada blanco;
en todas partes bullen esfuerzo y formación.
todo quiere animarse con colores;

pero faltan las flores en el cuadro,
y las suple la gente endomingada.
¡Desde esta altura, vuélvete a mirar
la ciudad allá atrás!
A través de la puerta oscura y hueca
sale una abigarrada muchedumbre.
Tomar el sol, a todos hoy les gusta.
Hoy la Resurrección del Señor se festeja,
y ellos están también resucitados:
saliendo de entre tristes muros de casas bajas,
de la cárcel de tiendas y talleres,
de la opresión de techos y tejados,
de la estrechez horrible de las calles,
y de la venerable noche de las iglesias,
todos van a la luz.
Mira, mira la gente con qué afán
se dispersa por campos y jardines;
cómo el río, a lo ancho y a lo largo,
hace mover tantas barcas alegres,
y esa última lancha va alejándose
cargada, a punto ya de zozobrar.
Hasta las mismas sendas de los montes
dan destellos de trajes de colores.
Escucho ya el tumulto de la aldea,
éste es el cielo auténtico del pueblo,
grandes y chicos gozan aquí alegres;
aquí soy hombre, puedo estar aquí.

WAGNER.   Pasear con usted, señor Doctor,
es cosa tan honrosa como útil;
pero no me querría perder solo,
porque soy enemigo de lo rudo.
Los violines, los gritos y los bolos
son para mí un sonido aborrecido;
estrepitan, igual que endemoniados,
y lo llaman placer, lo llaman cantos.

LABRADORES (bajo los tilos; cantando).
El pastor se compuso para el baile,
zamarra de color, faja y pañuelo.
Iba muy elegante:
bajo los tilos todo estaba lleno,
y ya todos bailaban como locos:
¡ahí va, ahí va el pastor!

Y sube y baja el arco del violín.
Él empuja con prisa y se adelanta,
da un golpe a una muchacha,
le pega con el codo;
la guapa moza vuelve la mirada
y le dice: ¡Eres tonto!
¡Ahí va, ahí va el pastor!
No seas tan grosero.
Pero el corro da vueltas muy de prisa;
bailando a la derecha y a la izquierda,
y las faldas volaban.
Todos enrojecían, sofocados,
y sin soltar los brazos, descansaban.
¡Ahí va, ahí va el pastor!
Cadera contra el codo.
¡Muchas confianzas quieres tú conmigo!
¡Cuántos no habrán mentido
y engañado a su novia!
Él se la lleva aparte, lisonjero,
y la acompaña lejos de los tilos.
¡Ahí va, ahí va el pastor!
Son de violín y gritos.

VIEJO LABRADOR.

Señor Doctor, está bien por su parte
que en tal día no quiera despreciarnos,
y en medio del tumulto de la gente
ande un hombre tan sabio como usted.
Tome, entonces, el jarro más hermoso
que con bebida fresca hemos llenado;
yo, al dárselo, deseo vivamente
que no sólo le sacie de su sed,
sino que tantas gotas como tenga
se añadan tantos días a su vida.

FAUSTO.   Acepto el refrigerio de este sorbo,
y os doy a todos gracias y salud.
    (*La gente se reúne en corro a su alrededor.*)

LABRADOR VIEJO.

Está muy bien, de veras, que en un día
de alegría se quiera dejar ver;
igual que en días malos, otra vez
fue bueno con nosotros.
A muchos que hoy están vivos y aquí,

los arrancó su padre a última hora
de la caliente furia de la fiebre,
cuando a la peste supo poner límites.
También usted, que entonces era joven,
iba a los hospitales a su lado:
entonces se sacaron muchos muertos,
pero usted, otra vez, salía sano;
soportó entonces muchas duras pruebas:
a su ayuda ayudó El que en lo alto ayuda.

Todos. ¡Tenga salud el buen hombre probado,
que aún nos pueda ayudar por mucho tiempo!

Fausto. Inclinaos delante del Altísimo,
el que enseña a ayudar y envía ayuda.

(Sigue adelante con Wagner.)

Wagner. ¡Oh gran hombre, qué debes tú sentir
al ver el pueblo cómo te venera!
¡Feliz aquél que de sus dotes puede
obtener tan insigne beneficio!
Los padres te señalan a sus hijos,
todos preguntan, corren y se agolpan;
se paran el violín y el bailarín.
Todos se abren en filas a tu paso,
mientras las gorras vuelan por la altura;
para que se arrodillen, poco falta,
igual que si viniera el Sacramento.

Fausto. Unos pasos aún, hasta esa piedra;
aquí descansaremos del paseo.
Aquí me senté a veces, pensativo,
con tormento de ayuno y de oraciones.
Firme en la fe, abundante en la esperanza,
con suspiros y llanto, y retorciéndome
las manos, obligar creí al Señor
del Cielo a que acabara aquella peste.
El aplauso del pueblo me hace burla.
¡Si pudieras leer en mi interior
qué poco merecíamos, el padre
y el hijo, semejantes alabanzas!
Mi padre fue un oscuro caballero,
que meditaba con ardor maníaco
sobre el mundo y sus órbitas sagradas,
sinceramente, pero a su manera,
y con otros adeptos semejantes

en la Cocina Negra[1] se encerraba,
y al cabo de infinitas probaturas,
fundía, a la vez juntos, los contrarios.
Allí un rojo León, libre y osado,
con el Lirio casaba, en tibio baño,
y ambos, con fuego vivo y llameante,
con tormento a otro tálamo pasaban.
Y si con eso, entre colores vivos,
surgía en el cristal la joven Reina,
ya estaba el filtro: muertos los pacientes,
ninguno preguntaba: ¿quién curaba?
Así, con infernales elixires,
asolamos, peores que la peste,
a través de estos valles y montañas;
a muchos el veneno di yo mismo;
y ellos callaron, ¡y hoy tengo que ver
que se alaba al osado criminal!

WAGNER.   ¿Cómo puede por eso preocuparse?
¿Es que no hace bastante un hombre bueno
con ejercer, puntual y concienzudo,
la profesión que le hayan enseñado?
Si de joven veneras a tu padre,
recibirás con gusto lo que él sepa;
si de mayor aumentas esa ciencia,
tu hijo alcanzará metas más altas.

FAUSTO.   ¡Oh, feliz quien confíe todavía
en salir de este mar de confusión!
Lo que se necesita, no se sabe,
lo que se sabe, no se puede usar.
Pero no estropeemos esta hora
de hermoso bien con tales amarguras.
Mira cómo al fulgor del sol poniente,
ceñidas de verdor, brillan las chozas.
Se aleja y cede, el día ha terminado;
allí acude y fomenta nueva vida.
¡Si unas alas del suelo me elevaran
para acercarme a él cada vez más!

---

[1] La alquimia. El «rojo León» debía ser el «elemento masculino»
—oro, dicen unos; óxido de mercurio, dicen otros—; el «Lirio», el elemento femenino —plata, según unos; ácido nítrico, según otros—.
La «joven Reina», así resultante, era una presunta panacea. El «tálamo»
aludido es, naturalmente, la retorta o recipiente del experimento.

En el fulgor perenne del ocaso
yo veía a mis pies el mundo quieto,
las cimas con fulgor, en paz los valles,
el río plateado vuelto de oro.
No estorbaría a tal vuelo divino
el monte fiero, lleno de barrancos;
y ya el mar, con sus tibias ensenadas,
se abriría a mis ojos admirados.
Pero el dios Sol parece hundirse al fin;
despierta sólo nueva turbación;
me apresuro a beber su luz eterna;
ante mí, el día, tras de mí la noche;
sobre mí, el cielo, abajo, el oleaje.
Hermoso sueño, en tanto el sol se escapa.
¡Ay, no será tan fácil que se añadan
a las alas del alma otras del cuerpo!
Y sin embargo, en todos es innato
que su sentir se eleve y se adelante
cuando encima, perdida en su azul ámbito,
la alondra canta un himno de gorjeos;
sobre los pinos de las cimas ásperas,
ensanchando las alas, flota el águila,
y sobre las llanuras y los mares
de regreso a la patria va la grulla.
WAGNER.   Horas de fantasía, muchas veces
he tenido, y jamás sentí tal ansia.
Los campos y los bosques pronto cansan:
no he de envidiar las plumas a los pájaros.
¡De qué otro modo el goce del espíritu
nos lleva por los libros y las hojas!
Las noches del invierno se hacen dulces,
vida feliz calienta el cuerpo entero,
y, ¡ah!, si despliegas un buen pergamino,
el cielo entero baja hasta tu mano.
FAUSTO.   Te das cuenta tan sólo de un impulso,
pero ¡jamás conozcas los demás!
Dos almas, ay, habitan en mi pecho
y quieren una de otra separarse;
una, con recio afán de amor, se aferra
al mundo, con sus miembros abrazados;
otra, fuerte, se eleva desde el polvo
a los campos de los nobles abuelos.

¡Ah, si es verdad que hay por el aire espíritus
que urden y reinan entre cielo y tierra,
desciendan desde la áurea neblina,
y me lleven a vida nueva y varia!
¡Ah, si tuviera yo un manto encantado
que hacia tierras extrañas me llevase!
Sería para mí la mejor gala;
por un manto de rey no lo cambiara.

WAGNER.   No llames a esas huestes tan famosas
que se extienden fluyendo por las nieblas,
y traman mil peligros para el hombre,
desde todos los puntos cardinales.
Del Norte, con mordisco agudo, vienen
contra ti, con sus lenguas afiladas;
de Oriente acuden, tal como sequía,
cuando el Sur las envía del desierto
acumulando ardor sobre tu frente;
manda Poniente enjambres que al principio
te alivian, luego agostan campo y prado.
Prontos a oír, dispuestos a dañarnos,
para engañarnos gustan de acudir:
como nuncios del Cielo se presentan,
con susurros angélicos mintiendo.
Pero ¡vamos! El mundo se oscurece,
se enfría el aire, cae ya la niebla.
A esta hora apreciamos ya la casa.
¿Por qué se para así y mira asombrado?
¿Qué puede interesarle en la penumbra?

FAUSTO.
¿Ves que anda un perro negro por mieses y rastrojos?

WAGNER.   Le vi hace rato, pero no me interesa nada.

FAUSTO.   ¡Mírale bien! ¿Qué te parece el bicho?

WAGNER.   Un perro de aguas que, según costumbre,
va buscando la pista de su dueño.

FAUSTO.   ¿No notas cómo, en anchas espirales,
se va acercando más hacia nosotros?
Y si no me equivoco, va dejando
remolinos de fuego tras sus pasos.

WAGNER.   No veo más que un perro de aguas, negro;
quizá se encuentre usted alucinado.

FAUSTO.   Me parece que traza leves lazos
mágicos que al fin aten nuestros pies.

WAGNER. Yo le veo rodearnos, incierto y temeroso,
porque, en vez de su amo, ve dos desconocidos.
FAUSTO. ¡El círculo se estrecha, ya está cerca!
WAGNER. Eso que ve es un perro, y no hay fantasmas.
Se echa sobre la tripa, gruñe y duda,
mueve la cola, ¡igual que cualquier perro!
FAUSTO.. ¡Ven con nosotros, perro! ¡Ven aquí!
WAGNER. Éste es un animal desvergonzado.
Si te paras, se queda él esperándote;
si le hablas, se te viene encima a saltos;
si pierdes algo, él lo va a buscar,
y a traer tu bastón se tira al agua.
FAUSTO. Tienes razón, no encuentro aquí vestigios
de fantasmas: es todo su costumbre.
WAGNER. Al perro, cuando está bien educado,
hasta el sabio le acaba por querer.
Sí, bien merecería tu favor,
buen alumno de tantos estudiantes.
  (Entran por la puerta de la ciudad.)

CUARTO DE ESTUDIO

FAUSTO *(entrando con el perro de aguas).*
He dejado los campos y praderas
bien cubiertos de densa oscuridad,
despertando en nosotros la mejor
alma, con sacro miedo de presagios.
Los impulsos salvajes se han dormido,
con toda agitación desatentada;
ahora despierta ya el amor humano
y animándose va el amor a Dios.
¡Quieto, perro, no corras y te agites!
¿Qué olfateas así por el umbral?
Te dejaré tumbarte tras la estufa,
mi mejor almohadón te prestaré.
Como allá, en el sendero de los montes,
nos divertiste, a saltos y carreras,
ahora deja que te cuide yo,

como huésped tranquilo y bien venido.
Ay, cuando en esta nuestra celda estrecha,
la lámpara de nuevo arde propicia,
en nuestro pecho hay un fulgor entonces,
hay sed de las corrientes de la vida,
¡sí!, de los manantiales de la vida.
¡No gruñas, perro! Con las sacras músicas
que ahora envuelven y calman mi alma entera,
no se armoniza un ruido de animal.
Suele hacer burla el hombre, ya sabemos,
de lo que no comprende, y gruñir suele
ante todo lo hermoso y lo mejor,
que gravoso a menudo le resulta.
¿También el perro gruñe como el hombre?
Pero ¡ay!, que ya no siento, aunque lo quiera,
de mi pecho brotar satisfacción.
¿Por qué cesa tan pronto la corriente
y hemos de sufrir sed una vez más?
Muchas veces lo he percibido ya;
pero esa falta puede remediarse;
aprendamos a amar lo sobrehumano,
tengamos ansia de revelación,
que nunca arde más digna y más hermosa
que leída en el Nuevo Testamento.
El texto original ansío abrir,
y otra vez, con sincero sentimiento,
traducir el sagrado original
a mi alemán querido.
            (*Abre un volumen y se pone a leerlo.*)
Dice aquí: «En el principio estaba la Palabra»[1].
¡Ya me atasco! ¿Me ayuda a seguir alguien?
¡No puedo darle tanto valor a la «Palabra»!

---

[1] Tradicionalmente, la primera frase del Evangelio de San Juan se suele traducir «En el principio era el Verbo», por influencia de la versión latina. Goethe dice textualmente «la Palabra», como equivalencia del griego *Lógos* —siguiendo la versión de Lutero—. (En nuestra propia traducción de los Evangelios —*Las Buenas Noticias del Reino de Dios*, Ed. Guadarrama, 1960— habíamos adoptado también la equivalencia «Palabra».) Fausto se resiste a dar tanto alcance y valor a la «palabra» —divina y humana—; con ello cometerá un pecado de orgullo que será aprovechado por el demonio. En efecto, Mefistófeles, al preguntarle a Fausto su nombre, y en otras ocasiones, se lo hará recordar sarcásticamente. El hecho de que Fausto se decida a traducir por «acción» apunta a un carácter central de la época moderna —y su protagonista, el hombre «fáustico» de Spengler—, con el culto a la acción.

Tengo que traducirlo de otro modo,
si el Espíritu me ilumina bien.
Dirá aquí: «En el principio existía el Sentido».
Piensa bien esta línea, la primera;
que tu pluma no vaya apresurada.
El Sentido ¿es quien todo lo hace y obra?
Debía ser: «En el principio estaba
la Fuerza». Pero ya, cuando lo escribo,
algo me avisa que no he de dejarlo.
¡Me socorre el Espíritu! De pronto lo he entendido;
y pongo: «En el principio existía la Acción».
Si vas a compartir conmigo el cuarto,
perro, déjate ya de dar aullidos,
¡deja ya de ladrar!
No puedo soportar en mi presencia
un compañero tan estrepitoso.
Tendrá que abandonar la celda alguno
de los dos. A disgusto he de negarte
el derecho de la hospitalidad.
Te abro la puerta, libre está el camino.
Pero ¿qué es lo que veo?
¿Puede ser una cosa natural?
¿Es sombra, es realidad?
¡Cómo se alarga, cómo se hincha el perro!
¡Se eleva con violencia;
no es figura de perro!
¿Qué fantasma he metido en esta casa?
Parece un hipopótamo
de ojos de fuego y dientes espantosos.
¡Serás mío, seguro!
Para tales engendros infernales
de Salomón la «Clave»[2] sirve bien.
ESPÍRITU (*en el pasillo*).   ¡Hay uno dentro, preso!
¡No le sigáis ninguno; aquí quedaos!
Como el zorro en el hielo
cayó ese viejo lince del demonio.
Pero ¡tened cuidado!
Volad de un lado a otro,
volad de arriba abajo,

---

[2] La *Clavicula Salomonis*, texto clásico de magia del siglo XVII, atribuido entonces a Salomón.

y así se soltará.
Le podéis ayudar,
no le dejéis plantado.
Pues a todos nosotros
nos hizo mucho bien.
FAUSTO.   Para acercarme ahora al animal
emplearé el conjuro de los Cuatro:
¡Que arda la Salamandra,
que se enrosque la Ondina,
que el Elfo se disipe,
y que trabaje el Íncubo![3]
Aquél que no conozca
qué son los elementos,
y cuál es su poder.
y cuál su calidad,
no ha de ser el señor
de espectros y de espíritus.
¡Desaparece en llamas, Salamandra!
¡Disípate en rumor de aguas, Ondina!
¡Fulge como un meteoro hermoso, oh Elfo!
¡Trae, Íncubo, ayuda de la casa!
¡Sal afuera y termina!
Ninguno de los Cuatro está escondido
dentro del animal. Está tranquilo,
tumbado, rechinándome los dientes;
aún no le he hecho daño.
Pues me tendrás que oír
conjurarte más fuerte.
¿Eres un fugitivo
del infierno, compadre?
¡Pues contempla este signo[4],
ante el que han de inclinarse
las oscuras cohortes!
Ya se hincha, con los pelos erizados
¡Ser de condenación!
¿Lo sabes entender?
¿Ves al Indescifrado,
al jamás Expresado,
al Enviado a través de todo Cielo,

---

[3] Respectivamente, símbolos paracelsianos de los cuatro elementos: fuego, agua, aire y tierra.
[4] La Cruz.

al Traspasado en crimen?
Refugiado en la estufa,
se hincha como elefante,
y llena el cuarto entero;
se va a fundir en niebla.
¡No subas hasta el techo!
¡A los pies de tu dueño!
Ya ves que no amenazo vanamente.
¡He de abrasarte con sagradas llamas!
¡No aguardes a la Luz
de triple resplandor;
no aguardes al más fuerte
de todos mis recursos!

MEFISTÓFELES *(al disiparse la niebla, aparece, vestido de Estudiante Vagabundo, desde detrás de la estufa).*
¿Qué ruido es éste?, ¿en qué puedo servirle?

FAUSTO. ¿Y era ésta la almendra de aquel perro?
¿Un estudiante errante? Es de reír.

MEFISTÓFELES. Saludo al sapientísimo señor.
Me ha hecho sudar la gota gorda.

FAUSTO. ¿Cómo te llamas?

MEFISTÓFELES. Pobre es la pregunta
para quien la palabra así desprecia[5],
y, de toda apariencia distanciado,
sólo investiga lo hondo de las cosas.

FAUSTO. En vosotros, señores, es costumbre
que en los nombres se vea vuestra esencia,
que allí se ve de sobra cuando os llaman
«Dios de las Moscas»[6], «Falso», «Corruptor».
Así pues, tú ¿quién eres?

MEFISTÓFELES. Parte soy de esa fuerza que pretende
siempre lo malo, y siempre hace lo bueno.

FAUSTO. ¿Qué quiere decir esa adivinanza?

MEFISTÓFELES. ¡El espíritu soy que siempre niega!
Y con razón, pues todo lo que nace
merece sólo ser aniquilado;
mejor sería, pues, que no naciera.
Y así, cuanto soléis llamar pecado,

---

[5] Alusión a lo que Fausto dice antes, al no querer traducir *Wort* por *Palabra*.
[6] «Dios de las Moscas» es la traducción de «Belcebú».

destrucción, o, abreviando, sólo, El Mal,
es mi elemento propio.

FAUSTO. ¿Te llamas parte, pero estás entero?

MEFISTÓFELES. Digo la verdad pura.
 Aunque el hombre, mundillo[7] de locura,
suele tenerse por un todo entero,
soy parte de esa parte que fue todo
al principo, una parte de la sombra
que a la luz diera luz, la luz soberbia,
que disputa a la Madre-Noche el sitio
y el rango, sin lograrlo, aunque se esfuerce,
porque en los cuerpos queda detenida;
de cuerpos brota, cuerpos hermosea,
y un cuerpo la detiene en su camino:
y así espero que no ha de durar mucho,
y será aniquilada con los cuerpos.

FAUSTO. ¡Conozco tus dignísimos deberes!
No puedes destrozar nada en lo grande,
y la emprendes entonces con lo chico.

MEFISTÓFELES. Y cierto es que con eso se hace poco.
Lo que se pone enfrente de la Nada,
lo que es Algo, este mundo tan grosero,
por más que me he empeñado, no he logrado
liquidarlo hasta ahora. ¡Muchas olas,
incendios, terremotos y tormentas...
pero, al fin, en paz siguen mar y tierra!
De esa maldita raza de los hombres
y animales, no cabe esperar nada:
a muchos he enterrado, pero siempre
vuelve a fluir la sangre fresca y nueva.
¡Así sigue; y es cosa de locura!
En el aire, en el agua y en la tierra
germinan mis semillas; en lo seco,
lo mojado, lo frío y lo caliente.
Si el fuego no me hubiera reservado,
no tendría algo aparte para mí.

FAUSTO. Así, pues, a la eterna fuerza móvil,
salvadora y creadora, contrapones
tu diabólico y frío puño, en vano
con perfidia apretado!

---

[7] «Mundillo», por alusión a «Microcosmos».

¡Acomete otra cosa,
hijo extraño del Caos!
MEFISTÓFELES.   ¡De veras, otra vez lo pensaremos
mejor y más despacio!
Por esta vez, ¿me puedo ya marchar?
FAUSTO.   No comprendo por qué me lo preguntas.
Ahora que te conozco,
cuando quieras me puedes visitar.
La ventana está aquí, y allí la puerta;
también la chimenea, por supuesto...
MEFISTÓFELES.   ¡Lo confieso! Para irme a pasear,
me estorba un leve obstáculo;
ese signo pintado en el umbral...
FAUSTO.   ¿Te molesta el Pentalfa⁸?
Pues dime entonces, hijo del infierno,
si por eso no sales, ¿cómo entraste?
¿Cómo cayó en la trampa tal espíritu?
MEFISTÓFELES.   ¡Fíjate en él! No está bien dibujado;
el ángulo hacia afuera, como ves,
se abre excesivamente.
FAUSTO.   ¡Bien lo ha acertado la casualidad!
Conque así, ¿vas a ser mi prisionero?
¡Por azar lo he logrado!
MEFISTÓFELES.
El perro no lo vio al entrar de un salto;
pero ahora la cosa cambia: el diablo
no puede de la casa salir ya.
FAUSTO.   ¿Por qué no sales, pues, por la ventana?
MEFISTÓFELES.   Es ley de los fantasmas y demonios
salir por donde entraron deslizándose.
Libres en eso, en esto somos siervos.
FAUSTO.   ¿Tiene también sus leyes el infierno?
Está muy bien; entonces ¿se podría
con vosotros, señores, hacer pactos?
MEFISTÓFELES.   Lo prometido, habrás de disfrutarlo,
sin que se te escatime nada de ello.
Pero esto no es muy corto de explicar;
y otra vez hablaremos más despacio;
ahora encarecidamente ruego
que me dejes marchar por esta vez.

---

⁸ Signo cabalístico: el pentágono estrellado.

FAUSTO. Quédate todavía unos momentos,
para decirme la buenaventura.
MEFISTÓFELES. ¡Suéltame ahora! Pronto volveré,
y podrás a tu antojo preguntarme.
FAUSTO.
No he sido yo quien te ha puesto en la trampa;
has caído tú mismo en el garlito.
¡El que tiene al demonio, no lo suelte!
No le será tan fácil otra vez.
MEFISTÓFELES.
Si lo deseas tanto, estoy dispuesto
a quedarme y a hacerte compañía;
a condición que pase dignamente
el tiempo con mis artes.
FAUSTO. Me parece muy bien: tienes permiso,
con tal que sean gratas esas artes.
MEFISTÓFELES. Amigo mío, para tus sentidos
ganarás más, en esta sola hora,
que en todo un año y su monotonía.
Lo que tiernos espíritus te canten,
las hermosas imágenes que traigan,
no serán juego mágico y vacío.
También tendrás placer para el olfato,
luego satisfarás tu paladar,
y al fin se encenderán tus sentimientos.
No es necesario hacer preparativos:
¡estamos juntos, vamos a empezar!
ESPÍRITUS. ¡Desapareced, bóvedas
oscuras de allá arriba!
¡Con más hechizo mire
entrando aquí propicio
el éter azulado!
¡Váyanse desgarrando
las nubes tenebrosas!
Chispean estrellitas,
y aparecen entre ellas
más benévolos soles.
Progenie de los cielos,
estirpe del espíritu,
cerneos por encima
vacilando, inclinados.
Al deseo anhelante

seguid adonde vaya;
y los aleteantes
cendales de los mantos
cubren todas las tierras
y cubren los follajes
donde, en sus pensamientos
hundidos, para siempre
se entregan los amantes.
¡Frondas sobre las frondas!
¡Pámpanos animados!
El pesado racimo
se precipita dentro
del lagar rebosante,
y brotan en arroyo
espumeantes vinos,
fluyendo entre preciosas
piedras centelleantes,
y dejan las alturas
perdidas allá atrás;
se ensanchan y hacen mares
para felicidad
de las verdes colinas.
Las avecillas, mientras,
beben dulce delicia,
y vuelan hacia el sol,
vuelan hacia las claras
islas afortunadas,
que en las olas se mecen
en juego jubiloso;
donde escuchamos coros
de alegría exultante,
y sobre las praderas
vemos danzas y bailes
que se van dispersando
bajo el aire y el cielo.
Unos van escalando
la cumbre de los montes;
otros, nadan y cruzan
las olas por el mar,
otros, flotan y vuelan;
todos buscando vida,
buscando lontananzas

de amorosas estrellas,
de gracia venturosa.

MEFISTÓFELES.

¡Duerme! ¡Bien, tiernos hijos de los aires!
Le arrullasteis como era menester.
Por el concierto os quedo agradecido:
¡para atar al demonio, no eres quién!
¡Envolvedle con dulces sueños vagos,
sumergidle en un mar de desvarío!
Pero contra el hechizo del umbral
me es necesario el diente de un ratón.
No habré de conjurarle mucho tiempo;
ya roe alguno ahí; me oirá en seguida.
El señor de ratones y de ratas,
de moscas, ranas, chinches y piojos,
te manda que te atrevas a salir
y roas ese umbral
igual que si de aceite chorreara.
Muy bien, veo que sales en seguida.
¡Trabaja! El pico que me sujetaba
está en la esquina, y es el de delante.
¡Otro mordisco más, y se acabó!
Sigue soñando, Fausto; hasta la vista.

FAUSTO *(despertando.)*

¿Me han engañado, entonces, otra vez?
¿Se extingue así el hervor de tanto espíritu,
y aquel demonio fue mentira y sueño,
y mentira que un perro se me fue?

CUARTO DE ESTUDIO

(Fausto, Mefistófeles.)

FAUSTO.

¿Llaman? ¡Pase! ¿Quién vuelve a molestarme?

MEFISTÓFELES. Soy yo.

FAUSTO. ¡Pase!

MEFISTÓFELES. Lo has de decir tres veces.

FAUSTO. ¡Pase, entonces!

MEFISTÓFELES. Así es como me gustas.

Espero que nos hemos de entender,
pues para disipar tu mal humor,
vengo vestido aquí de joven noble,
con traje rojo, de áureos bordados,
esclavina de seda reluciente,
una pluma de gallo en el sombrero,
y una daga bien larga y afilada.
Y, para no hablar mucho, te aconsejo
que tú también te vistas de este modo
para que, libre, suelto y desprendido,
adquieras experiencia de la vida.

FAUSTO.   Con cualquier traje, igual tendré la pena
de vivir sofocado en este mundo.
Para juzgar ahora soy muy viejo,
muy joven para no tener deseo.
¿Qué es lo que me podrá ofrecer el mundo?
¡Tienes que renunciar, que renunciar!
Ésa es la sempiterna cantilena
que suena en los oídos de cualquiera,
y que, durante toda nuestra vida,
nos vuelve a cantar, ronca, a todas horas.
Al despertarme, siempre es con espanto;
querría derramar amargas lágrimas
al ver el día que, en su curso entero,
no me realizará un solo deseo,
y hasta el presagio de una sola dicha
lo destruye con crítica implacable,
estorbando con mil burlas de vida
la creación en mi animado pecho.
Luego, al anochecer, es necesario
tenderme con angustia en mi yacija;
tampoco allí consigo algún reposo
y me asustan absurdas pesadillas.
El dios que habita dentro de mi pecho
puede agitar muy hondo mis entrañas;
el que preside a todas mis potencias
no puede mover nada al exterior.
Por eso me es un peso la existencia,
y deseo la muerte, odio la vida.

MEFISTÓFELES.   Pero la muerte no es visita grata.

FAUSTO.   Feliz a quien en gloria victoriosa
con sangriento laurel ciñe la muerte,

y a quien halla, después de locas danzas,
en los brazos de la muchacha amada.
¡Ah, si pudiera desplomarme exánime,
transido ante el vigor del alto Espíritu!
MEFISTÓFELES. Pero alguien hubo que en aquella
noche no apuró cierto jugo tenebroso.
FAUSTO. Te gusta, al parecer, hacer de espía.
MEFISTÓFELES. Si bien no lo sé todo, sí sé mucho.
FAUSTO. Aunque del negro abismo me apartó
un dulce y conocido repicar,
y un resto de pueriles sentimientos
me hizo evocar los tiempos de alegría,
¡maldigo ahora todo lo que al alma
enreda con hechizos y mentiras
y a esta cueva de penas la sujeta
con lisonjas v con deslumbramientos!
¡Maldigo desde ahora la alta idea
con que el alma a sí misma se aprisiona!
¡Maldigo lo que ciega en apariencias
acosando, falaz, nuestros sentidos!
¡Maldigo lo que en sueños nos engaña,
el embuste del nombre y de la fama!
¡Maldigo lo que halaga siendo nuestro,
como hijo, mujer, criado, arado!
¡Maldito ese Mammón, que con tesoros
a hazañas temerarias nos anima,
y que depara muelles almohadones
para el ocio en placer! ¡Maldito sea
el balsámico zumo de las uvas!
¡Maldigo la dulzura del amor!
¡Maldigo a la esperanza y a la fe,
maldigo, sobre todo, a la paciencia!
CORO DE ESPÍRITUS *(invisible)*. ¡Ay, ay!
¡Lo has destruido
el mundo hermoso,
con poderoso puño;
ya cae y se deshace!
¡Lo dejó destruido un semidiós!
Llevamos sus escombros
camino de la Nada,
y lamentamos
la belleza perdida

Poderosísimo
hijo de la Tierra,
¡constrúyelo de nuevo
con mayor esplendor
en tu pecho, edifícalo!
Nuevo curso de vida
comience,
con un claro sentido,
¡y resuenen en él
nuevas canciones!

MEFISTÓFELES. Éstos son los pequeños
entre todos los míos.
¡Oye cómo aconsejan con prudencia
de mayores, trabajo y alegría!
Por todo el ancho mundo,
dejando de estar solo,
donde se paran savias y sentidos,
te quieren incitar.
Deja ya de jugar con tu tormento,
que devora la vida como un buitre.
La peor compañía
te hace sentir un hombre entre los hombres.
Pero no se pretende
echarte entre la chusma.
Yo no soy de los grandes;
pero si quieres ir conmigo a andar
a través de la vida,
yo me acomodaré de buena gana,
a ser tuyo, al momento.
Seré tu compañero,
y, si bien te parece,
seré tu servidor, seré tu esclavo.

FAUSTO. Y a cambio, ¿qué he de darte?

MEFISTÓFELES.
Todavía te queda largo plazo.

FAUSTO. ¡No, no, el demonio siempre es egoísta,
y no hace nada por amor de Dios,
que sea de provecho alguno!
Dime la condición con claridad;
tal criado en la casa es un peligro.

MEFISTÓFELES. *Aquí* quiero ligarme a tu servicio,
no descansar a tu orden y señal;

y cuando *allí* volvamos a encontrarnos,
lo mismo deberás hacer conmigo.
FAUSTO. Poco puede inquietarme el más allá;
si en escombros destruyes este mundo,
el otro puede luego aparecer.
Mis gozos manan todos de esta tierra,
y este sol ilumina mis dolores;
si antes me debo de ellos separar,
puede ocurrir entonces lo que sea.
No quiero oír hablar más de esas cosas;
si después se ha de amar y se ha de odiar,
y si hay también en esos otros mundos
un arriba y abajo.
MEFISTÓFELES. Pues si es así, te puedes arriesgar.
Comprométete; entonces, estos días,
observarás mis artes con placer:
te daré lo que a nadie se le ha dado.
FAUSTO.
¿Tú qué podrías darme, pobre diablo?
Entre los tuyos, ¿hubo quien supiera
qué es el alma del hombre en altas ansias?
¿Qué tienes? Alimentos que no sacian,
tienes un oro ardiente que, sin tregua,
como el mercurio, escapa de la mano,
un juego en el que nadie gana nunca,
una muchacha que, junto a mi pecho,
guiña el ojo y se entiende ya con otro;
la gloria, hermoso gozo de los dioses,
que se disipa igual que un meteoro,
¡Hazme ver frutos muertos antes de cosecharlos,
y árboles de verdor nuevo de día en día!
MEFISTÓFELES. No me asusta un encargo semejante,
puedo servir muy bien tales tesoros.
Pero también se acerca el tiempo, amigo,
en que algo bueno, en paz, festín nos sea.
FAUSTO. Si un día en paz me tiendo en lecho de ocio,
me da igual lo que pueda ser de mí.
Si un día con halagos me seduces
de tal modo que a mí mismo me agrade,
si me puedes mentir con el placer,
¡sea mi último día entonces! ¡Vaya

la apuesta[1]!

MEFISTÓFELES.   ¡Acepto!

FAUSTO.   ¡Dame acá la mano!
Si a un instante le digo alguna vez:
¡Detente, eres tan bello!,
puedes atarme entonces con cadenas;
y acepto hundirme entonces de buen grado;
puede doblar entonces la campana,
y libre quedarás de mi servicio:
¡párese allí el reloj con sus agujas!
¡puede acabar el tiempo para mí!

MEFISTÓFELES.
¡Piénsalo bien! no lo hemos de olvidar.

FAUSTO.   Tienes mucha razón:
yo no he entrado en la apuesta locamente.
Si una vez me detengo, soy esclavo;
no pregunto si tuyo o de quién soy.

MEFISTÓFELES.   Hoy mismo, en el banquete doctoral,
como criado, haré mi obligación.
¡Sólo una cosa! Para vida o muerte.
te ruego que me des sólo unas líneas.

FAUSTO.   Pedante: ¿necesitas algo escrito?
¿No has conocido un hombre de palabra?
¿No es bastante que mi palabra dada
decida para siempre de mis días?
¿No corre el mundo en todos sus torrentes,
para que me sujete una promesa?
Pero está en nuestro fondo esta locura;
¿quién se decidirá a librarse de ella?
¡Feliz quien la lealtad lleva en su pecho!
¡No hay sacrificio que haya de pesarle!
Un pergamino escrito y bien sellado
es un espectro que da espanto a todos.
La palabra se muere ya en la pluma,
y el papel y la cera son los amos.
Mal espíritu, ¿qué quieres de mí?
¿Bronce, mármol, papel o pergamino?
¿He de escribir con pluma, cincel, cálamo?
Te dejo la elección.

---

[1] Es muy de notar que Goethe llama «apuesta» a lo que tradicionalmente era «pacto diabólico», como queriendo secularizar este concepto religioso.

MEFISTÓFELES. ¿Por qué exageras con tanto calor
tu charlatanería?
Cualquier hojita es buena.
Firma con una gota de tu sangre.
FAUSTO. Si ello te da total satisfacción,
nos atendremos a esa tontería.
MEFISTÓFELES.
La sangre es una savia muy curiosa.
FAUSTO. ¡Tú no temas que yo rompa la alianza!
El empeño de toda mi energía
es lo mismo que ahora he prometido.
Hinchándome, tan alto me he elevado
que sólo puedo ser ya de tu rango.
He sufrido el desdén del Gran Espíritu[2]:
el mundo se me cierra por delante.
El hilo del pensar está partido,
y, hace mucho, me asquean los saberes.
¡Logra que en lo hondo de mis sensaciones
se sacien las pasiones más ardientes!
¡En velos de ilusión impenetrables,
todo prodigio quede preparado!
¡A la embriaguez del tiempo nos lancemos,
al rodar de los acontecimientos!
¡Que se alternen allí dolor y dicha,
ganancia y desazón,
que alternen como quieran: solamente
sin descanso se pone en acto el hombre!
MEFISTÓFELES. No tenéis ni medida ni objetivo.
Si os place probar todo
y al vuelo pellizcar de aquí y de allá,
tendréis lo que os divierte.
Sólo ¡agárrate a mí y no seas tonto!
FAUSTO. Ya oíste: no se trata de disfrutes.
Al vértigo me entrego, al placer doloroso,
al odio enamorado, al enojo que anima.
Mi pecho, ya curado del afán de saber,
jamás se cerrará a ningún dolor,
y quiero gustar dentro de mí mismo
lo que es destino de la Humanidad,

---

[2] Según algunos comentaristas, es el Espíritu de la Tierra, antes
conjurado por Fausto. Pero podría entenderse, en general, como la
Divinidad, Dios mismo.

captando en mi alma lo alto y lo profundo,
sobre mi alma su bien y mal cargando,
y ensanchando mi Yo hasta que sea el suyo,
y como ella, cayendo al fin también.

MEFISTÓFELES.   Ah, créeme, que ya hace miles de años
que en ese pan tan duro meto el diente;
¡de la cuna a la tumba, no hay ninguno
que digiera la vieja levadura!
¡Créeme a mí, que tal conjunto sólo
se creó para un Dios!
Él se encuentra en fulgor interminable;
a nosotros nos puso en la tiniebla,
y sólo os dio a vosotros día y noche.

FAUSTO.   ¡Pero yo quiero!

MEFISTÓFELES.   ¡Es fácil de decir!
Pero una sola cosa me da miedo:
el arte es largo; el tiempo, en cambio, es corto.
Diría que debieras aprender;
únete a algún poeta,
déjale que divague en pensamientos,
y toda cualidad noble amontone
sobre tu excelentísima cabeza;
el valor del león,
la rapidez del ciervo,
la sangre ardiente de los italianos,
la paciencia del Norte.
Haz que te halle el secreto
de unir astucia y magnanimidad,
y con cálido impulso juvenil
que te haga enamorar conforme a un plan:
querría conocer a tal persona:
el Señor Microcosmos le llamara.

FAUSTO.   ¿Qué soy entonces yo, si no es posible
alcanzar la corona de lo humano,
a la que tienden todos mis sentidos?

MEFISTÓFELES,   Eres, a última hora..., lo que eres.
Con pelucas de rizos a millones,
o tacones de un codo en tus zapatos,
siempre has de seguir siendo aquello que eres.

FAUSTO.   En vano acumulé, bien me doy cuenta,
los tesoros del alma de los hombres.
Y si al fin me detengo,

ninguna fuerza brota en mi interior;
no me encuentro ni un pelo más arriba,
ni me he acercado más al infinito.
MEFISTÓFELES.   Buen señor, veis las cosas
tal como suelen verse; deberíamos
hacerlo de otro modo más sutil,
antes que se nos vaya el gozo de la vida.
¡Qué demonio! Las manos y los pies,
la cabeza, son tuyos, y el trasero:
pero todo lo que disfruto, osado,
¿será por eso acaso menos mío?
¿Si yo puedo pagarme seis caballos,
no es verdad que ya son mías sus fuerzas,
cabalgo y soy el mismo hombre cumplido
que si tuviera veinticuatro patas?
Así, déjate ya de cavilar,
y ven conmigo al mundo sin temor.
Fíjate bien: un tipo que cavila
es como un animal en un desierto
al que un genio perverso hace dar vueltas,
mientras en torno hay bellos prados verdes.
FAUSTO.   ¿Cómo empezamos?
MEFISTÓFELES.   Vamos en seguida.
¡Qué lugar de martirio es el que tienes!
¿Y éste es un modo de pasar la vida,
aburrido, aburriendo a los muchachos?
¡Déjalo a tu vecino el señor Panza!
¿Por qué te empeñas en trillar la paja?
Lo mejor que podrías conocer
no puedes enseñárselo a los chicos.
¡Oigo ahora mismo alguno en el pasillo!
FAUSTO.   No me es posible verle.
MEFISTÓFELES.
El pobre chico aguarda ya hace mucho,
y no debe marcharse sin consuelo.
Vamos, déjame acá el gorro y la toga:
me ha de sentar muy lindo ese disfraz. *(Se viste.)*
¡Ahora déjalo a mi ingenio todo!
Un cuarto de hora sólo necesito;
prepárate, entretanto, para el viaje. *(Sale Fausto.)*
MEFISTÓFELES *(con las ropas largas de Fausto).*
¡Si desprecias la ciencia y la razón,

la potencia más alta de los hombres,
y haces, con obras vanas y de hechizo,
que te sirva el espíritu de embuste,
te tengo ya en mis manos sin reservas!
El destino le dio un alma que siempre
se adelanta sin freno, y cuyo esfuerzo
apresurado salta por encima
de los gozos del mundo. Yo sabré
por la vida sin ley llevarle a rastras,
por entre la insignificancia chata;
se ha de aferrar a mí, quedarse quieto,
y su insatisfacción tendrá en suspenso
alimento y bebida ante los labios:
el refrigerio en vano invocará,
y aunque al demonio no se hubiera dado,
de cualquier modo, ¡habría de caer!

(Entra un Estudiante.)

ESTUDIANTE.   Llevo aquí poco tiempo solamente,
y vengo, rebosando devoción,
a ver y a hablar a un hombre
a quien todos me nombran con respeto.

MEFISTÓFELES.   ¡Mucho me gusta vuestra cortesía!
Aquí tenéis a un hombre como muchos.
¿Habéis andado ya por otros sitios?

ESTUDIANTE.   Le ruego que me acepte entre los suyos.
Llego con toda buena voluntad,
algún dinero, y sangre juvenil;
mi madre no quería que me fuera,
pero quiero estudiar algo de Leyes.

MEFISTÓFELES.   Estáis en el lugar más apropiado.

ESTUDIANTE.   La verdad, me querría ya marchar:
en estas aulas y estos altos techos
no puedo conseguir estar a gusto.
Es muy ahogado el sitio;
no se ve nada verde, no hay un árbol,
y en esos bancos y esas aulas noto
que pierdo vista, oído y pensamiento.

MEFISTÓFELES.   Es cuestión de costumbre solamente.
Al principio tampoco el niño toma
con mucho gusto el pecho de la madre.
De igual modo, en los pechos de la ciencia
cada día tendréis mayor placer.

ESTUDIANTE. A su cuello con gusto he de colgarme,
 pero, decidme, ¿cómo he de lograrlo?
MEFISTÓFELES. Antes de continuar, decidme ahora:
 ¿qué Facultad pensasteis elegir?
ESTUDIANTE. Mi deseo es llegar a ser muy sabio,
 y querría saber qué hay en la tierra
 y en el cielo, abrazar toda la ciencia
 y la Naturaleza comprender.
MEFISTÓFELES.
 Para eso os encontráis en buen camino;
 pero habéis de evitar las distracciones.
ESTUDIANTE.
 Con alma y cuerpo me he puesto al trabajo;
 pero, a decir verdad, me gustaría
 algo de libertad y pasatiempos
 cuando llegue el descanso del verano.
MEFISTÓFELES. No disipéis el tiempo; raudo corre,
 pero el método enseña a aprovecharlo.
 Querido amigo, os aconsejo, entonces,
 que os inscribáis en el *Collegium Logicum*[3].
 Allí os arreglarán bien el espíritu,
 calzándolo con botas de tormento,
 para que, en adelante, más prudente
 avancéis por la ruta del pensar,
 sin errar para un lado y otro, a diestro
 y siniestro. Despacio, en largos días,
 veréis que cuanto hacíais de una vez,
 como el comer, como el beber, tranquilo,
 debe hacerse por tiempos: ¡un, dos, tres!
 Cierto que en el tejido del pensar
 es como en un telar, donde un impulso
 mueve a la vez mil hilos: se dispara
 la lanzadera y va de un lado a otro,
 y un solo golpe trama los mil hilos.
 Y el filósofo que entre en este asunto
 demostrará que así debe de ser:
 si es así lo primero y lo segundo,

[3] El *Collegium Logicum* era una suerte de «preparatorio» común, previo a todas las Facultades, donde se aprendía sobre todo latín y lógica. La lógica —como se dice dos versos más abajo— es la sujeción y la tortura aludida con la expresión *spanische Stiefel*, «botas españolas» o «botas de la Inquisición»: «cormas», en el lenguaje del Siglo de Oro.

lo tercero y lo cuarto así.ha de ser;
de no estar lo primero y lo segundo,
lo tercero y lo cuarto no vendrían.
Los estudiantes siempre elogian esto,
pero jamás se han hecho tejedores.
Quien quiera describir algo viviente,
empiece por sacar fuera el espíritu,
y las partes así tendrá en la mano,
pero ¡ay! faltan los lazos del espíritu.
Encheiresin naturae[4]: así lo llama
la química, de sí misma burlándose.

ESTUDIANTE. No os consigo entender completamente.

MEFISTÓFELES. Con el tiempo os irá mejor, en cuanto
sepáis reducir todo
y, como es menester, clasificarlo.

ESTUDIANTE. Con esto siento igual que si tuviera
girando en mí una rueda de molino.

MEFISTÓFELES. Después, antes que nada, deberíais
comenzar a estudiar la metafísica.
Veréis cómo captáis con honda mente
lo que en cabeza humana nunca cabe;
pero, quepa o no quepa, una palabra
espléndida se encuentra siempre a mano.
Pero ante todo, en este curso próximo
seguid el mejor orden.
Oíd cinco lecciones cada día,
entrando en cuanto toque la campana.
Preparaos primero con cuidado,
estudiando muy bien vuestras lecciones
para observar mejor que ellos no dicen
sino lo que ya pone en vuestro libro.
¡Pero tomad apuntes siempre, como
si el Espíritu Santo les dictara!

ESTUDIANTE. No tendréis que decírmelo dos veces.
Ya comprendo que es cosa de provecho:
lo que se tiene en negro sobre blanco
puede llevarse a casa, bien tranquilo.

MEFISTÓFELES. ¡Pero habéis de elegir la Facultad!

ESTUDIANTE. El Derecho no acaba de gustarme.

---

[4] «Manipulación de la Naturaleza», en fórmula empleada por un profesor que tuvo Goethe en Estrasburgo, para designar los procesos naturales de síntesis.

MEFISTÓFELES.
No he de ser yo quien os lo tome a mal;
sé con esas doctrinas lo que ocurre.
El Derecho y la Ley vienen de herencia,
como una enfermedad inacabable,
se deslizan de estirpes en estirpes,
y de un lugar a otro avanzan, quedos.
La razón se hace absurdo, la bondad,
perjuicio, y, ¡ay de ti, si eres un nieto!
Del Derecho que nace con nosotros,
¡ay! ni se habla jamás.

ESTUDIANTE. Con eso hacéis que aumente mi aversión.
¡Dichoso aquel a quien adoctrináis!
Casi voy a estudiar la Teología.

MEFISTÓFELES. No querría extraviaros,
pero, por lo que toca a tal doctrina,
es muy difícil no descaminarse;
mucho veneno en ella hay escondido,
que con la medicina se confunde.
Lo bueno, aquí también, es oír sólo
a un maestro, y jurar por su palabra.
En conjunto, ¡ateneos a palabras!
Así entraréis por la puerta segura
al templo del saber, con certidumbre.

ESTUDIANTE. Pero ha de haber concepto en la palabra.

MEFISTÓFELES. ¡Bien! Pero no nos debe preocupar,
pues si faltan conceptos, al momento
oportuno, se encaja una palabra.
Con palabras se puede discutir,
con palabras se puede hacer sistemas,
con palabras se puede dar creencias;
no hay que borrar ni jota a una palabra.

ESTUDIANTE. Perdonad que os moleste con preguntas,
pero me queda aún que fatigaros.
Sobre la medicina ¿no querríais
decirme una sincera palabrita?
Poco tiempo es tres años,
y el terreno es amplio, ¡Cielo Santo!
Si alguno nos indica con el dedo
podemos avanzar mucho mejor.

MEFISTÓFELES (aparte).
Ya estoy cansado de este tono seco;

debo hacer de demonio nuevamente.
(*En voz alta.*) La Medicina es fácil de entender:
estudiad el Gran Mundo y el Pequeño[5],
y, para terminar, dejad que vaya
todo como Dios quiera. Es cosa vana
que deis vueltas sudando tras la ciencia;
cada cual sólo aprende lo que puede,
pero aquel que aprovecha su momento
es el hombre decente.
Tenéis buena presencia,
tampoco os faltará atrevimiento,
y si tenéis en vos mismo confianza,
también se os confiarán las otras almas.
Aprended a orientar a las mujeres;
sobre todo, sus ayes y sus quejas,
sempiternos y siempre diferentes,
se curan solamente desde un punto,
y si os portáis de un modo medio honroso
ya las tendréis a todas bien sujetas.
Un título conquista su confianza;
vuestra arte, luego, excede a muchas artes.
De entrada, golpeadles las cositas
que otro en rozar se esfuerza muchos años;
daos maña a tomarles bien el pulso:
con fogosa mirada astuta, luego
por la cintura esbelta sujetadlas,
a ver qué estrecho llevan el corsé.
ESTUDIANTE. ¡Eso es mejor! Se ve el cómo y el dónde.
MEFISTÓFELES. La teoría, amigo, es siempre gris,
y verde el árbol áureo de la vida.
ESTUDIANTE. Juraría que creo estar soñando.
¿Podría molestáros otra vez
para oír hasta el fondo vuestra ciencia?
MEFISTÓFELES.
Por mi parte, os veré con mucho gusto.
ESTUDIANTE. No puedo retirarme sin osar
presentaros el álbum de recuerdos.
¡Hacedme la merced de escribir algo!
MEFISTÓFELES. Muy bien. (*Escribe y se lo da.*)
ESTUDIANTE (*lee*).

[5] Macrocosmos y Microcosmos; Naturaleza y hombre.

Eritis sicut Deus, scientes bonum et malum[6].
(Cierra el libro con veneración y se retira haciendo una reverencia.)

MEFISTÓFELES.
Atiende al viejo dicho de mi tía Serpiente,
¡y otra vez sufrirá tu semejanza a Dios!

FAUSTO *(entrando).* ¿Dónde vamos?

MEFISTÓFELES.   Iremos donde quieras.
Veremos el Gran Mundo y el Pequeño.
¡Con qué gozo, con cuánta utilidad
has de aprobar tu curso!

FAUSTO.   Pero me faltan, con mi larga barba,
las fáciles maneras de la vida.
No me resultará bien el ensayo;
nunca podré saber ir por el mundo.
Me siento muy pequeño ante los otros;
siempre estaré cohibido.

MEFISTÓFELES.   Mi buen amigo, todo se andará;
sabrás vivir en cuanto te confíes.

FAUSTO.   ¿Nos vamos, pues, de casa? ¿Dónde tienes
los caballos, el coche y el cochero?

MEFISTÓFELES.   Basta extender las capas,
y ellas han de llevarnos por los aires.
En este osado paso,
no has de llevar ningún hato contigo.
Un poco de «aire ardiente»[7] que preparo
nos alzará con ímpetu del suelo.
Somos ligeros, rápidos subimos:
¡enhorabuena en esta nueva vida!

---

[6] «Seréis como Dios, sabedores del bien y del mal» *(Génesis*, 3, 5). Es de notar que el texto de la Vulgata dice *sicut dii*, o sea, «como dioses», quizá por seguir el plural gramatical de *Elohim*.
[7] Hidrógeno. Por entonces había sido la primera experiencia de elevación de globos.

BODEGA DE AUERBACH, EN LEIPZIG

Alegres compadres bebedores.

FROSCH[1]. ¿Nadie quiere beber? ¿nadie se ríe?

BRANDER. Es culpa tuya; no sabes decir
ninguna estupidez, nada picante.

FROSCH (*le vierte un vaso de vino por la cabeza*).
¡Ahí tienes las dos cosas!

BRANDER.   ¡Doble cerdo!

FROSCH. ¡Tú lo has querido, así tiene que ser!

SIEBEL. ¡Afuera los que riñan! ¡A cantar
a voz en cuello; todos a beber
y a gritar! ¡Hala, eh!

ALTMAYER.   ¡Pobre de mí!
¡Me rompe los oídos! ¡Un tapón!

SIEBEL. Si resuena la bóveda, se nota
la potencia de un bajo.

FROSCH. ¡Vamos, y afuera quien lo tome a mal!
¡Ah, tralará, lará!

ALTMAYER. ¡Ah, tralará, lará!

FROSCH. Las gargantas están ya bien templadas.
(*Canta.*)
Sacro Imperio Romano, tan hermoso,
¿cómo puedes seguir aún de pie?

BRANDER. ¡Qué estupidez! ¡Una canción política,
qué triste! A Dios dad gracias a diario,
pues no ha de preocuparos el Imperio
Romano. Vale más que un reino entero
no ser Emperador ni Canciller.
Pero no ha de faltar un superior:
¡elijamos un Papa!²
Sabéis qué cualidad
es la importante, la que eleva al hombre.

---

¹ *Frosch* quiere decir «rana». *Brander*, algo así como «botafuego»
o «brulote». La taberna de Auerbach, en Leipzig, había sido frecuen-
tada por Goethe cuando estudió en dicha ciudad: había en ella dos
grabados sobre el tema de *Fausto*: en uno, Fausto aparecía acompañado por estudiantes bebedores; en el otro, cabalgando en un tonel.

² Es la costumbre estudiantil de elegir un presidente en las fiestas.

FROSCH *(canta).*
  Vuela, vuela, señora ruiseñora,
  diez mil veces saluda a mi amorcito.
SIEBEL. ¡Al amorcito nada de saludos! ¡Ni hablar!
FROSCH. ¡Pues saludos y besos! ¡No me lo impedirás!
  En la noche tranquila, ¡abre el cerrojo!
  Se despierta el amor, ¡abre el cerrojo!
  Ya empieza a amanecer, ¡abre el cerrojo!
SIEBEL. ¡Sí, canta, canta, alábala y elógiala!
  Cuando me llegue el turno, me reiré.
  Igual que me engañó, lo hará contigo.
  Al amorcito, que le den un duende
  que retoce con ella por los cruces;
  ¡vuelto del aquelarre, un viejo buco
  le balará al galope «buenas noches»!
  Para esa moza es demasiado bueno
  un muchacho de carne y hueso auténticos.
  ¡No quiero oír hablar de saludarla,
  a no ser que le rompa los cristales!
BRANDER. ¡Calma, calma, escuchadme! ¡Confesad,
  señores, que yo sé vivir muy bien!
  Aquí tenemos gente enamorada,
  y, conforme a la buena educación,
  con primor les daré las buenas noches.
  ¡Oídme la canción de última moda!
  ¡Cantad conmigo fuerte el estribillo!
        Un ratón en la bodega
        comía manteca y queso;
        tan gordo y lucido estaba
        como el buen Doctor Lutero.
        Pero un día la criada
        le hizo comer un veneno,
        y el ratón sintió una angustia
        como el amor en el cuerpo.
CORO *(alegre).* ¡Como el amor en el cuerpo!
BRANDER. *Dio vueltas de un lado a otro,*
        de charco en charco bebiendo,
        arañó la casa entera
        sin poder hallar remedio;
        subió y bajó sin alivio,
        chilló, dio saltos de miedo,
        porque sentía una angustia

como el amor en el cuerpo.

CORO.   *¡Como el amor en el cuerpo!*

BRANDER.   *Fue corriendo á la cocina,*
tropezó y cayó en el fuego;
y así se quedó el ratón
tranquilo por fin y quieto.
Y se rió la criada
que le puso aquel veneno:
«¡Ya ha dado las boqueadas
con el amor en el cuerpo!»

CORO.   *¡Con el amor en el cuerpo!*

SIEBEL.   Estos idiotas, ¡cómo se divierten!
Sí que me gusta ese arte:
¡a los pobres ratones dar veneno!

BRANDER.   ¿Tienes predilección por los ratones?

ALTMAYER.   Este panzudo, calvo de mollera,
con su propia desgracia se enternece:
ve en el ratón hinchado
su propia semejanza natural.

          (Entran Fausto y Mefistófeles.)

MEFISTÓFELES.   Antes que nada, tengo que ponerte
en compañía alegre,
y que veas qué fácil es vivir.
Para la gente, es fiesta cualquier día.
Con un poco de ingenio y mucho humor,
baila en estrecho corro cada cual,
como el gatito en busca de su rabo.
Y mientras no les duela la cabeza
y les siga fiando el tabernero,
están sin inquietudes y contentos.

BRANDER.   Serán recién llegados de un viaje;
se les nota en sus modos, tan extraños;
seguro, no han llegado hace una hora.

FROSCH.
¡Cierto, tienes razón! ¡Qué admirable es mi Leipzig!
Es París en pequeño, y a los suyos educa.

SIEBEL.   ¿Qué te parecen estos forasteros?

FROSCH.   ¡Déjame ver! Con un vaso bien lleno,
lo mismo que quien saca un diente a un niño,
haré que desembuchen estos tipos.
Parecen de familia distinguida;
tienen aires altivos, descontentos.

BRANDER. ¡Charlatanes de feria son, te apuesto!

ALTMAYER. ¡Quizá'

FROSCH. Ved cómo yo me burlo de ellos.

MEFISTÓFELES. No presiente al demonio la gentuza
aunque por el pescuezo les agarre.

FAUSTO. ¡Buenas noches, señores!

SIEBEL. Igualmente.
(A media voz, mirando de reojo a Mefistófeles.)
¿Por qué renquea de una pierna aquél?[3]

MEFISTÓFELES. ¿Nos permiten sentarnos con ustedes?
En lugar de un buen trago, que aquí falta,
disfrutaremos de la compañía.

ALTMAYER. Parece usted un hombre muy mimado.

FROSCH. ¿Han salido de Rippach con retraso?[4]
¿Han cenado esta noche con Tío Juan?

MEFISTÓFELES. Hoy pasamos delante de su casa;
otra vez ya le vimos.
Nos contó de su primo muchas cosas,
y dijo que le diéramos recuerdos.
(Se inclina ante Frosch.)

ALTMAYER *(a media voz)*.
¡Ahí tienes, éste entiende!

FROSCH. ¡Buen bromista!
Me las va a pagar pronto, espera un poco.

MEFISTÓFELES. Si no estoy trascordado, lo que oíamos
era un coro de voces bien templadas.
¡Cierto, bajo estas bóvedas
debe de resonar muy bien el canto!

FROSCH. ¿Sin duda será usted un virtuoso?

MEFISTÓFELES.
¡No! mi saber es poco: el gusto es mucho.

ALTMAYER. ¡A ver, una canción!

MEFISTÓFELES. Muchas, si quieren.

SIEBEL. ¡Alguna nuevecita!

MEFISTÓFELES. Ahora acabamos de volver de España,
bello país del vino y las canciones.
(Canta.) *Una vez había un rey*
que tenía una gran pulga...

---

[3] Tradicionalmente, el diablo es cojo —«cojuelo» en Vélez de Gue-
vara— a consecuencia de su caída desde los Cielos.

[4] Rippach, aldea cercana a Lepzig, tenía fama por la escasa inteligencia de sus habitantes: el «Tío Juan» de Rippach era el arquetipo
de la tontería.

FROSCH. ¡Una pulga! ¿Lo oís? ¿os hacéis cargo?
¡Pues vaya un huésped limpio!

MEFISTÓFELES *(canta)*.

> *Una vez había un rey*
> *que tenía una gran pulga,*
> *y no la quería menos*
> *que si fuera su hija única.*
> *Un día llamó a su sastre,*
> *con su tijera y su aguja:*
> *«Anda, tómale medidas,*
> *que vista como ninguna».*

BRANDER. ¡No se olvide insistirle
que mida exactamente,
y, que si estima en algo la cabeza,
no le salgan arrugas a las calzas!

MEFISTÓFELES. *De terciopelo y de seda*
> *iba la pulga vestida,*
> *el traje lleno de bandas,*
> *con una Gran Cruz encima,*
> *y pronto empezó a mandar,*
> *y fue ministro en seguida,*
> *y en la Corte, sus hermanas*
> *fueron gente de valía.*
> *Las damas y los señores*
> *de la Corte se quejaban,*
> *la reina y sus camareras*
> *sufrían atormentadas,*
> *pero sin poder rascarse*
> *y sin poder aplastarla.*
> *A nosotros, bien nos pican,*
> *pero cada cual se rasca.*
> *A nosotros bien nos pican,*
> *pero cada cual se rasca.*

CORO *(con alegría estrepitosa)*.
> *A nosotros bien nos pican,*
> *pero cada cual se rasca.*

FROSCH. ¡Bravo, bravo, estupendo!

SIEBEL. Así han de terminar todas las pulgas.

BRANDER. ¡Con las uñas habría que aplastarlas!

ALTMAYER. ¡Viva la libertad y viva el vino!

MEFISTÓFELES. Bebería con gusto, por honrar
la libertad, si el vino fuera bueno.

Siebel. ¡No queremos oírlo repetir!

Mefistófeles.

Si no fuera a enojarse el tabernero,
les daría, dignísimos señores,
algo de lo mejor de mis bodegas.

Siebel. ¡Venga de ahí, y yo cargo con la culpa!

Frosch. Venga un buen vaso acá, y le elogiaremos;
pero no dé unas muestras muy pequeñas,
que yo, para juzgar,
necesito tener llena la boca.

Altmayer *(en voz baja).*
Se les nota que son de por el Rhin.

Mefistófeles. ¡Búsquenme una barrena!

Brander. ¿Para qué?
¿No tendrán los barriles a la puerta?

Altmayer. El tabernero ahí tiene herramientas.

Mefistófeles *(toma la barrena. A Frosch).*
Ahora diga, ¿qué quiere usted probar?

Frosch. ¿Qué es eso? ¿Acaso tiene muchos vinos?

Mefistófeles. Que elija cada cual el que le guste.

Altmayer *(a Frosch).*
Vaya, ¡estás empezando a relamerte!

Frosch. ¡Bien! Si puedo elegir, quiero el del Rhin;
la patria da los dones más preclaros.

Mefistófeles *(hace un agujero en la mesa delante de
Frosch).* ¡Denme un poco de cera, que haga espitas!

Altmayer. ¡Si es un juego de manos!

Mefistófeles *(a Brander).* ¿Y usted?

Brander. Quiero champagne, y con espuma.
*(Mefistófeles va barrenando; mientras tanto, otro ha
· hecho y colocado las espitas de cera.)*

Brander. No siempre ha de eludirse lo extranjero,
a menudo lo bueno está remoto.
A un alemán genuino no le gusta
un francés, pero sí beberle el vino.

Siebel *(cuando Mefistófeles se acerca a su sitio).*
Lo confieso: no puedo con el seco.
¡Deme un vaso de rico vino dulce!

Mefistófeles *(barrenando).*
En seguida saldrá Tókay de aquí.

Altmayer. ¡Nada, señores, mírenme a la cara!

Ya sé muy bien que sólo es una broma.
MEFISTÓFELES.
¡Cómo! En una reunión tan distinguida,
sería demasiado atrevimiento.
¡Vamos, de prisa! Diga francamente:
¿qué vino he de servirle?
ALTMAYER. ¡Cualquiera, y no ande tanto pregun-
[tando!
(Todos los agujeros están barrenados y taponados.)
MEFISTÓFELES *(con gestos raros).*
> *La viña tiene racimos tiernos,*
> *y el macho cabrío tiene negros cuernos.*
> *El vino es de mosto, la viña es de madera,*
> *la mesa de leño da vino a cualquiera.*
> *Mirad lo profundo*
> *del seno del mundo.*
> *Aquí hay un milagro: ¡creed!*
> *¡Quitad los tapones y apagad la sed!*
TODOS *(quitan las espitas y reciben en el vaso el vino*
deseado.) ¡Qué hermoso manantial el que nos sacia!
MEFISTÓFELES. ¡Cuidado no vayáis a verter nada!
(Ellos beben y beben.)
TODOS *(cantando).*
> *¡Somos como caníbales,*
> *como quinientos puercos!*
MEFISTÓFELES. ¡Mirad cómo se porta el pueblo libre!
FAUSTO. Me querría marchar ahora mismo.
MEFISTÓFELES. Fíjate un poco: la bestialidad
se ha de mostrar de modo esplendoroso.
SIEBEL. *(bebe descuidadamente: el vino se derrama por*
el suelo y se convierte en llamas).
¡Socorro, auxilio; fuego! ¡Arde el infierno!
MEFISTÓFELES *(a la llama).*
¡Quieto, elemento amigo!
(A los compadres.) Esta vez sólo
gota de lumbre fue del Purgatorio.
SIEBEL. ¿Qué es eso? ¡Espere un poco! Va a pagarlo.
Me parece que usted no nos conoce.
FROSCH. ¡Como vuelva otra vez, ya lo verá!
ALTMAYER.
Le quitamos de en medio sin escándalo.
SIEBEL. ¿Qué es eso, amigo? ¿Quiere divertirse

con sus juegos de manos?

MEFISTÓFELES. ¡Viejo tonel de vino, calla ya!

SIEBEL. ¡Palo de escoba! ¿Vienes a insultar?

BRANDER. ¡Espérate, que van a llegar golpes!

ALTMAYER *(quita una espita, y sale fuego).*

¡Que me quemo, me quemo!

SIEBEL.   ¡Brujería!

¡Vamos con él, a ver quién es el último!

(Sacan las navajas y se acercan a Mefistófeles.)

MEFISTÓFELES *(con ademanes solemnes).*

> *¡Falsos dichos y visiones,*
> *os harán creer ilusiones!*
> *¡Estad aquí y estad allí!*

(Ellos se quedan mirándose pasmados.)

ALTMAYER. ¿Dónde estoy? ¡Qué hermosura de país!

FROSCH. ¡Viñas! ¿Es cierto?

SIEBEL.   ¡Y hay uvas a mano!

BRANDER. Bajo estas verdes hojas

¡mira, mira, qué cepas, qué racimos!

(Agarra a Siebel por la nariz. Los otros hacen lo
mismo, mutuamente, y levantan las navajas.)

MEFISTÓFELES *(como antes).*

Error, suéltales ya de los ojos la venda.

Aquí acaba la broma que os dio el demonio en
prenda.

(Desaparece con Fausto, y los compadres se separan.)

SIEBEL. ¿Qué es esto?

ALTMAYER.   ¿Cómo?

FROSCH.   ¿Y era tu nariz?

BRANDER. *(a Siebel).*

¡Y la tuya la tengo yo en la mano!

ALTMAYER.

¡Tengo el cuerpo abrumado de este golpe!

Acércame una silla, que me caigo.

FROSCH. No, dime: ¿Qué ha pasado?

SIEBEL. ¿Dónde se fue aquel tipo? Si le encuentro

no se me escapa vivo.

ALTMAYER.   Yo lo he visto

salir de la bodega por la puerta,

montado en un tonel...

Tengo un peso en los pies, como de plomo.

(Volviendo a la mesa.)

¿Y no sigue manando el vino aquel?
SIEBEL. ¡Todo ha sido mentira y falsedad!
FROSCH. Pues yo sigo creyendo que era vino.
BRANDER. Pero ¿qué ha sido aquello de las uvas?
ALTMAYER. ¡Y que digan que no crea en milagros!

COCINA DE BRUJA

*(En un hogar bajo hay una gran caldera al fuego.
En el vapor que sale hacia arriba, se dejan ver
variadas figuras. Una mona está sentada junto
a la caldera, espumándola y cuidando que no se
salga. El mono, con los monos pequeños, está sentado al lado, calentándose. Las paredes y el techo
están adornados con los más raros instrumentos
de brujería.)*

FAUSTO. ¡Me repugna esta necia hechicería!
¿Y me prometes que voy a curarme
en medio de este caos de locura?
¿Voy a pedir consejos a una vieja?
Esta sucia cocina
¿me ha de quitar treinta años de los hombros?
¡Pobre de mí, si es esto cuanto sabes!
¿No habrá inventado la Naturaleza
o un espíritu noble, algún ungüento?
MEFISTÓFELES. Amigo, otra vez hablas cuerdamente;
para hacerte más joven, hay un medio
natural, pero viene en otro libro,
y es un raro capítulo.
FAUSTO. ¡Quiero saberlo!
MEFISTÓFELES. Un medio que se obtiene
sin dinero ni médico ni hechizos:
sal en seguida al campo,
ponte a cavar la tierra, a trabajar;
limítate, a ti mismo y tus ideas,
en un estrecho círculo;
susténtate con alimentos puros;
vive con el ganado, como tantos

animales, no creas desafuero
abonar el terreno que has segado:
¡créeme, éste es el medio de volverte
joven a los ochenta!

FAUSTO.   No puedo acomodarme, no podría
tomar la azada en mano;
la vida de estrechez no es para mí.

MEFISTÓFELES.   Hay que apelar entonces a la bruja.

FAUSTO.   Pero ¿por qué la vieja va a hacer falta?
El brebaje ¿no puedes tú guisarlo?

MEFISTÓFELES.   ¡Buena manera de perder el tiempo!
Prefiero, mientras tanto, hacer mil puentes[1].
No es sólo cosa de arte y de saber,
sino que hay que poner también paciencia.
Un alma quieta actúa muchos años;
sólo el tiempo da fuerza a aquel fermento.
¡Y cuanto es necesario para hacerlo
es todo sorprendente!
Es cierto que el demonio le ha enseñado,
pero el demonio no lo puede hacer.
(Mirando a los animales.)
¡Mira qué linda raza!
¡La criada es aquélla; éste, el criado!
(A los animales.) ¿Al parecer, el ama no está en casa?

LOS ANIMALES.   *¡Se ha marchado al aquelarre*
en la escoba con que barre!

MEFISTÓFELES.
¿Cuánto tiempo acostumbra a estar de fiesta?

LOS ANIMALES.   Mientras nos calentamos las patitas.

MEFISTÓFELES *(a Fausto).*
¿Qué te parecen estos tiernos bichos?

FAUSTO.   ¡Del peor gusto que he visto jamás!

MEFISTÓFELES.   No, una charla como ésta
es la que a mí me gusta más tener.
(A los Animales.)
Decidme pues, muñecos condenados,
¿qué guisáis en el caldo?

LOS ANIMALES.   Guisamos sopas flojas para pobres.

MEFISTÓFELES.   Gran éxito de público tendréis.

---

[1] Por los «puentes del diablo», como llama el pueblo a los puentes antiguos de traza muy arriesgada, se supone que el construirlos es el pasatiempo típico del diablo.

EL MONO *(acercándose halagadoramente a Mefistó-*
feles).

> Juguemos a los dados,
> ¡deja que me enriquezca,
> y que pueda ganar!
> Anda mal el asunto;
> si tuviera dinero
> tendría inteligencia.

MEFISTÓFELES. ¡Qué dichoso se juzgaría el mono
si pudiera comprar la lotería![2]
(Mientras tanto, los monos pequeños juegan con una
gran bola, haciéndola rodar.)

EL MONO. El mundo es así,
> subiendo y bajando,
> y rodando siempre.
> Como cristal suena,
> ¡qué pronto se rompe!
> Está todo hueco.
> Aquí brilla mucho
> y allí brilla más:
> ¡estoy vivo yo!
> ¡Hijo mío amado,
> presérvate de él!
> ¡Tienes que morir!
> Es de barro el mundo
> y se rompe en cascos.

MEFISTÓFELES. ¿Para qué esa criba?
EL MONO *(descolgándola).* Si fueras un ladrón
en seguida podría conocerte.
(Corre hacia la Mona y la hace mirar a través de
la criba.)

> ¡Mira ahí por la criba![3]
> ¿Conoces al ladrón
> y no puedes nombrarle?

MEFISTÓFELES *(acercándose al fuego).* ¿Y el puchero?
MONO Y MONA. ¡Estúpido inocente!
> ¡No conoce la olla,
> no conoce el puchero!

---

[2] Alusión, entonces de actualidad, a la recién difundida afición a
jugar a la lotería.
[3] Por la creencia popular de que mirando por un cedazo y diciendo un conjuro se descubren los autores de los robos.

MEFISTÓFELES. ¡Qué animal tan grosero!

MONO. Toma el soplillo aquí;
siéntate en esta silla. (*Obliga a Mefistófeles a sentarse.*)

FAUSTO (*que durante este tiempo ha estado ante un espejo, tan·pronto acercándose como alejándose de él.*) ¿Qué es lo que veo? ¿Qué imagen celeste
en este espejo mágico se muestra?
¡Amor, dame tus alas más ligeras,
y a su presencia llévame!
¡Ay, y si no me quedo en este sitio,
si me atrevo a acercarme,
sólo la puedo ver como una niebla!
¡Es la más bella imagen de mujer!
¿Cabe que la mujer sea tan bella?
En este cuerpo, que aquí está extendido,
¿debo ver el resumen de los cielos?
¿Se halla en el mundo cosa semejante?

MEFISTÓFELES.
Claro, si un Dios seis días se molesta,
y se aplaude a sí mismo al terminar,
tiene que haber logrado algo muy bueno.
Por esta vez, contempla hasta que te hartes.
Sabré hallarte tesoro semejante,
y ¡feliz el que tenga la gran suerte
de llevársela a casa como esposo!
(*Fausto no deja de mirar al espejo. Mefistófeles, arrellanándose en la butaca y jugando con el soplillo, continúa.*)
Como un rey en su trono estoy sentado;
éste es mi cetro, falta la corona.

LOS ANIMALES (*que han hecho entre ellos toda clase de movimientos extraños, ofrecen a Mefistófeles una corona, con gran griterío.*)
                    ¡Haznos este favor,
                    con sangre y con sudor,
                    péganos la corona![4]
(*Enredando torpemente con la corona, la rompen en dos pedazos, con los cuales dan vueltas y saltan.*)
                    ¡Ya no tiene remedio!

---

[4] Alusión a la Revolución Francesa.

> *Hablamos y miramos,*
> *oímos y rimamos...*

FAUSTO *(ante el espejo).*
¡Ay de mí, qué me voy a volver loco!

MEFISTÓFELES *(señalando a los animales).*
También me da a mí vueltas la cabeza.

LOS ANIMALES. *Y si va de buen modo*
> *y nos sale bien todo*
> *¡serán grandes ideas!*

FAUSTO *(como antes).* ¡Me empieza a arder el pecho!
¡Marchémonos de prisa!

MEFISTÓFELES *(en la posición anterior).*
Bien, al menos se debe confesar
que son unos poetas muy sinceros[5].

(La caldera, que la Mona ha dejado descuidada has-
ta ahora, empieza a desbordarse; sale una gran
llama que llega hasta la chimenea. A través de
la llama baja la Bruja, con gritos espantosos.)

LA BRUJA. ¡Ay, ay, ay, ay!
¡Sucio animal, maldito condenado!
¡Descuidas la caldera, al ama abrasas!
¡Animal condenado!
(Observa a Fausto y Mefistófeles.)
¿Qué ha ocurrido aquí?
¿Quiénes sois vosotros?
¿Aquí qué queréis?
¿Cómo habéis entrado?
¡Fuego del infierno
os entre en los huesos!
(Mete la espumadera en la olla y salpica con llamas
a Fausto, a Mefistófeles y a los animales. Los ani-
males aúllan.)

MEFISTÓFELES *(agarra por el revés el soplillo que tiene*
en la mano y golpea las ollas y cacharros).
¡En añicos, a trozos!
¡Ahí tienes el guisote!
¡Ahí tienes tus cacharros!
Es una broma sólo,
carroña; es el compás
para tu melodía.

Alusión satírica contra los románticos.

(Mientras, la Bruja retrocede llena de horror y espanto.)

Esqueleto monstruoso, ¿me conoces?
¿Conoces a tu dueño, a tu señor?
¡No sé qué me contiene de pegarte,
a ti, y a tus fantasmas de animales!
¿No tienes ya respeto al jubón rojo?
Y la pluma de gallo, ¿la recuerdas?
¿Te he escondido la cara? ¿Acaso tengo
que darme a conocer diciendo el nombre?

LA BRUJA. ¡Señor, perdona mi áspero saludo!
Pero es que no veía el pie de chivo.
¿Y tus dos cuervos, dónde se han quedado?

MEFISTÓFELES.
Por esta vez, así te escaparás;
pues cierto es que hace mucho no nos vemos.
La cultura barniza a todo el mundo,
y hasta al mismo demonio se ha extendido.
No cabe ver aquel fantasma nórdico:
¿dónde encuentras los cuernos, rabo y garras?
Y las patas, que no puedo dejar,
me harían mucho daño entre la gente:
por eso, como un joven a la moda,
hace tiempo uso falsas pantorrillas.

LA BRUJA *(bailando).*
Pierdo el sentido, pierdo la razón
al ver aquí otra vez a Don Satán.

MEFISTÓFELES.
Mujer, te ruego: no me des tal nombre.

LA BRUJA. ¿Por qué? ¿Qué te ha hecho el nombre?

MEFISTÓFELES.
Lleva tiempo en el libro de las fábulas,
y entretanto, los hombres no han cambiado;
libres del Malo, siguen siendo malos.
Dime «Señor Barón», y así está bien:
tan caballero soy como cualquiera.
Tú no podrás dudar mi sangre azul:
¡mira, éstas son las armas de mi escudo!
            (Hace un gesto indecente.)

LA BRUJA *(ríe desmesuradamente).*
¡Ja, ja, qué cosas tienes!
¡Sigues siendo aquel pícaro de siempre!

MEFISTÓFELES *(a Fausto).*
   Amigo mío, date cuenta de esto:
   A las brujas, así es como se trata.
LA BRUJA.   Bien, señores; pues díganme qué quieren.
MEFISTÓFELES.
   ¡Un buen vaso del zumo que ya sabes!
   Pero quiero que sea del más viejo:
   con los años se dobla su energía.
LA BRUJA.   ¡Bien! Aquí tengo un frasco del que suelo
   yo misma echar un trago algunas veces,
   y que no apesta nada en absoluto:
   un vasito os daré con gran placer.
   (En voz baja.) Si éste quiere beber sin prepararse,
   sabes que ni una hora ha de vivir.
MEFISTÓFELES.   Le sentará muy bien, es buen amigo:
   quiero que tus mejores guisos pruebe.
   Di tus ensalmos, traza pronto el círculo,
   ¡y dale un vaso lleno!
   *(La Bruja, con gestos raros, traza un círculo y pone
      dentro de él cosas extrañas; mientras tanto, em-
      piezan a tintinear los vasos y a sonar el puchero,
      haciendo música. Finalmente, trae un gran libro,
      pone a los Monos dentro del círculo, para que le
      sirvan de pupitre y le sostengan la antorcha. Hace
      una señal a Fausto para que se acerque a ella.)*
FAUSTO *(a Mefistófeles).*   No; di, ¿qué va a ser esto?
   De sobra ya conozco y aborrezco
   estos trucos absurdos, gestos locos,
   y este engaño de gusto tan dudoso.
MEFISTÓFELES.   ¡Ea, qué tontería! ¡Es sólo broma!
   ¡No seas tan severo!
   Tiene que hacer ensalmos, como un médico,
   para que este licor te siente bien.
   (Obliga a Fausto a entrar dentro del círculo.)
LA BRUJA *(con gran énfasis, empieza a declamar leyen-
   do en el libro).*   ¡Entiéndelo bien!
        Si de uno haces diez,
        y el dos lo dejas perder,
        rico así te ves.
        ¡Pierde el cuatro también!
        Con el cinco y seis,
        el siete y el ocho me des.

> *Nueve es uno y diez nada es.*
> *La cuenta de la vieja así habrás de aprender.*

FAUSTO.   Creo yo que esta vieja habla en delirio.

MEFISTÓFELES.   Pues todavía falta mucho más;
ya sé muy bien que así es el libro entero;
mucho tiempo he perdido en estudiarlo;
pues la contradicción, cuando es perfecta,
es misterio a los listos y a los tontos.
Amigo mío, el arte es viejo y nuevo.
Fue en todo tiempo el modo de extender
el error en lugar de la verdad,
con el uno y el tres, y el tres y el uno[6].
Sin estorbos así se enseña y charla:
¿quién quiere preocuparse de los locos?
El hombre, al escuchar palabras, suele
creer que en ellas haya qué pensar.

LA BRUJA *(continúa).   El alto poder*
> *de todo saber*
> *del mundo no lo puede ver.*
> *Y se le da a aquel*
> *que no piense: regalo para él.*

FAUSTO.   ¿Qué tonterías nos está diciendo?
Me estalla la cabeza. Me parece
que estoy oyendo hablar
a un coro entero de cien mil orates.

MEFISTÓFELES.
¡Basta, basta, simpática Sibila!
Trae la bebida, y llena
la copa hasta los bordes. A mi amigo
no le sentará mal esta bebida:
es un hombre de grados
que ya ha bebido muchos buenos sorbos.

(La Bruja, con muchas ceremonias, escancia la bebi-
da en una copa; al llevársela Fausto a la boca, sale
una leve llama.)

MEFISTÓFELES.
¡Ánimo, adentro va! ¿Quién dijo miedo?
Te alegrará en seguida el corazón.
Estás con el demonio tuteándote,
¿y vas a tener miedo de las llamas?

---

[6] Aquí Mefistófeles ataca el dogma cristiano de la Trinidad de Dios.

(La Bruja rompe el círculo. Fausto sale.)
MEFISTÓFELES.　¡Vamos allá! ¡No debes estar quieto!
LA BRUJA.　¡Que le aproveche el trago!
MEFISTÓFELES *(a la Bruja).*
　Y si te puedo hacer algún favor.
　basta que en el Walpurgis me lo digas.
LA BRUJA.　Aquí hay una canción que, si la cantas,
　a veces notarás grandes efectos.
MEFISTÓFELES *(a Fausto).*
　Vamos de prisa y deja que te guíe;
　te hace falta sudar para que te entre
　la fuerza desde fuera y desde dentro.
　Te enseñaré a apreciar el ocio noble,
　y pronto notarás, con placer íntimo,
　cómo salta Cupido y se remueve.
FAUSTO.　¡Deja que mire rápido el espejo!
　La imagen de mujer, ¡era tan bella!
MEFISTÓFELES.
　¡No! Verás ante ti pronto, en persona,
　el arquetipo de toda mujer.
　(Aparte.) Con el trago en el cuerpo, pronto, en toda
　mujer, verás a Elena[7].

CALLE

Fausto, Margarita de paso.

FAUSTO.　Mi bella señorita[1], ¿puedo osar
　ofrecerle mi brazo y compañía?
MARGARITA.　Yo no soy señorita ni soy bella;
　y sé llegar a casa por mí misma.
　　　　　(Se zafa y sigue andando.)
FAUSTO.　¡Por el Cielo, qué niña más hermosa!
　Nunca vi cosa igual.
　Tan virtuosa, tan buena, y a la vez
　un poco desdeñosa. El encarnado

---

[7] La Elena de Troya, como arquetipo de belleza femenina; no en sentido de que aquí Mefistófeles quiera anunciar la aparición de Elena en la segunda parte de la obra.
[1] «Señorita», *Fräulein*: era el tratamiento, entonces, de la clase alta.

de los labios, la luz de las mejillas,
¡no los podré olvidar en este mundo!
Se ha grabado en el fondo de mi pecho
cómo bajó los ojos;
y al replicarme, breve,
¡qué entusiasmo sentí! *(Entra Mefistófeles.)*
Oye, ¡debes lograrme a aquella chica!

MEFISTÓFELES.   ¿Cuál dices?

FAUSTO.   La que acaba de pasar.

MEFISTÓFELES.   ¿Ésa? De ver al cura viene ahora,
y le ha contado todos sus pecados;
tras del confesonario me senté,
y es inocencia pura
que se va a confesar por naderías.

FAUSTO.   Pero catorce años sí que tiene.

MEFISTÓFELES.   Hablas igual que un joven depravado
que anda en busca de toda florecilla,
y piensa que no puede haber honor
ni favor que no se haya de lograr.

FAUSTO.   Mi querido Doctor de los Sermones,
¡no me vengas a hablar de la ley ahora!
Te lo digo en redondo:
si esta noche no tengo entre mis brazos
su dulce sangre joven,
a medianoche nos separaremos.

MEFISTÓFELES.
¡Piensa en todas las vueltas que hay que dar!
Dos semanas al menos necesito
para hallar la ocasión.

FAUSTO.   Si yo tuviera sólo siete horas
no necesitaría del demonio
para la seducción de esa criatura.

MEFISTÓFELES.
¡Ya hablas casi lo mismo que un francés!
Pero no te me enojes, por favor:
¿de qué sirve tener sólo el placer?
El goce no es tan grande, ni con mucho,
como cuando primero, poco a poco,
con enredos variados,
vas metiendo en la red a tu muñeca
como enseñan los cuentos italianos.

FAUSTO.   Aun sin eso, también tengo apetito.

MEFISTÓFELES. Sin bromas ya, ni juegos:
te digo que con esa bella niña
no es posible que vayas tan de prisa.
Con el ímpetu no se logra nada:
tenemos que arreglarnos con la astucia.
FAUSTO. ¡Tráeme algo de su tesoro angélico!
¡Llévame junto al sitio donde duerme!
¡Procúrame un pañuelo de su pecho,
una liga del ansia de mi amor!
MEFISTÓFELES. Para que veas cómo quiero ser
útil y servicial para tu pena,
no vamos a perder un solo instante;
en su cuarto te haré que entres hoy mismo.
FAUSTO. ¿Y la veré, podré tenerla?
MEFISTÓFELES.   ¡No!
Estará visitando a una vecina.
Mientras tanto podrás saciarte a solas
con esperanzas de futuros goces,
en el aire donde ella ha respirado.
FAUSTO. ¿Podemos ir?
MEFISTÓFELES.   Es pronto todavía.
FAUSTO. ¡Búscame algún regalo que llevarle! *(Se va.)*
MEFISTÓFELES.
¿Regalos ya? ¡Muy bien! ¡Lo logrará!
Conozco algunos sitios a propósito,
con antiguos tesoros enterrados;
les tengo que pasar revista un poco. *(Se va.)*

ATARDECER

Un cuarto pequeño y bien arreglado.

MARGARITA *(haciéndose las trenzas).*
Daría cualquier cosa por saber
quién pudo ser el caballero de antes.
Con aquel aire vivo
tiene que ser de una familia noble:
se lo noté en la cara:
si no, no habría sido tan audaz... *(Se va.)*
(Entran Mefistófeles y Fausto.)

MEFISTÓFELES.

   ¡Adentro, no hagas ruido, pasa adentro!

FAUSTO *(después de una pausa).*

   ¡Te ruego por favor, déjame solo!

MEFISTÓFELES *(curiosea a su alrededor).*

   No arreglan tanto todas las muchachas. *(Se va.)*

FAUSTO.   ¡Bien hallada, luz dulce de crepúsculo
que este santuario llenas y penetras!
   ¡Invade mi alma, dulce pena amante,
que vives del rocío de esperanza!
   ¡Cómo se exhala en torno un sentimiento
de calma, de orden, de satisfacción!
Dentro de esta pobreza, ¡qué abundancia!
En esta cárcel, ¡qué felicidad!
(Se deja caer en el sillón de cuero junto a la cama.)
Tú que abriste tus brazos, en la pena
y el goce, a los abuelos, ¡hoy acógeme!
¡A este trono ancestral, ay, cuántas veces
se subieron los niños en tropel!
Quizá mi amor aquí, dando las gracias
por su aguinaldo, con mejillas niñas
besó al abuelo la marchita mano.
Siento rondar en torno de mí, niña,
tu espíritu ordenado y generoso,
que, maternal, te enseña día a día
a poner el mantel blanco en la mesa
y a cubrir con arena el pavimento[1].
¡Oh mano amada, mano celestial!
Haces reino divino de una choza.
Aquí querría estarme horas enteras.
Aquí, Naturaleza, en leves sueños
has formado a aquel ángel hecho carne.
Aquí durmió de niña, lleno el pecho
de tibia vida, y luego aquí, en textura
sagrada y pura, se desarrolló
esa imagen divina.
Y a mí ¿qué me ha traído?
¡De emoción se me llenan las entrañas!
¿Qué quieres? ¿Por qué así te pesa el alma?
¡Mísero Fausto! Ya no te conozco.

---

[1] Costumbre popular.

¿Un aroma de encanto me rodea?
¡Venía con apremio del placer,
y me derrito en sueños amorosos!
¿Somos sólo juguete de las brisas?
Y si ella entrase en este mismo instante
¡cómo expiar tu magno sacrilegio!
¡El gran hombre se haría muy pequeño!
Me fundiría, echándome a sus pies.

MEFISTÓFELES.   ¡Pronto! La veo ya venir abajo.

FAUSTO.   ¡Vamos, vamos, jamás he de volver!

MEFISTÓFELES.   Aquí hay un cofrecillo bien cargado
que encontré no sé dónde.
Pónselo en el armario
y perderá el sentido, te lo juro:
metí varias cositas
para conseguir otra. Sí, los niños
son niños siempre; el juego siempre es juego.

FAUSTO.   No sé si debo hacerlo...

MEFISTÓFELES.   ¿Lo preguntas?
¿Piensas guardarte acaso este tesoro?
Entonces aconsejo a Su Avaricia
que no me haga perder este precioso
tiempo, y todo trabajo venidero.
¡No te creía avaro! Yo me rasco
la cabeza y me lavo bien las manos...
*(Pone la cajita en el armario y vuelve a cerrar la
puerta.)*
¡Ea, fuera, de prisa! Yo procuro
someter al deseo y voluntad
de tu pecho a la dulce jovencita,
y tú te estás ahí,
igual que si tuvieras que ir a clase,
y en el aula tuvieras, en horrible
carne y hueso, ante ti, la metafísica
y la física. ¡Vamos! *(Salen.)*

MARGARITA *(con una lámpara).*
¡Qué bochorno, qué vaho hay aquí dentro!
(Abre la ventana.)
No hace mucho calor fuera, con todo...
No sé qué cosa extraña es lo que noto...
Querría que volviera madre a casa.
Siento un escalofrío en todo el cuerpo...

¡Pero es que soy una miedosa tonta!
(*Empieza a cantar mientras se desnuda.*)
> *Una vez hubo un rey en Thule*
> *que hasta la muerte siguió fiel,*
> *guardando la preciosa copa*
> *que de su amor la herencia fue.*
> *A todo festín la llevaba,*
> *y nunca estaba lejos de él,*
> *y las lágrimas le inundaban*
> *cuando bebía, a cada vez.*
> *Y cuando quiso hacer un día*
> *su testamento, en la vejez,*
> *dejó su reino a su heredero,*
> *su copa no la fue a ceder.*
> *Mandó servir un gran banquete*
> *con todos sus nobles, el Rey,*
> *en un alto salón antiguo,*
> *con las olas del mar al pie.*
> *Allí se elevaba la copa;*
> *el viejo rey quiso beber*
> *el último sorbo de vida*
> *y la tiró al agua después.*
> *La vio caer y la vio hundirse,*
> *y al fondo desaparecer;*
> *y los ojos se le apagaron*
> *y ya no ha vuelto a tener sed.*

(*Abre el armario para dejar sus ropas, y observa el
   cofrecillo de las joyas.*)
¿Cómo está aquí este estuche tan bonito?
He cerrado el armario, estoy segura.
¡Qué raro! ¿Qué podrá haber dentro de él?
Quizá lo habrá traído alguien en prenda
para pedir un préstamo a mi madre.
Cuelga una llavecita de la cinta:
¡me parece que voy a abrirlo ahora!
¿Qué es esto? ¡Dios del Cielo! Mira, mira,
no he visto nunca cosa semejante.
¡Qué joyas! Bien podría cualquier dama
ir con ellas al baile más solemne.
¿Qué tal me sentaría este collar?
¿De quién podrá ser esta maravilla?
(*Se adorna con ellas y se acerca al espejo.*)

¡Si al menos fueran míos los pendientes!
Con ellos, no parezco ya la misma.
¿De qué sirven belleza y juventud?
Todo eso será bueno y muy bonito,
pero se queda ahí, solo, y lo elogian
casi por compasión.
Porque todo persigue el oro, todo
pende del oro. ¡Pobres
de nosotras, las pobres!

PASEO

*Fausto, pensativo, anda de un lado para otro. Se le
acerca Mefistófeles.*

MEFISTÓFELES.
   ¡Por todo amor rehusado! ¡Por el fuego infernal!
   ¡Querría saber de algo peor y maldecirlo!
FAUSTO.   ¿Qué te pasa, qué mosca te ha picado?
   ¡Jamás he visto cara semejante!
MEFISTÓFELES.
   ¡Me daría ahora mismo a los demonios
   si no fuera yo mismo otro demonio!
FAUSTO.   ¿Has perdido un tornillo en la cabeza?
   ¡Te sienta bien ponerte como un loco!
MEFISTÓFELES.   Las joyas que he dejado a Margarita,
   fíjate, ¡se las ha llevado un cura!
   La madre, en cuanto vio nuestros regalos,
   empezó a sentir un extraño miedo:
   tiene sutil olfato esa mujer,
   siempre con la nariz en el misal,
   y empieza a olfatear todos los muebles
   a ver si eso es profano o es sagrado;
   y comprende en las joyas claramente
   que allí no había muchas bendiciones.
   «Hija mía —gritó—, este bien injusto
   echa a perder la sangre, apresa el alma.
   A la Madre de Dios lo ofreceremos
   y del maná del Cielo gozaremos.»

Margarita no puso buena cara:
porque pensó: Es caballo regalado,
y, de veras, no fue ningún impío
quien lo trajo hasta aquí con tanta gracia.
Mandó llamar la madre a un eclesiástico,
que, en cuanto vio la broma, se dejó
lisonjear los ojos. Dijo así:
«¡Está muy bien pensado!
El que vence, ése gana.
La Iglesia tiene buena digestión;
se ha comido países
sin empacharse nunca:
la Iglesia nada más, señoras mías,
podría digerir un bien injusto».
FAUSTO. Es uso universal:
el judío y el rey hacen lo mismo.
MEFISTÓFELES. Y se embolsó collar, broche y anillo,
como un simple alfiler,
y sin dar más las gracias
que si fuera una espuerta de avellanas;
les prometió los premios celestiales
y ellas quedaron muy edificadas.
FAUSTO. ¿Y Margarita?
MEFISTÓFELES. Ahora está intranquila,
no sabe ni qué quiere ni qué debe;
día y noche se acuerda de las joyas,
y piensa aún más en quién las llevaría.
FAUSTO. Me apena la tristeza de mi amor.
¡Ve a buscarle otras joyas en seguida!
Las primeras valían poca cosa.
MEFISTÓFELES. ¡Sí, para el señor todo es un juguete!
FAUSTO. ¡Hazlo como te digo!
Pégate a su vecina, sé un demonio
de veras, no de broma,
¡y corre en busca de otras joyas nuevas!
MEFISTÓFELES.
Con gusto, gran señor, de corazón. *(Sale Fausto.)*
Así es como echa un loco enamorado
por el aire la luna y las estrellas
y el sol, para recreo de su amor. *(Se va.)*

LA CASA DE LA VECINA

MARTA *(sola).* Mi buen marido, Dios me lo perdone,
pero no se portó muy bien conmigo.
Se ha ido a recorrer el ancho mundo,
y a mí me dejó sola en la pobreza.
Yo no hice nada que le molestara,
sino, bien sabe Dios, le amé de veras. *(Llora.)*
¡Quizá se ha muerto! ¡Qué pena! ¡Y no tengo
certificado de su defunción! *(Entra Margarita.)*
MARGARITA. ¡Señora Marta!
MARTA. ¡Dime, Margarita!
MARGARITA. Casi se me desploman las rodillas.
¡He vuelto a encontrar otra nueva caja,
de ébano, en el armario,
y con joyas espléndidas,
mucho más ricas que antes!
MARTA. ¡Ni palabra a tu madre!
Pronto las llevaría al confesor.
MARGARITA. ¡Ay, mírelas, ay, mírelas un poco!
MARTA *(la adorna con las joyas).* ¡Criatura feliz!
MARGARITA. Por desgracia, no puedo presentarme
por las calles así, ni por la iglesia.
MARTA. De vez en cuando, ven a estar conmigo,
sin que lo sepa nadie, y te las pones.
Te paseas un rato ante el espejo:
¡lo pasaremos bien de esta manera!
Luego ya habrá una fiesta, habrá ocasión
de mostrarlo a la gente poco a poco:
un collar una vez, luego pendientes...
No lo verá tu madre, o ya habrá excusas.
MARGARITA. ¿Y quién habrá traído las dos cajas?
¡Eso no está muy claro! *(Llaman.)*
¡Ay, Dios!, ¿será mi madre?
MARTA *(observando por la mirilla).*
Es un desconocido: ¡Pase, pase!
(Entra Mefistófeles.)
MEFISTÓFELES. He de pedir excusas a las damas
por tomarme la libertad de entrar.

(Retrocede respetuosamente ante Margarita.)
A la señora Marta Schwerdtlein busco.
MARTA.   Soy yo. ¿Qué me desea?
MEFISTÓFELES *(aparte, a Marta).*
Por ahora, me basta conocerla:
ya veo que hay visita de cumplido.
¡Perdone que me tome tal confianza!
Volveré por la tarde.
MARTA *(en voz alta).*   ¡Imagínate, niña, este señor
te ha tomado por una señorita!
MARGARITA.   Soy una chica pobre. ¡Dios me valga!
Es demasiado amable este señor.
Estas joyas y adornos no son míos.
MEFISTÓFELES.   ¡Oh, sí, pero no son las joyas sólo!
Es su aire, su mirada penetrante...
Celebraría no deber marcharme.
MARTA.   ¿Qué trae, pues? Es mucho lo que pide...
MEFISTÓFELES.   ¡Siento traer noticias tan luctuosas!
Espero no tener yo que pagarlo.
Su marido murió y manda recuerdos.
MARTA.   ¿Muerto? ¡El pobre! ¡Qué pena!
¡Mi marido murió! ¡Ay, que me desmayo!
MARGARITA.   ¡Señora Marta, no se desespere!
MEFISTÓFELES.   Escuchad mi relato lamentable.
MARGARITA.   Por eso yo no quiero enamorarme:
una pérdida así me mataría.
MEFISTÓFELES.
El gozo ha de tener pena, y gozo el dolor.
MARTA.   ¡Cuénteme cómo fue el fin de su vida!
MEFISTÓFELES.   Señora, lo lamento muy de veras;
pero él no ha derrochado su dinero.
También se arrepintió de sus pecados,
y aún más se lamentó de su desgracia.
MARGARITA.   ¡Ay, que sean tan míseros los hombres!
Sí haré que por él digan muchos Réquiem.
MEFISTÓFELES.   Merecéis llegar pronto al matrimonio;
sois una amable niña.
MARGARITA.   Ay, no, no se habla de eso todavía.
MEFISTÓFELES.   Si no un marido, mientras, un galán;
es un gran don del Cielo
tener algo tan bello entre los brazos.
MARGARITA.   No es ésa la costumbre del país.

MEFISTÓFELES.   Sea costumbre o no, se hace también.
MARTA.   ¡Diga!
MEFISTÓFELES.   Estuve junto al lecho de muerte
que era casi basura; era de paja
medio podrida, pero murió como cristiano,
pensando que tenía grandes deudas.
«Ay —decía—, a mí mismo debo odiarme:
¡abandonar así mujer y oficio!
¡Ay, me mata el recuerdo! ¡Si ella al menos
pudiera perdonarme en este mundo!»
MARTA.   ¡Pobre! Le he perdonado ya hace mucho.
MEFISTÓFELES.   «Pero ella tuvo más culpa que yo.»
MARTA.   ¡Mentira! ¿Mintió al borde de la tumba?
MEFISTÓFELES.   Claro que deliraba en tal momento
final, por más que de eso yo no entienda.
Decía: «Yo no pude perder tiempo;
los hijos, y después, buscarles pan;
pan, en todos sentidos, y no pude
comer jamás mi parte en paz siquiera».
MARTA.   ¡Así olvidó mi amor y mi lealtad,
y de día y de noche, las fatigas!
MEFISTÓFELES.   Ah, no, de corazón pensó en usted.
Dijo: «Al salir de Malta, con fervor
recé por mi mujer y por mis hijos;
y el Cielo fue propicio, y nuestra nave
a una galera turca hizo cautiva,
que llevaba un tesoro del Sultán.
La valentía tuvo recompensa:
yo también recibí, como era justo,
mi parte bien medida».
MARTA.   ¿Cómo? ¿Dónde? ¡Quizá lo habrá enterrado!
MEFISTÓFELES.
¡Quién sabe dónde lo ha llevado el viento!
Una linda damita se prendó
de él al andar por Nápoles errante;
y le dio tanto amor y lealtad
qué él la tuvo presente hasta su fin.
MARTA.   ¡Ah, ladrón de sus hijos, desalmado!
¡Ni pena ni miseria
pudieron estorbar su mala vida!
MEFISTÓFELES.   ¡Ya ve! Por eso ha muerto.
Si en el caso de usted yo me encontrara,

le guardaría luto en serio un año,
buscando mientras tanto otro tesoro.
MARTA.   ¡Dios mío, como aquél no será fácil
encontrarlo en el mundo!
Apenas puede haber más dulce loco.
Sólo era aficionado al mucho errar,
al vino y las mujeres extranjeras,
y al condenado juego de los dados.
MEFISTÓFELES.   Bien, la cosa podía estar así
si él por su parte a usted le perdonaba
más o menos lo mismo. Le aseguro,
con esa condición yo cambiaría
con usted los anillos.
MARTA.   ¡Vaya, al señor le gusta bromear!
MEFISTÓFELES *(para sí).*
Es hora de marcharse. Ésta es capaz
de tomar la palabra al mismo diablo.
(A Margarita.)   ¿Y a vuestro corazón, cómo le va?
MARGARITA.   ¿Qué quiere decir eso?
MEFISTÓFELES *(para sí).*
¡Niña buena, inocente!
(En voz alta.)   ¡Adiós, señoras!
MARGARITA.   ¡Adiós!
MARTA.   Diga un momento:
Querría yo tener un testimonio
de cuándo y dónde y cómo está enterrado
mi tesoro. Me gusta siempre el orden,
y quiero ver su muerte en los periódicos.
MEFISTÓFELES.   Por la boca de dos testigos, buena
señora, se establece la verdad.
Yo tengo un buen amigo al que os pondré
en presencia del juez.
He de traerle aquí.
MARTA.   ¡Sí, cómo no!
MEFISTÓFELES.   ¿Y también estará esta jovencita?
¡Un buen muchacho, que ha viajado mucho,
y sabe ser cortés con las damitas!
MARGARITA.   Ante él me encendería de vergüenza.
MEFISTÓFELES.   ¡Ante ningún monarca de la tierra!
MARTA.   En mi jardín, detrás de casa, habremos
de esperar esta tarde a los señores.

UNA CALLE

Fausto, Mefistófeles.

FAUSTO. ¿Qué tal? ¿Nos saldrá bien? ¿Irá adelante?
MEFISTÓFELES.
  ¡Ah, bravo! ¿Así te encuentro, todo fuego?
  En poco tiempo es tuya Margarita. .
  Con la vecina Marta vas a verla
  esta tarde: es mujer que ni buscada
  para ser celestina y medianera.
FAUSTO. ¡Bien!
MEFISTÓFELES. Pero algo se exige de nosotros.
FAUSTO. Un favor bien merece otro favor.
MEFISTÓFELES. Hemos de dar un testimonio válido
  de que el cuerpo mortal de su marido
  yace en Padua, en el sitio venerado.
FAUSTO. ¡Qué listo! ¡Habrá que hacer antes el viaje!
MEFISTÓFELES.
  Nada de eso hay que hacer: *sancta simplicitas!*
  Nada de averiguar: dar testimonio.
FAUSTO. Si no hay nada mejor, se ha hundido el plan.
MEFISTÓFELES. ¡Santo varón! Así, ¿con ésas sales?
  ¿Es la primera vez desde que vives
  que vas a dar un falso testimonio?
  Sobre Dios, mundo, y cuanto en él se mueve;
  sobre el hombre y lo que hay en su interior
  ¿definiciones más fuertes no has dado,
  con pecho osado y ánimo insolente?
  Y si miras adentro, ¿sabes de eso
  más que de dónde ha muerto el señor Schwerdtlein?
FAUSTO. Serás siempre un sofista, un embustero.
MEFISTÓFELES.
  ¡Si uno no conociera lo que hay dentro!
  Pues ¿mañana no irás, con todo honor,
  a aturdir a la pobre Margarita
  jurándole tu amor, con toda el alma?
FAUSTO. ¡Y muy de corazón!
MEFISTÓFELES.   ¡Sí, muy bonito!

Luego hablarás de eterna lealtad,
y de un único anhelo omnipotente,
¿y todo eso saldrá del corazón?
Fausto.   ¡Si saldrá! ¡No lo toques! Si algo noto
y busco nombre al fuego, al sentimiento
ardiente y por el mundo ando buscando
con todos mis sentidos las palabras
más altas, y al ardor con que me quemo,
le doy nombre de eterno y de infinito,
¿es juego de diabólica mentira?
Mefistófeles.   Pero tengo razón.
Fausto.   Fíjate, escucha,
te lo ruego, y no canses mis pulmones;
quien se empeña en tener razón, si tiene
solamente una lengua, razón tiene.
Vamos, me harté de hablar; tienes razón;
sobre todo, la tienes, porque debo.

JARDÍN

(Margarita, del brazo de Fausto. Marta, paseando
de arriba abajo con Mefistófeles.)

Margarita.   Ya veo que el señor es muy amable,
y se baja hasta mí, y me da vergüenza.
El que ha viajado, ya está acostumbrado
a aceptar todo bien, por cortesía;
sé de sobra que un hombre tan experto
no podrá soportar mi pobre charla.
Fausto.   Una mirada tuya, una palabra
vale más que la ciencia de este mundo.
(Le besa la mano.)
Margarita.
¡No se incomode! ¿Cómo va a besarla?
¡Es tan fea y tan áspera!
¡En qué no habré debido trabajar!
Mi madre nunca se descuida en nada.
(Pasan a un lado.)
Marta.   ¿Y usted, señor, va siempre así de viaje?

MEFISTÓFELES.
  ¡La ganancia y la obligación me llevan!
  ¡Con qué dolor se deja más de un sitio,
  sin poder detenerse!

MARTA. En los años de empuje, está muy bien
  dar vueltas así, libre, por el mundo,
  pero llegan después los tiempos malos
  y bajar a la tumba en soltería
  a nadie le ha podido sentar bien.

MEFISTÓFELES. Con terror lo contemplo desde lejos.

MARTA. Decida, pues, señor, cuando aún es tiempo.
  (Pasan a un lado.)

MARGARITA. Ya se sabe, los ojos que no ven...
  La cortesía le resulta fácil,
  pero tendrá amistades por ahí,
  y más inteligentes.

FAUSTO. ¡Ah, amor, lo que se llama inteligencia,
  suele ser vanidad y tontería!

MARGARITA. ¿Cómo?

FAUSTO.   La sencillez y la inocencia
  no saben ver jamás su valor sacro.
  Pues modestia, humildad, supremos dones
  de la Naturaleza generosa...

MARGARITA.
  Si piensa en mí siquiera un momentito,
  yo, para recordarle, tendré tiempo.

FAUSTO. ¿Debes vivir muy sola?

MARGARITA. Sí, la casa es pequeña,
  pero hemos de atenderla. No tenemos
  criada: he de guisar, barrer, coser,
  zurcir, correr desde por la mañana;
  y mi madre es en todo
  muy exigente siempre.
  No es que haya que guardar mucha estrechez;
  mi padre dejó un lindo capital,
  una casa y un huerto en las afueras.
  Pero yo tengo ahora mucha calma,
  mi hermano está en la guerra
  y mi hermanita ha muerto.
  Tuve mucho trabajo con la niña,
  pero bien volvería a esa molestia
  porque la quise mucho.

Fausto. ¡Sería un ángel si era como tú!
Margarita. Yo la crié y ella me tuvo apego.
Nació después de haber muerto mi padre.
A mi madre la dimos por difunta,
de tan mal como estuvo.

Y se recuperó muy poco a poco,
pero no era posible que pensara
en dar el pecho a aquel pobre bichito,
y por eso yo sola la crié,
con leche y agua, y ella se hizo mía.

Hacía, en mi regazo y en mis brazos,
sus gracias; pateaba, iba creciendo...
Fausto. ¡Has tenido la dicha más auténtica!
Margarita. Pero también muchas horas difíciles.
Le ponía la cuna por la noche
al lado de mi cama, y al moverse
ella, me despertaba. Le tenía
que dar el alimento, o la acostaba
a mi lado, o si no, me levantaba,
y, meciéndola, andaba por el cuarto;
y en cuanto amanecía, iba a lavar
y al mercado, y cuidar de la cocina;
igual día tras día.

Así, señor, no siempre hay buen humor;
pero saben mejor comida y sueño. *(Pasan a un lado.)*
Marta. A una pobre mujer le es muy difícil:
un solterón es duro de pelar.
Mefistófeles. Si se tratara de alguien como usted,
acaso cambiaría de opinión.
Marta. Señor, de veras, ¿nunca ha hallado nada?
¿No ha atado el corazón en ningún sitio?
Mefistófeles. Dice el refrán: hogar propio y mujer
honrada valen más que perlas y oro.
Marta. Digo yo: ¿no sintió jamás deseo?
Mefistófeles. Siempre me han recibido cortésmente.
Marta. Quiero decir, ¿jamás ha ido en serio?
Mefistófeles. Con las mujeres no se gastan bromas.
Marta. ¡Ay, no me entiende!
Mefistófeles.   Mucho lo lamento.
Pero entiendo... que usted es muy amable.
(Pasan a otro lado.)
Fausto. Ángel mío, ¿no me reconociste

cuando entré en el jardín?
MARGARITA. ¿No vio? Bajé los ojos, los cerré.
FAUSTO. ¿Me perdonas aquella libertad?
¿La osadía que tuve
cuando salías de la Catedral?
MARGARITA. Quedé abrumada, nunca me ha ocurrido;
nadie puede decir nada de mí.
Ay, pensé, ¿si habrá visto en tus maneras
algo desvergonzado e indecente?
Pareció que en seguida se acercaba
a tratar con la moza por las buenas.
Pero, se lo confieso, no entendí
qué se empezó a mover a su favor;
sí sé que me irrité conmigo misma,
por no poder odiarle.
FAUSTO. ¡Dulce amor!
MARGARITA.   ¡Un momento!
  (*Arranca una margarita y va quitando los pétalos
   uno tras otro.*)
FAUSTO. ¿Qué haces? ¿Un ramillete?
MARGARITA. Es sólo un juego.
FAUSTO.   ¿Cómo?
MARGARITA.   Se reirá.
FAUSTO. ¿Qué murmuras?
MARGARITA (*a media voz*). Me quiere... no me quiere...
FAUSTO. ¡Dulce cara de cielo!
MARGARITA (*sigue*).
  ...me quiere... no... me quiere... no...
  (*Arrancando el último pétalo.*)   ...¡me quiere!
FAUSTO. ¡Sí, niña! ¡La palabra de esa flor
tómala como oráculo! ¡Te quiere!
¿Comprendes lo que es eso? ¡Sí te quiere!
  (*Le estrecha las manos.*)
MARGARITA. ¡Siento un escalofrío!
FAUSTO. ¡No te estremezcas! Deja que mis ojos
y mis manos te digan
algo que es inefable:
entregarse y sentir una delicia
que debe ser eterna: ¡eterna, sí,
su fin sería desesperación!
¡No, no habrá fin, no hay fin!
  (*Margarita le estrecha las manos y se va corriendo.*

> *Él queda un momento pensativo y luego la sigue.)*
MARTA *(llegando).* ·Ya oscurece.
MEFISTÓFELES.   Tenemos que marcharnos.
MARTA.   Le diría, por mí, que no se fuera,
   pero en nuestra ciudad la gente es mala:
   igual que si no hubiera más quehacer
   sino acechar los pasos del vecino;
   y hay hablillas después, de todos modos.
   ¿Y nuestra parejita?
MEFISTÓFELES.   Por aquel emparrado se marcharon.
   ¡Alegres mariposas!
MARTA.   Parece que él la quiere.
MEFISTÓFELES.   Y ella también a él. ¡Así va el
   mundo!

INVERNADERO EN EL JARDÍN

*(Margarita entra de un salto, y cierra la puerta
detrás de ella, con el dedo en los labios y mirando por las rendijas.)*

MARGARITA.   ¡Ya viene!
FAUSTO.   ¡Así me enredas, niña pícara!
   ¡Y si te pillo! *(La besa.)*
MARGARITA *(abrazándole y devolviéndole el beso).*
                    ¡Amor mío, te quiero!
   (Llama Mefistófeles.)
FAUSTO *(dando un pisotón en el suelo).*
   ¿Quién va?
MEFISTÓFELES.   ¡Gente de paz!
FAUSTO.   ¡Un animal!
MEFISTÓFELES.   Ya es hora de marcharse.
MARTA *(llegando).*   Sí, ya es tarde.
FAUSTO.   ¿No puedo acompañarte?
MARGARITA.
   ¡Qué me haría mi madre!... ¡Adiós!
FAUSTO.   ¿Y debo
   marcharme? ¡Adiós!
MARTA.   ¡Adiós!

MARGARITA. ¡Hasta muy pronto!
(Salen Fausto y Mefistófeles.)
¡Dios mío! ¿Cómo pudo a un hombre así
ocurrírsele tal cosa jamás?
Avergonzada estoy delante de él,
y digo que sí a todo.
Pero soy un mísera ignorante·
no comprendo qué puede ver en mí. *(Se va.)*

BOSQUE Y CAVERNA

FAUSTO *(Solo).* Espíritu sublime[1], tú me has dado
cuanto te supliqué. No has vuelto en vano
hacia mí tu semblante envuelto en fuego.
El mundo entero me has dado por reino,
y fuerzas para verlo y disfrutarlo.
No sólo una visita en frío pasmo
me concedes, sino mirar en su hondo
pecho como en el pecho de un amigo.
Haces que ante mí pasen en desfile
cuanto vive, y me dejas ver hermanos
en la selva callada, el aire, el agua.
Y si en el bosque brama la tormenta,
arrancando de cuajo enormes pinos,
me llevas a una cueva en paz, y allí
me muestras a mí mismo, y se me abren
los secretos prodigios de mi pecho.
Y al subir ante mí la pura luna
difundiendo su suavidad, se ciernen,
por el húmedo bosque, en los canchales,
formas argénteas del antiguo mundo,
suavizando el afán de contemplar.
¡Ah, ya noto que no hay nada perfecto
para el hombre! A la vez que esta delicia

---

[1] Discuten los comentaristas si Fausto se dirige aquí al Espíritu de la Tierra, que conjuró en su estudio: más adelante («...me diste el compañero...») habría de entenderse que es ese Espíritu el que ha enviado a Mefistófeles. En conjunto, esta tirada resulta un tanto enigmática en el contexto del argumento.

que a los dioses me acerca más y más,
me diste el compañero que no puedo
dejar por más que, frío e insolente,
me humilla ante mí mismo y aniquila
tu don al exhalar una palabra.
Él atiza en mi pecho un fuego loco,
afanado hacia aquella bella imagen.
Del deseo al placer así voy, ebrio,
y sufro en el placer por el deseo. *(Entra Mefistó-*
feles.)

MEFISTÓFELES.   ¿Ya has vivido bastante en esta vida?
¿Cómo puede gustarte tanto tiempo?
Bien está que se pruebe alguna vez,
pero luego, ¡otra vez hacia algo nuevo!

FAUSTO.   ¿Y no tienes que hacer nada mejor
que molestarme en un hermoso día?

MEFISTÓFELES.   ¡Bien! Con gusto te dejo descansar;
no tienes que decírmelo tan serio.
No es mucho que perder, tu acompañante
tan áspero, tan loco y melancólico.
¡Ya estoy muy ocupado el día entero!
Por la cara jamás se te adivina
qué te gusta y qué no cabe tocar.

FAUSTO.   ¡Ése es el tono justo!
Quieres que te agradezca que me estorbas,

MEFISTÓFELES.   Pobre hijo de la tierra,
¿cómo habrías vivido tú sin mí?
Del revolar de la imaginación
te he curado hace mucho:
si no fuera por mí, ya habrías sido
barrido de la esfera de la tierra.
¿Por qué vas a posarte en las cavernas
y grietas de las rocas, como un búho?
Del blando musgo, de las rocas húmedas
¿qué absorbes, como un sapo, en tu sustento?
¡Dulce manera de perder la vida!
¡Aún tienes el Doctor dentro del cuerpo!

FAUSTO.   ¿Comprendes tú qué nueva fuerza viva
me concede este errar por los desiertos?
no serías demonio, de saberlo,
si aún me concedieras esta dicha.

MEFISTÓFELES.   ¡Es una diversión supraterrena!

Tenderte por los montes al relente,
abarcar en delicia y cielo y tierra
e hincharte hasta volverte un semidiós,
penetrar con impulso de sospecha
el tuétano del mundo, y en el pecho
sentir la creación de los seis días,
disfrutar no sé qué con fuerza altiva,
en delicia de amor fundirte en todo,
eliminar al hijo de esta tierra,
y luego concluir la alta intuición...
   (Con determinado ademán.)
no puedo decir cómo.

FAUSTO.   ¡Qué vergüenza!

MEFISTÓFELES.
No te hace gracia, ¡tienes buen derecho
a decir: Qué vergüenza! No se debe
nombrar a oídos castos lo que el casto
corazón no podría renunciar.
Para abreviar: te dejo tu placer
de engañarte de vez en cuando un poco:
pero no ha de durarte mucho tiempo.
Ya está fuera de ti otra vez, y si esto
sigue, vas a acabar en la locura
o en el horror y el miedo: ¡Basta ya!
Tu amorcito está allí dentro encerrada,
y todo se le vuelve estrecho y turbio.
No sales de su mente
y te quiere sin límite. Al principio
se desbordó la furia de tu amor
como crece un arroyo en el deshielo:
y después de vertérselo en el alma
ha vuelto tu arroyuelo al estiaje.
Creo que en vez de entronizarte en bosques,
tu, gran señor, podrías buenamente
premiar por ese amor a esa infeliz
muchacha, a esa monita adolescente.
Se le hace el tiempo horriblemente largo,
se asoma a la ventana, ve las nubes
tras las viejas murallas de su pueblo.
Su canto es: «¡Si yo fuera un pajarillo!»,
el día entero, y hasta medianoche.
De pronto está animada, casi siempre

turbada, a veces se le agota el llanto,
luego otra vez tranquila, al parecer,
y siempre enamorada.

Fausto. ¡Ah, serpiente!

Mefistófeles *(para sí).* ¡Verás cómo te atrapo!

Fausto. ¡Asqueroso! Retírate de aquí,
y no nombres siquiera a esa mujer.
¡No vuelvas a traer a mis sentidos
medio locos el ansia de su cuerpo!

Mefistófeles.
¿Y entonces, qué? Ella piensa que escapaste,
y, más o menos, es lo que ha pasado.

Fausto. Muy cerca de ella estoy, y aunque esté lejos,
no puedo ni olvidarla ni perderla.
Me da envidia hasta el Cuerpo del Señor
al tocarlo sus labios.

Mefistófeles.
¡Bien, amigo! Yo, a veces, te he envidiado
la pareja que pace entre las rosas.

Fausto. ¡Apártate, alcahuete!

Mefistófeles.
¡Bien! Me injurias y tengo que reírme.
El Dios que hizo al muchacho y la muchacha,
reconoció como el más noble oficio
buscarles la ocasión.
¡Pero vamos; es una pena horrible!
Tendrías que ir al cuarto de tu amada,
en vez de ir a la muerte.

Fausto. ¿Qué es el gozo celeste entre sus brazos?
¡Déjame que en su pecho me caliente!
¿No siento siempre su tribulación?
¿No soy el fugitivo sin refugio,
el monstruo sin descanso ni objetivo,
que, en cascada, de roca en roca, cae
con deseo iracundo del abismo?
Y ella a un lado, con casto sentir niño,
en la chocita al pie de la montaña,
con todos los domésticos cuidados
en su pequeño mundo reunidos.
Y yo, odiado de Dios,
no pude contentarme
hasta hacerle rodar encima rocas

y aplastarla en escombros.
¡A ella y a su paz voy a enterrar!
¡Querías este sacrificio, infierno!
¡Demonio, acorta el tiempo de mi angustia!
¡Lo que ha de ser, que sea ahora mismo!
¡Que su destino caiga sobre mí
y ella se hunda conmigo!

MEFISTÓFELES.

¡Cómo vuelves a arder y a hervir de nuevo!
¡Ve a consolarla, loco!
Cuando un imbécil no ve la salida,
se imagina que todo ha concluido.
¡Sólo vive quien no pierde el valor!
Y tú ya estás bastante endemoniado.
No hay en el mundo cosa más ridícula
que un demonio en la desesperación.

CUARTO DE MARGARITA

MARGARITA (*sola, con el torno de hilar*)
Me pesa el corazón,
se ha acabado mi paz.
Nunca más tendré calma,
nunca, nunca jamás.
En cuanto no le tengo
me siento agonizar;
el universo entero
se ha oscurecido ya.
Mi pobre cabecita
enloquecida está,
y mis tristes sentidos,
se pierden, se me van
Me pesa el corazón,
se ha acabado mi paz,
Nunca más tendré calma,
nunca, nunca jamás.
Me asomo a la ventana
a ver cuándo vendrá;

y si salgo a la calle
es por él nada más.
Su figura tan noble
y su gallardo andar,
su boca sonriente
y su claro mirar,
la magia que me envuelve
cuando hablándome va,
el toque de su mano,
su beso también, ¡ay!
Me pesa el corazón,
se ha acabado mi paz,
Nunca más tendré calma,
nunca, nunca jamás.
Mi alma salta y le busca
y le quiere abrazar;
¡si pudiera encontrarle,
que no se fuera más,
si pudiera besarle
como quiere mi afán,
me desvanecería
de tal felicidad!

JARDÍN DE MARTA

Margarita, Fausto

MARGARITA. ¡Prométemelo, Enrique[1]!
FAUSTO.   ¡Con el alma!
MARGARITA. Di, y con la religión, ¿tú cómo estás?
  Aunque eres hombre bueno y verdadero,
  sospecho que no le haces mucho caso.
FAUSTO. ¡Déjalo, niña! Ves que para ti
  soy bueno: por mi amor doy cuerpo y sangre;
  su Iglesia y su sentir no quito a nadie.
MARGARITA. No me gusta: se debe tener fe.
FAUSTO. ¿Se debe?

---

[1] Aparece aquí el nombre de pila del Doctor Fausto: Enrique, que sólo pronunciarán los labios de Margarita.

MARGARITA.   ¡Si tuviera en ti poder!
No veneras los Santos Sacramentos.
FAUSTO. Los venero.
MARGARITA.   Jamás los pides. Hace
mucho, no te confiesas ni oyes misa.
¿Crees en Dios?
FAUSTO.   ¿Quién puede, amor, decir:
Yo creo en Dios?
Pregunta a sacerdotes y doctores;
su respuesta parece sólo burla
de quien pregunta.
MARGARITA.   ¿No crees, entonces?
FAUSTO.
   ¡No me comprendas mal, mi dulce niña!
   ¿Quién le puede nombrar?
   ¿Quién puede confesar que cree en Él?
   ¿Quién puede percibir
   y quién puede atreverse
   a decir: Yo no creo?
   El que todo lo abarca
   y todo lo sostiene,
   ¿no sostiene y abarca
   a ti, a mí y a Sí mismo?
   El cielo ¿no se eleva arriba en bóveda?
   ¿No está firme la tierra aquí debajo?
   ¿Y a mirarnos, propicias, no se asoman
   las eternas estrellas?
   ¿No te miro a los ojos,
   y no se agolpa todo
   hacia tu corazón y tu cabeza,
   y no se envuelve en un misterio eterno,
   invisible y visible, junto a ti?
   ¡Llénate el corazón con su grandeza,
   y si tu sentimiento es de ventura
   llámalo como quieras,
   amor, felicidad, corazón, Dios!
   ¡Yo no podría darle
   un nombre; ya lo es todo el sentimiento!
   El nombre es humo y ruido,
   que envuelve en niebla el fuego celestial.
MARGARITA.
   Todo eso está muy bien y muy bonito;

más o menos, igual que dice el párroco,
aunque en palabras algo diferentes.

FAUSTO.   Todos los corazones, bajo el día
celeste, en todas partes lo proclaman;
cada cual en su lengua,
¿por qué yo no, en la mía?

MARGARITA.   Dicho así, no parece que esté mal,
pero algo queda siempre de través;
porque no eres cristiano.

FAUSTO.   ¡Niña mía!

MARGARITA.   Hace tiempo que me duele
verte en tal compañía.

FAUSTO.   ¿De quién?

MARGARITA.   De ese que siempre va a tu lado.
Desde lo más profundo me es odioso;
en mi vida he encontrado
nada que me punzara el corazón
como el mirar horrible de aquel hombre.

FAUSTO.   Mi muñeca querida ¡no le temas!

MARGARITA.   La sangre se me agita en su presencia.
Con todos los demás suelo ser buena,
pero lo mismo que me gusta verte,
siento un terror oculto ante ese hombre,
y además, me parece un desalmado.
Si no le juzgo bien, ¡Dios me perdone!

FAUSTO.   También tiene que haber tipos extraños.

MARGARITA.   Con uno como él, no aguantaría.
En cuanto llega y entra por la puerta,
tiene el mismo ademán, medio burlón,
medio encolerizado; se le nota
que no le importa nada, que no puede
querer a nadie, bien claro lo lleva
como escrito en la cara.
En tus brazos me encuentro tan feliz,
tan libre y entregada; pero al verle,
su presencia me oprime las entrañas.

FAUSTO.   ¡Ángel henchido de presentimientos!

MARGARITA.   Puede tanto conmigo,
que apenas llega cerca de nosotros
me parece que no te quiero ya.
No podría rezar con él delante,
y eso me descompone el corazón:

te tiene que pasar lo mismo, Enrique.

FAUSTO.   ¡Es sólo antipatía!

MARGARITA.   Debo marcharme ya.

FAUSTO   ¿Jamás podré
descansar en tu seno en paz un poco,
pecho a pecho estrechar alma con alma?

MARGARITA.   ¡Ay, si durmiera sola, dejaría
abiertos los cerrojos esta noche;
pero mi madre tiene muy ligero
el sueño, y si nos fuera
a sorprender, allí me moriría!

FAUSTO.   Ángel mío, por eso no te inquietes.
Toma este frasco: sólo con tres gotas
en su bebida, la Naturaleza
la envolverá propicia en hondo sueño.

MARGARITA.   ¿Qué no haría por ti?
¡Espero que no habrá de hacerle daño!

FAUSTO.   Si no, ¿te lo daría yo, mi niña?

MARGARITA.   Sólo al verte, amor mío,
no sé qué me sujeta a tu deseo;
he hecho tanto por ti, que no me queda
casi nada que hacer. *(Se va. Entra Mefistófeles.)*

MEFISTÓFELES.   ¿Se fue esa mona?

FAUSTO.   ¡Estabas espiando!

MEFISTÓFELES.   Lo oí todo muy bien:
¡al Doctor ya nos le han catequizado!
Le sentará muy bien, espero yo.
Siempre les interesa a las muchachas
que uno sea piadoso al viejo estilo.
Piensan: Si cede en esto, cede en todo.

FAUSTO.   Tú, monstruo, no comprendes
que esa niña leal y enamorada,
tan llena de su fe,
lo único que le da felicidad,
santamente se sienta atormentada
por creer a su amado en perdición.

MEFISTÓFELES.   ¡Ah tú, sensual galán suprasensible,
te maneja esa niña como quiere!

FAUSTO.   ¡Monstruo y aborto vil de fango y fuego!

MEFISTÓFELES.   Pues de fisonomías, ésta entiende;
cuando me ve, se pone no sé cómo.
Mi disfraz deja ver sentido oculto;

ella nota que debo ser un genio,
y hasta quizá el mismísimo demonio.
Y así, ¿conque esta noche...?
FAUSTO.   ¡Qué te importa!
MEFISTÓFELES.   ¡También tengo mi parte de placer!

JUNTO A LA FUENTE

(Margarita y Lisa, con cántaros.)

LISA. ¿Has sabido de Bárbara?
MARGARITA. ¡Ni palabra! No veo a mucha gente.
LISA. Pues, seguro, me lo ha dicho Sibila:
acabó por dejarse seducir
también; ¡con la importancia que se daba!
MARGARITA. ¿De veras?
LISA.   Ya trasciende.
Ahora come y bebe para dos.
MARGARITA. ¡Ay!
LISA.   Por fin se ha llevado su castigo.
¡Tanto tiempo colgada de aquel mozo!
Muchos paseos, mucho
llevarla al baile, a las afueras: siempre
ella sería en todo la primera;
convidándola siempre a vino y pastas,
como si fuera por su linda cara,
y ella, la descarada, no tenía
vergüenza de aceptar regalos de él:
y siempre con besitos y caricias:
¡Ya se perdió la flor!
MARGARITA. ¡Pobrecilla!
LISA. ¿Y aún la compadeces?
Nosotras nos quedábamos hilando;
nuestra madre, de noche, no dejaba
que saliéramos, y ella, dulcemente
con su amor, en el poyo de la puerta
y en el pasillo oscuro,
no se le hacía el tiempo muy pesado.
¡Pues que se humille y haga penitencia

en la iglesia, con sayo de perdida!

MARGARITA. Él habrá de tomarla por mujer.

LISA. ¡Ni que fuera tan tonto! Un chico listo
aún tiene en otro sitio mucho vuelo.
Además, se ha marchado.

MARGARITA. ¡No está bien!

LISA. Aunque ella le sujete, le irá mal:
le arrancarán los mozos la guirnalda:
las mozas le pondrán paja en la puerta. *(Se va.)*

MARGARITA *(volviendo a casa).*
¿Cómo podía yo antes criticar
tan tranquila las faltas de una chica?
¿Cómo no me cansaba de buscar
palabras, criticando otros pecados?
Muy negro lo encontraba, y más lo hacía,
y me enorgullecía, persignándome,
y ahora yo he hecho también ese pecado.
Pero cuanto hacia él me iba llevando
¡Dios mío, era tan bueno y tan hermoso!

TORREÓN EN LAS MURALLAS

*(En el nicho del muro, una imagen de la Dolorosa,
con floreros delante. Margarita, poniendo flores
frescas.)*

MARGARITA. *Tú, mi Virgen Dolorosa,
inclina el rostro graciosa
a mi sufrimiento.
En el corazón, espadas,
y ante tus tristes miradas
tu Hijo en el tormento.
Miras al Padre del Cielo,
llorando con desconsuelo
por su fin violento.
Nadie sabe
lo que siento,
cuánto dolor en mí cabe.
Sólo tú, desde tu duelo,*

puedes comprender mi anhelo,
mi temor y mi ansia grave.
Adondequiera que vaya
suena en mi pecho el lamento
con acento
que no calla,
y el alma, de sentimiento
y de lágrimas estalla.
Las flores de mi ventana
con llanto las he regado
al cortar por la mañana
este puñado.
Cuando el sol entraba claro
en mi cuarto al despertar,
desperté para llorar
mi desamparo.
¡Sálvame de infamia y muerte,
tú, mi Virgen Dolorosa,
inclina el rostro, graciosa,
a mi suerte!

NOCHE

Calle ante la casa de Margarita.

VALENTÍN *(soldado, hermano de Margarita).*
Cuántas veces estuve en un festín
donde tantos podían alabarse,
y a gritos pregonaban mis compadres
la hermosura de sus enamoradas,
mojando la alabanza con el vaso...
Y yo, puesto de codos en la mesa,
me sentía seguro en mi reposo,
y al oír las jactancias, sonriendo,
me alisaba la barba, y con el vaso
rebosante en la mano, proclamaba:
¡cada cual a su gusto!
Pero en todo el país no hay una sola
parecida a mi hermana Margarita.

¿Hay quien pueda igualarse a su virtud?
¡Toc, toc, clin, clin!, sonaba en torno a mí;
¡tiene mucha razón!, gritaban unos;
¡es la gloria de todas las mujeres!
Y los que presumían se callaban.
Y hoy, ¡es para tirarse de los pelos!
¡es para darse golpes contra un muro!
¡Cualquier bribón podría avergonzarme
a fuerza de indirectas y de insultos!
¡Tendré que estar como un deudor moroso,
sudando ante cualquier dicho casual!
Y aunque pudiera destrozarles juntos,
no podría llamarles embusteros.
¿Quién va ahí? ¿Quién avanza ahí oculto?
Son dos, si no me engaño. Pues si es él,
le agarraré en seguida por el cuello,
¡y no se marchará vivo de aquí!

(Fausto, Mefistófeles.)

FAUSTO. Como por la ventana de la iglesia
el fulgor de la lámpara perpetua
escapa y va extinguiéndose despacio,
y alrededor se agolpa la tiniebla,
así ocurre en la noche de mi pecho.

MEFISTÓFELES.
Pues yo me siento igual que el gato flaco
que por la escalerilla para incendios
escapa, y luego ronda las paredes;
lleno estoy de virtud: algo de ganas
de robar, y otro poco más de amar.
Me pica ya, a través de todo el cuerpo,
el afán de la noche de Walpurgis[1].
Es pasado mañana cuando te toca;
allí se sabe bien por qué se vela.

FAUSTO. ¿Saldrá a la superficie aquel tesoro
que veo refulgir allá detrás?

MEFISTÓFELES. Pronto tendrás el gusto
de sacar esa olla.
Hace poco le he echado una mirada;
tiene hermosos escudos leoninos.

FAUSTO. ¿Y no tiene una joya o un anillo

---

[1] La noche de aqueiarre a que luego veremos concurrir a ambos.

para adornar a mi querida niña?

MEFISTÓFELES. Me pareció ver algo semejante
a un hilillo de perlas.

FAUSTO. ¡Está muy bien! Sería lamentable
venir a verla y no traer regalos.

MEFISTÓFELES. No debería parecerte mal
gozar también alguna cosa gratis.
Y ahora que en sus estrellas arde el cielo
oirás una genuina pieza artística;
una canción moral le cantaré
para aturdirla con seguridad.

(Canta, acompañándose con la mandolina.)

> *¿Qué haces tú, Catalina[2],*
> *con el primer albor*
> *delante de la puerta*
> *de tu amor?*
>
> *No entres por esa puerta;*
> *te deja entrar por ella*
> *doncella y no salir*
> *doncella.*
>
> *Id con mucho cuidado,*
> *os dirán «buenas noches»*
> *después que lo han logrado.*
> *Si os estimáis, muchachas,*
> *no oigáis a ningún pillo,*
> *no le hagáis un favor*
> *si no os pone el anillo.*

VALENTÍN *(adelantándose).*

¿A quién vas a engañar? ¡Por el infierno!
¡Cazador de ratones condenado!
¡Al demonio, primero, tu instrumento!
¡Y al demonio, detrás de él, el cantor!

MEFISTÓFELES. Partió la mandolina, ¡no hay arre-
glo!

VALENTÍN. ¡Y ya voy a romperte la cabeza!

MEFISTÓFELES *(a Fausto).*

¡Señor Doctor, no ceda! ¡Dele fuerte!

---

[2] Parodia de la canción de Ofelia en *Hamlet*, IV, 5, sobre todo en
sus partes penúltima y última (*...and I a maid at your window — to
be your Valentine. — Then up he rose, and donn'd his clothes, — and
dup'd the chamber-door; — let in the maid, that out a maid — never
departed more...*)

Venga a mi lado, y yo le guiaré.
¡Afuera el asador!
¡Adelante, que yo paro los golpes!
VALENTÍN.   ¡Pues para entonces éste!
MEFISTÓFELES.   ¿Por qué no?
VALENTÍN.   ¡Y éste!
MEFISTÓFELES.   ¡Claro!
VALENTÍN.   ¡El demonio debe ser!
¿Qué me pasa? ¡La mano se me para!
MEFISTÓFELES *(a Fausto).*
         ¡A fondo!
VALENTÍN. *(cae).*   ¡Ay!
MEFISTÓFELES.   ¡Ya está amansado el bruto!
Pero vamos a desaparecer:
están gritando ya que ha habido un crimen.
Yo, con la Policía, sé arreglarme;
pero en casos de sangre no ando bien[3].
MARTA *(en la ventana).*   ¡Socorro!
MARGARITA *(en la ventana).*   ¡Luz aquí!
MARTA *(como antes).*
¡Se pelean, dan gritos y se hieren!
LA GENTE. ¡Aquí ya hay uno muerto!
MARTA *(saliendo).* Los criminales ¿han huido en-
tonces?
MARGARITA *(saliendo).*
¿Quién ha caído?
LA GENTE.   ¡El hijo de tu madre!
MARGARITA.   ¡Dios todopoderoso! ¡Qué terrible!
VALENTÍN.   ¡Me estoy muriendo, sí! Se dice pronto
y se hace aún más pronto, por desgracia.
¿Por qué aulláis y gemís ahí, mujeres?
¡Venid acá y oídme! *(Todos se acercan a su alre-*
dedor).
Todavía eres joven, Margarita,
no tienes experiencia suficiente
y haces muy mal tus cosas:
te lo digo en confianza:
ahora que eres ya una prostituta,
selo como es debido.

---

[3] Literalmente, *Blutbann*: la jurisdicción criminal. Los hechizos mo-
mentáneos de Mefistófeles no podrían extenderse a todo un proceso
judicial.

MARGARITA.
¡Hermano! ¿Qué me dices? ¡Ay, Dios mío!
VALENTÍN. Tú no metas a Dios en esta broma.
Lo que pasó, pasó,
y esto se acabará de cualquier modo.
A escondidas con uno has empezado,
pronto seguirán más,
y después que te tenga una docena,
ya eres igual de toda la ciudad.
La infamia, cuando nace,
la meten a escondidas en el mundo,
y le ponen el velo de la noche
tapándole la cara,
y querrían incluso asesinarla.
Pero luego que crece y se hace grande,
sale a la luz del día descubierta,
aunque no se haya hecho más hermosa.
Cuanto más feo tiene el rostro, más
busca la luz del día.
Ya veo que se acercan esos tiempos
en que las buenas gentes
se apartarán, igual que de un cadáver
podrido, de ti, ¡infame!
¡El corazón te temblará en el cuerpo
cuando te echen encima la mirada!
¡Ya nunca llevarás cadena de oro!
¡No estarás en la iglesia ante el altar!
¡No irás al baile más, a estar contenta,
con tu cuello de encajes!
En un rincón oscuro de dolor
te esconderás, con pobres y mendigos,
y, aunque luego también Dios te perdone,
serás maldita siempre en este mundo.
MARTA. ¿Encomendad mejor a Dios el alma!
¿O preferís cargarla de blasfemias?
VALENTÍN. ¡Pudiera castigar tu seco cuerpo,
vieja y desvergonzada celestina!
Así podría entonces esperar
abundante perdón de mis pecados.
MARGARITA. ¡Qué dolor infernal, hermano mío!
VALENTÍN. Te digo que te dejes de llorar.
Al despreciar la honra me has clavado

el peor golpe en pleno corazón.
Voy a Dios por el sueño de la muerte
como bravo soldado. (*Muere.*)

CATEDRAL

(*Oficio divino, órgano y cántico. · Espíritu Maligno,*
detrás de Margarita.)

ESPÍRITU.   ¡Qué diferente todo, Margarita,
cuando, en plena inocencia todavía,
te acercabas aquí mismo al altar,
balbuciendo oraciones
del gastado librito,
medio en juego de niña,
medio lleno de Dios el corazón!
¿Dónde está tu cabeza, Margarita?
¿Y qué maldad escondes
en ese corazón? ¿Ruegas acaso
por tu difunta madre, que tú hiciste
pasar del sueño a larga, larga pena?
¿Y de quién es la sangre ante tu umbral?
¿Y no se mueve ya
bajo tu corazón algo que bulle
y se angustia y te angustia
con presencia cargada de presagios?
MARGARITA.   ¡Ay de mí, ay de mí!
¡Si pudiera eludir los pensamientos
que dan vueltas y pasan
y vuelven contra mí!
CORO.   *Dies irae dies illa*[1]
Solvet saeculum in favilla. (*Suena el órgano.*)

---

[1] Secuencia del Oficio de Difuntos. Traducimos los versos que se
van a citar: «Día de ira, aquel día; — disolverá el tiempo en pa-
vesa...»; luego el Espíritu Maligno alude a otros dos versos, no cita-
dos en latín: *Tuba mirum spargens sonum — per sepulchra regio-*
num, «Una trompeta, difundiendo un extraño soniño — por los sepulcros de las tierras»...; y sigue el texto citado: «Pues cuando se
siente el Juez — se manifestará cuanto está oculto... — y no quedará
nada sin castigo... — ¿Qué he de decir entonces, mísero? — ¿A qué
protector rogaré — si apenas el justo está seguro?...»

Espíritu. ¡La cólera te envuelve!
   ¡Resuena la trompeta!
   ¡Se agitan los sepulcros!
   También tu corazón
   formado nuevamente
   despierta de la paz de las cenizas
   para sufrir tormentos en las llamas;
   ¡resucita agitado!
Margarita.' ¡Querría estar muy lejos!
   Me parece que el órgano
   me estorba respirar,
   y los cantos disuelven
   mi corazón allá en lo más profundo.
Coro. *Judex ergo cum sedebit*
   quidquid latet adparebit
   nil inultum remanebit.
Margarita. ¡Cómo me ahogo aquí!
   ¡Los muros, las pilastras
   me tienen encerrada!
   ¡La bóveda me aplasta!
   ¡Aire, aire, me ahogo!
Espíritu. ¡Escóndete! El pecado y la vergüenza
   no quedan escondidos.
   ¿Aire? ¿Luz? Ay de ti.
Coro. *Quid sum miser tunc dicturus?*
   Quem patronum rogaturus?
   Cum vix justus sit securus
Espíritu. Hasta los mismos santos
   su rostro de ti apartan.
   Los puros se estremecen
   de tenderte las manos. ¡Ay de ti!
Coro. *Quid sum miser tunc dicturus?*
Margarita. ¡Vecina, su frasquito! *(Se desmaya.)*

NOCHE DE WALPURGIS[1]

Montañas del Harz. Comarca de Schierke y Elend.

(Fausto, Mefistófeles.)

MEFISTÓFELES.   ¿Y no deseas un palo de escoba?
Yo querría el mejor macho cabrío.
Lejos estamos, por este camino.
FAUSTO.   Mientras me sienta fuerte con mis piernas,
este bastón nudoso es suficiente.
¿De qué sirve abreviar este camino?
Cruzar el laberinto de los valles,
para escalar después estos peñascos
de que brota la eterna fuente fresca,
es el placer que anima tales sendas.
La primavera está en los abedules
y hasta empiezan los pinos a sentirla;
¿no había de influir en nuestros miembros?
MEFISTÓFELES.   La verdad, yo no noto nada de eso.
En mi cuerpo es invierno, y en mi senda
preferiría ver nieve y escarcha.
La mordida rodaja de la luna
roja, sube con un fulgor tardío.
dando tan poca luz que, a cada paso,
tropezamos con árboles y rocas.
¡Permíteme que llame a un fuego fatuo[2]!
¡Eh, amigo! ¿no vendrías con nosotros?
¿Qué haces ahí, brillando inútilmente?
¡Sé amable, alumbra para que subamos!

---

[1] Es la noche del aquelarre —anual, el 1 de mayo— en que se
reúnen las brujas en la montaña del Brocken; se alude a lugares circundantes, algunos de ellos con nombres curiosamente sig-
nificativos, como *Elend*, «desdicha». Esta escena. así como su posterior réplica «estético-literaria», el «Sueño de la Noche de Walpurgis», tiene muy escasa relación con el contexto de la obra, si
no es en cuanto que Mefistófeles procura apartar a Fausto del
remordimiento por la seducción de Margarita. la cual, sin embargo, se le aparecerá a lo lejos, en figura fantasmal.
[2] Recuérdese que los «fuegos fatuos» son las llamitas que, por
combustión espontánea de gases, se ven de noche en ciertos te-
rrenos pantanosos o en los cementerios.

FUEGO FATUO.   Espero, por respeto, ser capaz
de dominar mi frívolo carácter:
nuestro camino suele ir en zigzag.
MEFISTÓFELES.   ¡Ay! Éste piensa al hombre remedar.
¡Anda derecho, en nombre del demonio!
o soplo y mato tu flamante vida.
FUEGO FATUO.   Noto que eres el amo de la casa,
y con gusto me ajusto a lo que digas.
Pero el monte hoy está loco de hechizos,
y si os ha de guiar un fuego fatuo,
no debéis ser con él muy exigente.
*(Fausto, Mefistófeles y el Fuego Fatuo, cantando
alternativamente las estrofas.)*
En la esfera del sueño y del hechizo,
según parece, estamos penetrando.
Guíanos bien y actúa honrosamente,
para que nuestros pasos lleguen pronto
a los ámbitos amplios y desiertos.

Mira árboles tras árboles corriendo
unos tras otros por el monte arriba,
y los muros de roca que se inclinan
y las largas narices de las peñas
¡óyelas cómo roncan y resoplan!

Por en medio de piedras y praderas,
el río y el arroyo bajan rápidos.
¿Escucho su rumor? ¿Oigo sus cantos?
¿Escucho suaves quejas amorosas?

¿Resuenan esos días celestiales?
¡Cuánto hemos esperado, hemos amado!
Y como la leyenda de los tiempos
antiguos, otra vez se escucha el eco.

¡Uh, uh! ¡Su, hu! Se escucha aproximarse
el grajo, la lechuza, la avefría;
¿habrán permanecido en vela todos?
¿Hay por entre las matas salamandras?
¡Qué largas patas, qué gruesas barrigas!
Y como las serpientes, las raíces
por las rocas y arenas se retuercen,

y tienden sorprendentes ligaduras,
para asustarnos, para detenernos;
desde sus recios nudos animados
adelantan tentáculos de pólipos
al caminante. Y luego los ratones
de mil colores, puestos en ejércitos,
¡van a través del musgo y del brezal!
Y vuelan por el aire las luciérnagas
en enjambres de filas apretadas,
para extraviarnos con su compañía.

Pero dime ¿debemos detenernos
o debemos seguir más adelante?
Todo, todo parece que da vueltas,
los árboles, las rocas nos parecen
rostros, mientras las luces extraviadas,
hinchándose, se van multiplicando.

MEFISTÓFELES. ¡Agárrate a mi capa bien de prisa!
Aquí llegamos a una cumbre en medio,
donde se puede ver, con estupor,
cómo fulge Mammón[3] en la montaña.

FAUSTO.
¡Con qué extraño fulgor brilla allá al fondo
una luz auroral y turbulenta!
Y penetra, en fulgor de tempestad,
por las profundas grietas del abismo.
Acá y allá, un vapor se eleva, hay nieblas,
por un velo de vaho brota un fuego,
luego se hace un sutil hilo de luz,
y como un manantial después prorrumpe.
Por allí serpentea un largo trecho,
con cien venas, cruzando todo el valle,
y por aquí, oprimido en un rincón,
de pronto salpican chispas aquí cerca
como dorada avena al aventarse.
Pero ¡mira! en su enorme altura entera
se incendia la muralla de peñasco.

MEFISTÓFELES. ¿No ilumina con lujo su palacio
para estas fiestas el señor Mammón?

---

[3] El dios de las riquezas, o, más exactamente, de las riquezas
mal adquiridas o corruptoras (*Mateo* 6, 24).

Suerte que lo hayas visto; ya presiento
que llegan los violentos invitados.
FAUSTO. Ya la novia del aire acude y ruge,
y me da fuertes golpes en la nuca.
MEFISTÓFELES. A las viejas costillas de las rocas
agárrate, o te tira al hondo abismo.
Espesándose en niebla va la noche.
¡Óyela cómo suena por los bosques!
Los búhos, con el susto, alzan el vuelo.
¡Oye cómo se agrietan las columnas
del eterno palacio de verdor,
cómo gimen las ramas al romperse,
las raíces rechinan y bostezan,
y retumban los troncos poderosos!
En revuelta caída aterradora
en confusión los troncos se amontonan,
y a través de barrancos atascados
de sus ruinas, los aires silban y aúllan.
¿No oyes voces que suenan en la altura,
que suenan allá lejos y aquí cerca?
¡Sí, a lo largo de toda la montaña
fluye un furioso cántico de hechizo!
BRUJAS (*a coro*).
Las brujas van al Brocken, amarillo
es el rastrojo, y es verde la mies.
Allí se va a juntar el gran montón,
y encima de él se sienta el tío Urián[4].
Así va todo, sobre piedra y palo;
suelta cuescos la bruja, apeste el buco.
UNA VOZ. Allí viene la vieja Baubo[5] sola,
a caballo sobre una cerda madre.
CORO. ¡Honor, pues, a quien debe darse honor!
¡Señor Baubo, venga, pase y guíenos!
¡Una cerda sin par, la madre encima,
y le siguen las brujas en tropel!
VOZ. ¿Por dónde habéis venido?
OTRA VOZ.   Por el Ilsen.
Allí vi al búho dentro de su nido,
¡y qué ojos me clavó!

---

[4] Nombre popular del demonio en Alemania.
[5] Nombre de la nodriza de la mitológica Démeter; famosa por sus bromas.

Voz.   ¡Vete al infierno!
¿por qué vas cabalgando tan de prisa?
Otra Voz.   Ésta me dio un mordisco,
aquí veis las heridas.
Brujas *(a coro)*.
El camino es muy ancho y es muy largo;
¿para qué es esta prisa tan estúpida?
La horquilla pinche, barran las escobas,
se ahogue el niño, el útero reviente.
Brujos, Semicoro.   Nos arrastramos como el caracol:
las mujeres van todas por delante.
Pues si se trata de ir a ver al Malo,
llevan mil pasos ellas de ventaja.
Otro Semicoro.   No debemos tomarlo muy a mal,
que la mujer nos lleve esos mil pasos,
pues, si a casa del Malo hay que llegar,
el hombre hace el camino con un salto.
Voz *(arriba)*.   ¡Venid acá, salid del mar de rocas!
Voces *(desde abajo)*.
¡A la altura querríamos seguiros!
Nos lavamos, y muy limpios quedamos[6],
pero quedamos para siempre estériles.
Ambos Coros.   Calla el viento, la estrella palidece,
y se quiere esconder la turbia luna.
En zumbidos, despide el coro mágico
miles y miles de chispas de fuego.
Voz *(desde abajo)*.   ¡Alto, alto!
Voz *(desde arriba)*.
¿Quién grita en la hendidura de la roca?
Voces.   ¡Llevadme con vosotros, ayudadme!
Trescientos años hace ya que subo
y no puedo alcanzar jamás la cima.
Querría estar al lado de los míos.
Ambos Coros.   Da la escoba de sí, da de sí el palo,
da la horquilla de sí, da de sí el buco;
el hombre que hoy no pueda levantarse
es un hombre perdido para siempre.
Medio-Bruja.   Las persigo trotando, ya hace mucho,

---

[6] Desde aquí, Goethe introduce elementos de sátira literaria. Estos que tanto se lavan podrían ser los puristas y academicistas; pero se discute qué puede querer decir, más abajo, lo de «trescientos años hace ya...»: ¿humanismo, ciencia moderna?

¡qué lejos todavía están las otras!
En casa no consigo tener calma,
pero tampoco la consigo aquí.
CORO DE BRUJAS. El ungüento a las brujas da valor,
para hacer una vela vale un trapo;
cualquier artesa sirve para barca;
no volará jamás el que hoy no vuele.
AMBOS COROS. Después, al acercarnos a la cumbre,
arrastrémonos todos por el suelo,
y llenadlo, a lo ancho y a lo largo,
con vuestro pulular de brujerías.
(Se echan por el suelo.)
MEFISTÓFELES. ¡Cómo chocan, se aprietan, tabletean!
¡Qué silbidos, qué voces, qué empujones!
¡Qué chispear, qué hedor y qué fulgor!
Está la brujería en su elemento.
Pero ¡agárrate a mí! No nos separen.
¿Dónde estás?
FAUSTO *(lejos).* ¡Aquí!
MEFISTÓFELES. ¿Ya te han arrastrado?
Mis derechos de dueño habré de usar.
¡Paso! Que el Caballero Voland[7] llega;
¡abran paso!; mi dulce plebe, ¡paso!
¡Agárrate, Doctor! y en un momento
nos vamos a escapar de este tumulto:
es demasiado loco, aun para mí.
Allí algo brilla con fulgor extraño,
algo me atrae a aquellos matorrales;
¡Ven, ven! con disimulo allí entraremos.
FAUSTO. ¡Oh espíritu de la contradicción!
Bueno, puedes guiarme; pero pienso
que es cosa muy juiciosa: ¡hemos andado
hasta el Brocken, en noche de Walpurgis,
para aislarnos después a nuestro gusto!
MEFISTÓFELES. Pero mira, ¡qué llamas de colores!
Se ha reunido aquí un alegre «club»,
y entre pocos jamás uno está solo.
FAUSTO. Sin embargo, querría estar arriba,
donde veo el fulgor y el humo alzarse.
Allí la multitud corre hacia el Malo;

---

[7] *Junker Voland,* antiguo nombre alemán del diablo.

y se resolverán muchos enigmas.
MEFISTÓFELES.   También se formarán muchos enigmas.
Deja al mundo que zumbe y que se agite,
y aquí nos quedaremos en sosiego.
Pero está establecido ya hace mucho
que haya pequeños mundos en el grande.
Veo brujitas jóvenes desnudas,
y viejas, que se tapan con prudencia.
Al menos en mi obsequio, sed simpáticas;
con poco esfuerzo, grande es el placer.
¡Pero escucho sonidos de instrumentos!
¡Maldito ruido! Habrá que acostumbrarse.
Ven conmigo; no cabe más remedio.
Te llevaré conmigo, al presentarme,
y te haré tener nuevas amistades,
¿Qué te parece? No es pequeño el sitio:
por más que mires, no le ves el fin.
Cien hogueras en fila están ardiendo,
bailan y charlan, guisan, beben y aman...
¡Dime si puede haber algo mejor!
FAUSTO.   Y para introducirnos ¿te presentas
como demonio o sólo como brujo?
MEFISTÓFELES.
Estoy acostumbrado a andar de incógnito,
pero el día de gala hay que ponerse
las condecoraciones. No me adorna
la Jarretiera[8], pero el pie de chivo
encuentra aquí su ambiente y sus honores.
¿Ves aquel caracol? Viene despacio,
pero aunque a tientas tenga la mirada,
alguna cosa rara me ha notado.
Aunque quiera no puedo aquí negarme.
Ven, daremos la vuelta a las hogueras.
Yo seré el preguntón, y tú el galán.
*(A unos que están sentados junto a unas ascuas
    mortecinas.)*
¿Por qué en este rincón, dignos ancianos?
¡Mejor que se sentaran en el centro,
entre el ruido y la joven embriaguez!

---

[8] Alusión a la orden inglesa *(the Garter)* que, como es sabido,
se ostenta en la pierna por tratarse precisamente de una liga
bajo el calzón corto.

En casa ya hay bastante soledad.

GENERAL. ¿Quién se puede fiar de las naciones
por mucho que por ellas se haya hecho?
Porque la gente, igual que las mujeres,
tiene a la juventud encima siempre.

MINISTRO. De la Justicia estamos ya muy lejos.
A los buenos antiguos yo celebro,
porque, cuando mandábamos en todo,
era la verdadera Edad del Oro.

ARRIVISTA. Pues nosotros tampoco fuimos tontos,
y hacíamos a veces cosas feas;
pero ahora las cosas van cambiando,
cuando agarrarlas firme ya esperábamos.

AUTOR. ¿Quién querría leer hoy ningún libro
de contenido más o menos sano?
Y por lo que a los jóvenes atañe,
nunca fueron tan listos y pedantes.

MEFISTÓFELES *(que de repente parece muy viejo).*
Para el Juicio Final están maduros;
hoy vengo a despedirme al aquelarre;
y puesto que el vasito se me enturbia
también el mundo ha entrado en su declive.

BRUJA-REVENDEDORA.
¡Señores míos, no pasen de largo!
¡No dejen escapar esta ocasión!
Mirad con atención mis mercancías,
hay cosas muy variadas. Y no obstante,
no hay nada en este puesto, insuperable
en el mundo, que no haya alguna vez
contribuido al daño de los hombres.
Ni un puñal que no se haya ensangrentado,
ni una copa que no haya dado a un cuerpo
sano ponzoña ardiente y destructora,
ni una joya, que no haya seducido
a una mujer amable, ni un puñal
que no haya quebrantado algún acuerdo
o herido por la espalda a un adversario.

MEFISTÓFELES.
¡Señora tía, entiende mal los tiempos!
Lo pasado, pasado está: dedíquese
hoy a las novedades; solamente
las novedades saben atraernos.

FAUSTO. ¡Con tal de que no pierda aquí el sentido!
¡Esto sí es una feria!
MEFISTÓFELES.   El remolino
entero quiere alzarse hacia lo alto;
tú te crees que empujas, y te empujan.
FAUSTO. ¿Ésa quién es?
MEFISTÓFELES.   ¡Obsérvala! ¡Ésa es Lilith!
FAUSTO. ¿Quién?
MEFISTÓFELES. Primera mujer del padre Adán[9].
Guárdate de su hermosa cabellera,
el único tocado que la adorna.
Una vez que con él incita a un joven
no le deja escapar tan fácilmente.
FAUSTO. Hay allí dos, sentadas, vieja y joven;
¡cuánto habrán retozado en este baile!
MEFISTÓFELES. Éstas hoy no podrán tener reposo.
Empieza un nuevo baile, ¡ven, entremos!
FAUSTO *(bailando con la joven).*
Una vez tuve un sueño muy hermoso.
Vi un manzano y en él resplandecían
dos hermosas manzanas;
las deseé, y entonces subí al árbol.
LA BELLA. La manzanita te apetece mucho
ya desde el Paraíso.
De alegría me siento trastornada
porque mi huerto da también tal fruta.
MEFISTÓFELES *(con la vieja).*
Una vez tuve un sueño desastroso:
vi un árbol despejado
en donde había un ...;
aunque fuera tan ..., me gustó.
LA VIEJA. ¡Presento mis saludos más atentos
al caballero de los pies de chivo!
A su disposición le pongo un ...,
si no tiene reparo de ...
PROCTOFANTASMISTA[10].
¡Maldita gente! ¿Qué decís aquí?

[9] Según viejas leyendas rabínicas, Adán tuvo por primera mujer a Lilith, que le abandonó para unirse al mayor de los demonios y engendrar con él foda una estirpe de diablos.
[10] Del griego *proktos* (ano) y *phantasma*; con este vocablo de su invención, Goethe alude al filósofo Nicolai, quien —en una comunicación a la Academia de Ciencias de Berlín, y a propósito)

¿No se os ha demostrado ya hace tiempo
que un espíritu no anda en pies normales?
¡Y no obstante, bailáis como nosotros!

LA BELLA *(bailando).*

¿Qué quiere entonces éste en nuestro baile?

FAUSTO *(bailando).*

¡Si a éste se le encuentra en todas partes!
Lo que otros bailan, él ha de juzgarlo;
y si no ha criticado cada paso
es igual que si no se hubiera dado.
Lo que más le molesta es que avancemos.
Si os apetece dar vueltas en círculo,
lo mismo que él, en su viejo molino,
él dirá en cualquier caso que está bien;
y si le saludáis mientras, mejor.

PROCTOFANTASMISTA.

¡Seguís estando ahí! ¡Cosa inaudita!
¡Fuera! Con la razón se os ha explicado.
A estos demonios, les da igual las reglas;
aunque somos sensatos, siempre hay duendes
en Tegel. Combatimos la locura
y no se limpia nunca; ¡es inaudito!

LA BELLA. Pues deje ahora ya de molestarnos.

PROCTOFANTASMITA.

Os lo digo a la cara a los espíritus:
despotismo de espíritu, no acepto:
mi espíritu no puede ejercitarlo. *(Siguen bailando.)*
Hoy veo que no va a salirme nada;
pero llevo conmigo siempre un «Viaje»,
y espero, antes de dar mi último paso,
someter a demonios y poetas.

MEFISTÓFELES.

Se sentará en seguida en un pantano;
es su modo de alivio; y cuando gocen
las sanguijuelas en sus posaderas,
se curará de espíritu y de espíritu.

---

del rumor de que había fantasmas en Tegel (finca de Guillermo
de Humboldt, cercana a Berlín)— contó que él, en cierta ocasión,
se había visto libre de las visiones fantasmales que había sufrido
largo tiempo, mediante una aplicación de sanguijuelas en la su-
sodicha parte. De ahí que, unos versos más abajo, se diga que
«siempre hay duendes en Tegel». Siete versos después se alude a
los *Viajes* de que Nicolai era autor, y poco más allá se nombran
explícitamente «las sanguijuelas en sus posaderas».

(A Fausto, que ha salido del baile.)
¿Por qué a esa guapa chica dejas ir,
si te invitó a bailar con dulce canto?
FAUSTO.   ¡Ay, en medio del canto le saltó
un ratoncillo rojo de la boca!
MEFISTÓFELES.
¡Bien está! No hay que entrar en tal detalle;
basta con que el ratón no fuera gris:
en momentos de idilio, ¿quién se fija?
FAUSTO.   Luego vi...
MEFISTÓFELES.   ¿Qué?
FAUSTO.   Mefisto, ¿ves allí,
sola, una linda y pálida muchacha,
a lo lejos? Se mueve muy despacio:
sin separar los pies parece que anda,
Y debo confesar que me parece
que es igual que mi buena Margarita.
MEFISTÓFELES.   ¡Déjalo estar! No va a sentarte bien.
Es imagen de hechizo, muerta; un ídolo.
No está bien que la encuentres. Su mirada
fija cuaja la sangre de los hombres,
y pronto en piedra quedan convertidos;
tú ya has oído hablar de la Medusa.
FAUSTO.   Es verdad, son los ojos de los muertos
que no cerró una mano cariñosa.
Es el seno que me dio Margarita;
ése es el dulce cuerpo que gocé.
MEFISTÓFELES.   ¡Es hechizo, hombre fácil de engañar!
Le parece su amor a cada cual.
FAUSTO.   ¡Qué delicia, qué horrible sufrimiento!
No puedo separarme de esos ojos.
¡Y qué extraño que aquel hermoso cuello
deba adornar un solo collar rojo,
no más ancho que el corte de un cuchillo!
MEFISTÓFELES.
¡Cierto! También lo veo. Igual podría
pasear la cabeza bajo el brazo;
porque Perseo le cortó la suya...[11]
¡Pero siempre este afán de desvarío!

---

[11] Perseo cortó la cabeza a Medusa, la de cabellera de serpientes, que con su mirada petrificaba a los hombres. Quiere decir que esa figura es sólo un genio maléfico.

Ven un poco a subir por la colina;
esto es tan divertido como el Prater[12];
y si, también yo, no estoy hechizado
allí veo de veras un teatro.
¿Qué ponen?

SERVIBILIS[13].   Ahora mismo reanudamos.
Es obra nueva, la última de siete;
aquí es costumbre no dar nunca menos.
Es un aficionado quien la ha escrito;
y aficionados son quienes la ponen.
Perdónenme, señores; me retiro;
levantar el telón es mi afición.

MEFISTÓFELES.
Encontrarle en el Blocksberg me parece
muy bien, porque aquí está su mejor sitio.

«SUEÑO DE LA NOCHE DE WALPURGIS»[1]
o
«BODAS DE ORO DE OBERÓN Y TITANIA»

(INTERMEZZO)

EMPRESARIO.   Descansemos por hoy,
fuertes hijos de Mieding[2].
Viejo monte, valle húmedo
son todo el escenario.

HERALDO.   Si ha de ser boda de oro,
cincuenta años transcurran.
Si la disputa acaba,

---

[12] El parque de Viena, tan famoso por sus «atracciones».
[13] *Servibilis*, «el servicial»; parece una alusión a un personaje de Weimar, que intervendría en el teatro de Corte.
[1] Este *intermezzo* no fue escrito originalmente para insertarse en *Fausto*, sino como sátira de actualidad, principalmente literaria, con destino al *Almanaque de las Musas*, dirigido por Schiller, quien, sin embargo, no lo publicó por considerar que ya habían cargado mucho el lado satírico en sus *Xenias*. Más adelante, Goethe decidió insertarlo en el *Fausto*, poniéndole el antetítulo de *Sueño de la noche de Walpurgis*, que aprovecha la sugestión shakespeariana del motivo «Oberón-Titania»; también aparecen Puck, el duendecillo de *El sueño de una noche de verano* o «de San Juan», según entienden otros; y Ariel, el genio aéreo de *La tempestad*.
[2] Mieding era el jefe de tramoyistas del teatro de Weimar.

prefiero lo dorado.

OBERÓN.   Estad conmigo, espíritus;
véase en esta hora.
Rey y reina de nuevo
se vuelven a enlazar.

PUCK.   Viene Puck y da vueltas
y mete el pie en la danza.
Otros vienen detrás
a disfrutar con él.

ARIEL.   Ariel entona el cántico
con son celeste y puro;
su canto anima a muchos
tontos y a muchas bellas.

OBERÓN.   ¡Aprendan de nosotros,
matrimonios felices!
Para que dos se quieran,
basta con separarlos.

TITANIA.   Si él gruñe y ella rabia,
llévenselos de prisa;
la lleven a ella al Sur,
y a él al Polo Norte.

ORQUESTA. TUTTI *(Fortissimo).*
Las moscas y mosquitos
con todos sus parientes,
rana en lo verde, grillo entre la hierba,
ésos son vuestros músicos.

SOLO.   Mirad, viene la gaita,
con la bolsa en burbuja.
¡Oíd el tururú
por su nariz gangosa!

ESPÍRITU *(que se está empezando a formar).*
¡A este pequeño ente, dadle alitas,
patas de araña y panza de batracio!
Cierto que no hay ningún animalito,
pero hay un poemita.

UNA PAREJITA.   Gran salto y paso corto,
entre aromas y rocío meloso.
Aunque des muchos brincos,
no consigues valor.

VIAJERO CURIOSO.
¿No es esto diversión de mascarada?
De creer a mis ojos,

hoy veo aquí al hermoso
dios, a Oberón contemplo.

ORTODOXO[3]. ¡No tiene rabo y garras!
Pero no cabe duda:
como los dioses griegos,
también existe el diablo.

ARTISTA NÓRDICO[4]. Cierto, lo que percibo
hoy sólo está en boceto,
pero voy preparándome
para mi viaje a Italia.

PURISTA[5]. ¡Mi desdicha me trae!
¡Lamentable espectáculo!
aquí, entre tantas brujas,
sólo hay dos empolvadas.

BRUJA JOVEN. El polvo es como el manto
para las ancianitas;
yo en mi macho cabrío voy desnuda
enseñando mi fuerte cuerpecito.

MATRONA. Tenemos demasiada educación
para contigo discutir ahora;
pero espero que, aunque eres tierna y joven,
también has de pudrirte.

DIRECTOR DEL CORO.
Zumbar de moscas, trinos de los grillos,
no os vayáis en enjambre a la desnuda.
¡Rana en el verde, grillo entre la hierba,
no perdáis el compás!

VELETA *(girando a un lado)*.
¡Sociedad como pueda desearse,
novias puras, de veras!
Los muchachos también, uno por uno,
de mucho porvenir.

VELETA *(al otro lado)*.
Si no se abre ese suelo
y se los traga a todos

[3] Alusión a F. L. Stolberg, que había criticado, desde un punto de vista eclesiástico, el poema *Los dioses de Grecia*, de Schiller.
[4] Parece una autocaricatura del Goethe juvenil, en su época de *Sturm und Drang*, antes del viaje a Italia y de su «conversión» clasicista.
[5] Quizá Campe, que quiso «limpiar y fijar» la lengua alemana: quizás, en sentido moral, algún lector que había escrito a la revista *Die Horen*, escandalizado por la sensualidad de ciertos pasajes de las *Elegías romanas*.

yo saltaré con ímpetu
al fondo del infierno.

XENIAS[6].   Como insectos estamos
en punzantes cohortes diminutas,
a honrar como es debido
a Satán, nuestro padre.

HENNINGS[7].   ¡Mirad cómo bromean
ingenuamente en apretadas filas!
Al fin, dirán incluso
que tienen excelente corazón.

MUSAGETA.   Con gusto me extravío
en el tropel de brujas;
sabría dirigirlas
aún mejor que a las Musas.

CI-DEVANT GENIO DE LA ÉPOCA.
A algo se llega con la gente honrada.
¡Ven, puedes agarrarte a mis faldones!
En el Blocksberg y el Parnaso alemán
la cumbre es espaciosa.

VIAJERO CURIOSO.
Decid ¿cómo se llama aquél tan tieso
que anda con paso altivo?
Buscando lo que encuentre.
"Tras de la pista va de jesuitas."[8]

GRULLA[9].   Me gusta en agua clara
pescar, y en la revuelta;
por eso veis a un hombre tan piadoso
mezclarse con demonios.

HIJO DEL MUNDO[10].   Sí, para los piadosos, lo aseguro,
todo es buen instrumento;

---

[6] Las *Xenias* son los epigramas compuestos en colaboración por Goethe y Schiller para el *Almanaque de las Musas* de 1797.

[7] En estas tres estrofas aparece el mismo personaje, August von Hennings, que atacó a Goethe y Schiller como poetas no-cristianos; *El Musageta* (o sea, «el conductor de las musas») era el título de una colección de poemas suyos; *El Genio de la Época* era el título de una revista por él dirigida, donde daba amplia cabida en el Parnaso germánico a todos sus discípulos. Después rebautizó su revista como *El Genio del Siglo XIX*, por lo que Goethe aquí le antepone *ci-devant*, o sea, el «Ex-Genio de la Época».

[8] Otra vez Nicolai, que tenía la manía de rastrear influjos jesuíticos en todo.

[9] Según aclara el propio Goethe en diálogo con Eckermann (17-II-1829), se trata de su antiguo gran amigo el fisiognomista Lavater, que tenía andares de grulla.

[10] Según algunos comentaristas, el propio Goethe, que se definió a sí mismo como tal en algunas poesías.

en el Blocksberg han hecho.
algunos conventículos.
BAILARÍN.   ¿Viene ya un nuevo coro?[11]
Lejos, oigo tambores.
¡Tranquilos! Es el viento
por las cañas, a unísono.
MAESTRO DE BAILE.
¡Cómo a todos les saltan ya los pies!
¡Mirad cómo se agitan!
El flaco salta, el gordo brinca, y nadie
pregunta qué parece.
VIOLINISTA.   Es odioso este grupo de andrajosos,
y querría tomarse algún descanso:
la gaita les reúne
como a las fieras la lira de Orfeo.
DOGMÁTICO.
No dejo que con gritos me extravíen,
ni con dudas ni críticas.
Pese a todo, el demonio ha de ser algo;
porque ¿cómo, si no, va a haber demonios?
IDEALISTA.   La fantasía, sobre mis sentidos,
por esta vez domina demasiado.
Cierto, si lo soy todo,
ahora soy un loco.
REALISTA.   Me atormenta la esencia
y me veo en apuros:
es la primera vez
que vacilo en mis piernas.
SUPERNATURALISTA.   Aquí estoy, divertido,
disfrutando con éstos;
de los demonios puedo
deducir buenas almas.
ESCÉPTICO.   Siguen al fuego fatuo
creyendo hallar tesoros.
«Testimonio» es la rima de «demonio»[12].

---

[11] Se anuncia aquí una nueva tanda de personajes: los filósofos,
en sus diversas escuelas. Algunos comentaristas quieren darles nombres propios —el dogmático sería Wolff, el idealista, Fichte...—, pero
sin duda es mejor dejarles como representantes de los diversos tipos
de filosofía.
[12] En el original *Zweifel*, «duda», rimaba con *Teufel*, «demonio».
Al traducir, aunque aparentemente volvemos del revés la
de conceptos, seguimos el sentido: la primacía de la du
invalidez de todo testimonio.

¡Aquí estoy en mi sitio!

DIRECTOR DEL CORO.
Rana en lo verde, grillo entre la hierba[13],
¡malditos *dilettanti*!
¡Zumbar de moscas, ruido de mosquitos!
¡Vosotros sí sois músicos!

LOS HÁBILES. Sanssouci[14], así se llama la cohorte
de alegres criaturas.
Si no cabe ir de pie,
iremos de cabeza.

LOS INHÁBILES. Buenos bocados antes disfrutamos,
pero hoy ¡Dios nos ayude!
Gastados los zapatos de bailar
vamos corriendo con los pies desnudos.

FUEGOS FATUOS. Venimos del pantano,
donde nacimos; pero
aquí nos parecemos
a estos bellos galantes.

ESTRELLA ERRANTE. De la altura he caído,
con fulgor y con fuego;
y aquí estoy en la hierba
¿quién me ayuda a subir?

LOS MACIZOS. ¡Dejad sitio, abrid paso!
Que se inclinen las hierbas.
Ahora vienen espíritus,
pero tienen también miembros pesados.

PUCK. ¡No avancéis tan pesados
como los elefantes!
¡Y que hoy sea el más gordo
Puck, el fuerte, el mismísimo!

ARIEL. ¡Pues la Naturaleza
con amor os dio espíritu con alas,
seguid mi leve rastro
al cerro de las rosas!

ORQUESTA (*pianissimo*).
Pasan las nubes, ceden las neblinas

---

[13] Se anuncia aquí la entrada de un tercer grupo, los políticos.
[14] Los «hábiles», libres de todo cuidado, pueden tomar como lema *Sans souci*, «sin preocupación», como el nombre del famoso palacio; los «inhábiles», en cambio, son los nobles franceses emigrados que no han logrado hallar buen acomodo. Después, los «fuegos fatuos» son los advenedizos surgidos a favor de la agitación de los tiempos. Análogo simbolismo político se puede aplicar a la «estrella errante» y a los «macizos».

desde arriba alumbradas.
Viento en las hojas, viento entre las cañas;
todo se desvanece.

DÍA NUBLADO. CAMPO[1]

Fausto, Mefistófeles.

FAUSTO. ¡En la miseria! ¡En la desesperación! Después de vagar tristemente por la tierra, ¡ahora encarcelada! Como una criminal, metida en un calabozo, esa tierna e inocente criatura, entre horribles tormentos... ¡Hasta ahí ha llegado, hasta ahí! Espíritu traicionero y aniquilador, ¡me lo habías ocultado! ¡Espera, espera! ¡Sí, da vueltas a tus ojos infernales, haciendo muecas! ¡Encarcelada! ¡En miseria irreparable! ¡Entregada a los malos espíritus, y al juicio de la insensible Humanidad! ¡Y tú, mientras tanto, me llevas a asquerosas distracciones, y me ocultas su pena, cada vez mayor, y la dejas perderse, sin auxilio!

MEFISTÓFELES. ¡No es la primera!

FAUSTO. ¡Perro, monstruo repugnante! ¡Oh Espíritu Infinito, vuelve a dar otra vez a este gusano su forma de perro, cuando por la noche se complacía en correr ante mí, en meterse ante los pies del inocente caminante, para echarse sobre su espalda cuando cayera! ¡Vuélvele a dar su forma predilecta, para que se retuerza delante de mí con la tripa en la arena, y que yo le pise, caído por el suelo! «No es la primera.» ¡Desgracia! ¡desgracia! ¡desgracia que ningún alma puede comprender: que más que una criatura se haya hundido en la profundidad de esa miseria; que la primera no haya sido suficiente a cambio de la culpa de todas las demás, retorcién-

---

[1] Esta escena está en prosa en el original, y casi idéntica a su primitiva redacción en el *Ur-Faust*: Fausto ha hecho que Mefistófeles le diga qué ha sido de Margarita, horrorizándose al ver todo el mal que ha causado.

dose en su angustia de muerte ante los ojos del Eterno Perdonador! Me consume la medula y la vida la
miseria de esta sola, ¡y tú haces muecas sobre el
destino de miles!

MEFISTÓFELES. Ya hemos vuelto a llegar a los límites
de nuestra inteligencia, donde también a los hombres se os trastorna el sentido. ¿Por qué vienes con
nosotros, si no eres capaz de sobrellevarlo? ¿Quieres volar y no estás seguro del vértigo? ¿Nos pega-
mos nosotros a ti, o tú a nosotros?

FAUSTO. ¡No rechines así contra mí tus dientes vo-
races! ¡Me da asco! Espíritu grande y magnífico
que te dignaste aparecerme, tú, que conoces mi corazón y mi alma, ¿por qué me has encadenado a este
vergonzoso compañero, que se sustenta del daño y
se complace en la perdición?

MEFISTÓFELES. ¿Has terminado?

FAUSTO. ¡Sálvala, o hay de ti! La maldición más horrible sobre ti, por miles de años!

MEFISTÓFELES. Yo no puedo romper las cadenas del
Vengador, ni abrir sus cerrojos... ¡Que la salve!...
¿Quién fue el que la precipitó a la perdición, tú
o yo?

(Fausto mira en torno, enloquecido.)

MEFISTÓFELES. ¡Querrías ahora echar mano de los
truenos! ¡Bien, eso no se os ha concedido a los miserables mortales! Hacer pedazos al inocente que
se tiene delante es vuestra costumbre tiránica, para
buscar alivio en la perplejidad.

FAUSTO. ¡Llévame allá! ¡Tiene que quedar libre!

MEFISTÓFELES. ¿Y el peligro a que te expones? Piénsalo: aún tienes en la ciudad una deuda de sangre
de tu mano. Sobre el lugar del crimen se ciernen
espíritus vengadores, acechando el regreso del ase-
sino.

FAUSTO. ¿Y me lo dices tú a mí? ¡Caiga sobre ti el
crimen y la muerte de un mundo entero, monstruo!
¡Llévame allí, te digo, y libértala!

MEFISTÓFELES. Te llevaré, y oye lo que puedo hacer; ¿acaso tengo todo poder en el cielo y en la tierra? Envolveré en nieblas los sentidos de los carce-
leros: tú apodérate de las llaves y sácala con mano

humana. Yo vigilaré. Los caballos encantados estarán dispuestos, y yo os sacaré de allí. Eso es lo que puedo hacer.

FAUSTO. ¡Vamos allá!

DE NOCHE. CAMPO ABIERTO

(Fausto y Mefistófeles pasan al galope en caballos negros.)

FAUSTO. ¿Qué urden allí, en el cerro del patíbulo?
MEFISTÓFELES. No sé qué están guisando.
FAUSTO. Suben, bajan, se inclinan y se agachan.
MEFISTÓFELES. Una reunión de brujas.
FAUSTO. Hacen ritos y extrañas libaciones.
MEFISTÓFELES. ¡Adelante, adelante!

CÁRCEL

(Fausto, con un llavero y una lámpara, ante una puertecilla de hierro.)

FAUSTO. Siento un horror que no sentí hace mucho:
todo el dolor del mundo me ha inundado.
Ella está aquí, tras estos muros húmedos,
y su crimen fue un dulce desvarío.
¡Vacilas en llegar a su presencia!
¡Temes volverla a ver! Pero ¡adelante!
Con tu vacilación, la muerte avanza.
  (Toma el candado. Se oye cantar dentro.)[1]
    Mi madre, la mala,
    fue quien me mató;
    mi padre, el bandido,
    fue quien me comió;

---

[1] En el original, una antigua canción, recogida por Arnim y por los hermanos Grimm.

       mi hermana pequeña
       un hueso enterró,
       y me he vuelto pájaro,
       ¡cómo vuelo yo!

FAUSTO. No piensa que su amado la está oyendo
y oye crujir la paja y las cadenas. *(Entra.)*

MARGARITA *(escondiéndose en el camastro).*

    ¡Ah, ya vienen, ya vienen! ¡Muerte horrible!

FAUSTO *(en voz baja).*

    ¡Silencio! Vengo yo para librarte.

MARGARITA *(retorciéndose ante él).*

    Si eres hombre, comprende mi miseria.

FAUSTO. ¡Harás que el carcelero se despierte!
         (Va a quitarle las cadenas.)

MARGARITA *(de rodillas).*

    ¿Quién te ha dado, demonio, ese poder
    sobre mí, desgraciada?
    ¡Ya a medianoche vienes a llevarme!
    ¡Compadécete y déjame vivir!
    ¿No te basta esperar a que amanezca? *(Se incorpora.)*
    ¡Soy tan joven, tan joven!
    ¡Y tener que morir!
    También fui bella, y eso me perdió.
    Mi amigo estuvo al lado, y no está lejos;
    rota está la guirnalda, y dispersadas
    las flores. ¡No me agarres con tal fuerza!
    ¡Déjame en paz! ¿Qué te he hecho?
    ¡No me hagas suplicarte inútilmente!
    No te he visto en mi vida.

FAUSTO. ¿Ah, podré soportar tanto dolor?

MARGARITA. Ahora estoy del todo en tu poder.
    Pero déjame darle el pecho al niño.
    Toda la noche he estado acariciándole:
    me lo quitaron para hacerme daño,
    y ahora dicen que lo he matado yo.
    Ya nunca he de volver a estar alegre.
    ¡Me cantan coplas! ¡Qué mala es la gente!
    Así es como acaba un viejo cuento...
    ¿Quién les manda decirlo para mí?

FAUSTO *(arrodillándose).*

    A tus pies está un hombre que te quiere,
    y que viene a librarte del dolor.

Margarita *(se arrodilla a su lado).*
 ¡De rodillas, recemos a los Santos!
 Mira, debajo de esos escalones,
 debajo del umbral
 está hirviendo el infierno.
 El Malo, con su cólera terrible,
 ¡está haciendo tal ruido!
Fausto *(en voz alta).*   ¡Margarita!
Margarita *(con atención).*
 ¡Ésa era la voz de aquel amigo!
 (Se pone en pie de un salto. Caen las cadenas, suel-
  tas.)
 ¿Dónde está? Le he escuchado que llamaba.
 ¡Libre estoy! Nadie habrá de sujetarme.
 Volaré hasta su cuello.
 descansaré en su pecho. Me ha llamado.
 ¡Margarita! Y estaba en el umbral.
 Entre el aullar y el ruido del infierno,
 y las burlas y muecas de los diablos,
 su dulce voz amada he conocido.
Fausto. Soy yo.
Margarita.   ¡Tú, eres tú! ¡Dilo otra vez!
 (Abrazándole.)
 ¡Es él, el mismo! ¿Dónde están las penas?
 ¿Y el miedo de la cárcel, y los hierros?
 ¡Eres Tú! ¡Y has venido a liberarme!
 ¡Ahora! ¡Estoy salvada!
 Otra vez ahí vuelve a estar la calle
 donde me viste por primera vez.
 Y el jardincillo alegre
 donde estábamos Marta y yo aguardándote.
Fausto *(esforzándose por llevársela).*
 ¡Ven conmigo!
Margarita.   ¡Oh, espera!
 Mientras estés conmigo, estoy muy bien. *(Besándole.)*
Fausto. ¡Date prisa! Si no,
 lo pagaremos caro.
Margarita. ¿Cómo es eso? ¿No puedes ya besarme?
 ¿Te has ausentado un poco, amigo mío,
 y ya te has olvidado de besar?
 ¿Por qué tengo este miedo, a ti abrazada?
 Cuando antes tus miradas, tus palabras

me traían un cielo, y me besabas
igual que si quisieras ahogarme.
¡Bésame tú! ¡Si no, te besaré! *(Le abraza.)*
¡Pobre de mí! Tus labios están fríos,
tus labios están mudos.
¿Dónde quedó tu amor?
¿Quién me ha traído esto? *(Se separa de él.)*

FAUSTO.   ¡Ven, sígueme! ¡No tengas miedo, amor!
Te querré con ardor multiplicado,
pero ¡sígueme ahora, te lo pido!

MARGARITA *(volviéndose a él).*
¿Y entonces eres tú, eres de veras?

FAUSTO.   ¡Sí, soy yo, ven conmigo!

MARGARITA.   Las cadenas
has roto y en tu pecho me has tomado.
¿Sabes, amigo mío, a quién liberas?

FAUSTO.   ¡Ven, que ya está cediendo la honda noche!

MARGARITA.   He matado a mi madre,
he ahogado a mi niño.
¿No nos lo habían dado a ti y a mí?
¡También a ti! ¡Eres tú! Lo creo apenas.
¡Dame la mano! ¡Sí! No estoy soñando.
¡Tu amada mano! ¡Ay, si está mojada!
Sécala, me parece
que está llena de sangre.
¡Ay Dios mío, qué has hecho!
¡Envaina ya la espada, te lo ruego!

FAUSTO.   Deja en paz lo pasado, que me matas.

MARGARITA.   No, debes seguir vivo.
Te diré cuáles son las sepulturas
que deberás cuidar
desde mañana mismo;
concédele a mi madre el mejor sitio,
y a su lado mi hermano;
yo, un poco más allá,
pero no demasiado.
Y en mi pecho derecho, mi pequeño.
¡A mi lado, jamás yacerá nadie!
¡Dulce felicidad
fue plegarme a tu lado!
Pero no he de lograrlo más: parece
como si me acercara a ti a la fuerza,

y tú me rechazaras, aunque sigues
siendo tú y te contemplo bueno y dulce.
FAUSTO. ¡Si sientes que soy yo, ven, acompáñame!
MARGARITA. ¿Fuera?
FAUSTO.   Ven a ser libre.
MARGARITA. Si la tumba está fuera
y la muerte al acecho, ¡ven aquí!
Desde aquí, al lecho de descanso eterno,
y ya ni un paso más...
¿Te vas entonces? Voy contigo, Enrique...
FAUSTO.
¿Puedes? Pues ven, ¡la puerta ya está abierta!
MARGARITA. No puedo: para mí no hay esperanza.
No sirve huir... Me esperan al acecho...
¡Es terrible tener que mendigar,
y con mala conciencia!
Es terrible vagar por tierra extraña,
¡y me habrán de apresar, de todos modos!
FAUSTO. Yo me quedo contigo.
MARGARITA.   ¡Aprisa, aprisa!
¡Salva a tu pobre niño!
¡Sal! ¡Ve por el sendero,
por el arroyo arriba,
atravesando el puente,
a la izquierda, al cruzar la pasarela,
en el remanso aquel!
¡Sácale pronto, sácale!
¡Quiere salir, aún
está pataleando!
¡Corre, sálvale, sálvale!
FAUSTO. ¡Pero vuelve en ti misma!
¡Un paso solamente, y estás libre!
MARGARITA. ¡Si hubiéramos pasado la montaña!
Mi madre está sentada en una piedra;
¡qué frío me está entrando en la cabeza!
mi madre está sentada en una piedra
y mueve la cabeza: no hace señas,
no la inclina, y le pesa la cabeza;
hace mucho que duerme y no despierta...
Para que nos gozáramos nosotros
ella durmió. ¡Qué tiempos más felices!
FAUSTO. Si palabras y súplicas no sirven,

a la fuerza tendré que arrebatarte.

MARGARITA.

   ¡Déjame! ¡No consiento que me obligues!
¡No vengas de ese modo criminal!
Yo lo había hecho todo por amor.

FAUSTO.   ¡Amor, despunta el día!

MARGARITA.

   ¡El día, sí! ¡Ya llega el día último;
debía ser el día de mi boda!
No le digas a nadie que has estado
con Margarita ya. ¡Ay de mi guirnalda!
¡Ea, todo acabó!
Volveremos a vernos;
pero en el baile, no. Se está agolpando
la gente, y no se la oye.
Las plazas y las calles
no pueden contenerla. La campana
llama, y ya se ha quebrado la varilla.
¡Cómo me atan y aprietan!
Al asiento de muerte me han llevado.
Las nucas se estremecen
con el filo que va a cortar la mía.
¡Mudo como una tumba queda el mundo!

FAUSTO.   ¡Ay, por qué habré nacido!

MEFISTÓFELES *(apareciendo fuera).*

   ¡Vamos, o estáis perdidos!
¡Vano perder el tiempo con palabras!
Mis caballos se están estremeciendo,
se aclara la mañana.

MARGARITA.   ¿Qué sale por el suelo?
Es ése, es ése, ¡échale!
¿Qué viene a hacer en un lugar sagrado?
¡Ha venido a buscarme!

FAUSTO.   ¡Has de vivir!

MARGARITA.

   ¡Juicio de Dios! ¡A ti me he encomendado!

MEFISTÓFELES *(a Fausto).*

   ¡Ven, te dejo con ella en la estacada!

MARGARITA.   Tuya soy, Padre, sálvame,
ángeles, huestes santas,
rodeadme y guardadme.
¡Enrique, Enrique! Siento horror por ti.

MEFISTÓFELES.   ¡Está juzgada!
Voz *(desde arriba).*   ¡Está salvada! [2]
MEFISTÓFELES *(a Fausto).*   ¡Sígueme!
  (Desaparece Fausto.)
Voz *(desde dentro, resonando)*   ¡Enrique, Enrique!

[2] En la primitiva versión —*Ur-Faust*— no existía esta voz de salvación: parecía que el arrepentimiento de Margarita fuera vano, y sólo Mefistófeles proclamaba el juicio condenatorio.

SEGUNDA PARTE DE LA TRAGEDIA

EN CINCO ACTOS

PRIMER ACTO

PARAJE AMENO

Fausto, tendido en un césped florido, trata de dormir, fatigado e inquieto. Amanece. Un círculo de Espíritus se mueve sobre él, con graciosas figuritas.

ARIEL[1] *(canto acompañado por arpas eólicas).*
    Cuando la primavera llueve en flores,
    y se cierne y desciende sobre todo,
    cuando la verde bendición del campo
    fulge ante los nacidos de la Tierra,
    inmateriales figurillas de elfos
    corren adonde puedan dar ayuda;
    compadecen al hombre desdichado,
    tanto si es santo como pecador.
Vosotros, que cercáis a este hombre en ronda aérea,
mostrad aquí la noble índole de los elfos,
suavizad el tumulto cruel de su corazón,
evitadle los dardos ardientes del reproche,
limpiadle las entrañas del horror de su vida.
Cuatro son los períodos de la vela nocturna[2];

---

[1] Ariel es el genio aéreo, tomado de *La tempestad* de **Shakespeare**; su acompañamiento es de arpas eólicas, que hace soñar el viento, no la mano del hombre. Para el tránsito de la primera a la segunda parte de *Fausto*, recuérdese el prólogo.
[2] Las cuatro divisiones clásicas de la noche, las «velas».

haced que a su fin llegue propicia y sin demora.
Primero, reclinadle sobre fresco almohadón,
después, en el rocío del Leteo bañadle[3];
pronto se harán flexibles sus miembros duros, rígidos,
al mirar la mañana ante sí reanimado;
cumplid el más hermoso oficio de los elfos;
¡devolvedle otra vez aquella sacra luz!

CORO *(de uno en uno, de dos en dos, y   grupos, al-*
ternando o a la vez)[4].

Cuando los vientos, tibios, se aproximan
al llano rodeado de verdor
con el amanecer bajan también
dulces aromas, velos de neblina.
Susurra quedamente suave paz,
se mece el corazón en paz pueril,
y ante los ojos de este hombre cansado
se va entreabriendo el pórtico del día.

La noche ya se ha hundido, las estrellas
en sus huestes sagradas van cerrándose;
grandes luces, estrellas diminutas
brillan cerca, destellan a lo lejos;
brillan aquí, en reflejos sobre el mar
y destellan allá, en la clara noche.
Y sellando la dicha de la calma
reina la luna, en todo su esplendor.

Las horas se extinguieron; y la dicha
y el dolor han quedado disipados;
¡siente el presagio! Vas a quedar sano;
confía en el mirar del día nuevo.
Verdes están los valles, se alzan cerros,
en la calma sombría fructifican,
y en movedizas ondas argentinas
se cimbrea la mies de la cosecha.

---

[3] En el rocío procedente de la humedad del río Leteo, cuyas
aguas, según los mitos clásicos, daban olvido. Fausto queda libre
del dolor de su aventura con Margarita, que apenas reaparecerá
en alguna ocasión, como fantasma lejano, y en la apoteosis final.
[4] Estas cuatro estrofas, correspondientes a las cuatro partes de
la noche, antes aludidas, llevaban, en la primera redacción, títulos
de índole musical que aludían a su sucesión temporal, *Serenade,*
Notturno, Mattutino, Reveille.

Para alcanzar deseo tras deseo
¡mira hacia allá, mira hacia aquel fulgor!
Estás preso de modo muy ligero;
el sueño es tu envoltorio sólo, ¡arrójalo!
No pierdas la ocasión de adelantarte
si la gente vacila y retrocede;
todo lo puede hacer el alma noble
que comprende y actúa raudamente.
(Un estrépito enorme anuncia que se aproxima el
Sol.)

ARIEL. ¡Escuchad el estruendo de las Horas[5]!
Sonando a los oídos del espíritu
el nuevo día acaba de nacer.
Puertas de roca suenan y retumban,
ruedas de Febo avanzan con estruendo,
¡qué estrépito se acerca con la luz!
Hay ruido de tambores y trompetas,
se pasman las miradas, los oídos;
no se oye lo inaudito. Deslizaos
dentro de las corolas de las flores,
más hondo, hasta habitar en el silencio,
en las rocas, debajo del follaje.
Sordos os quedaréis, si os llega el ruido.

FAUSTO. El pulso de la vida late con frescor vivo,
al saludar, benigno, la aurora por el éter.
Tú también, tierra, has sido constante en esta noche,
y alientas reviviendo otra vez a mis pies,
y empiezas a rodearme de nuevo de alegría;
mueves y excitas una decisión poderosa,
de esforzarme constante a la vida más alta[6]...
En el fulgor del alba el mundo ya se ha abierto,
el bosque se estremece con vida de mil voces;
por el valle se extienden los jirones de niebla,
pero la luz del cielo llega hasta lo más hondo,
y los troncos y ramas, con fresca vida, brotan
del abismo de aromas donde, hundidos, dormían;
colores y colores se desprenden del fondo,

[5] Las Horas, en sentido mitológico, como guardianes del pórtico
celestial por donde sale el carro de Apolo. En alemán, no *die Stun-*
de, sino *die Horen* (como en el título de la revista schilleriana
donde también intervino Goethe).
[6] El «esfuerzo» será el rasgo fáustico dominante en la segunda
parte, y lo que al final justifique su salvación.

y temblorosas perlas gotean flores y hojas;
se va a mi alrededor haciendo un paraíso.
¡Mira arriba! Las cumbres gigantes de los montes
anuncian ya la hora de alta solemnidad;
podrán disfrutar pronto de la luz de lo eterno,
que más tarde se vuelve y cae hacia nosotros.
Los prados inclinados y verdes de los alpes
ahora tienen nueva luz, nueva claridad,
y poco a poco va llegando a lo más hondo;
¡cómo se acerca! —y, ay, ya cegado, me vuelvo,
me aparto del camino, con ojos doloridos.
Es igual que cuando una esperanza anhelante
se abre paso, confiada, al supremo deseo,
y halla abiertas las puertas de la realización;
pero desde esos fondos eternos se levanta
un rebose de llama, y quedamos heridos;
queremos encender la antorcha de la vida:
y nos rodea un mar de fuego, ¡y qué fuego!
¿Es odio o es amor?, con ardor nos rodean
alternando, terribles, con dolores y gozos,
de modo que de nuevo miramos a la tierra
para quedar ocultos en el velo más joven.
¡Quede, pues, a mi espalda el sol! La catarata
de agua que se abre paso con ruido por la roca,
me paro a contemplar con creciente entusiasmo.
De salto en salto va abriéndose en millares,
y luego derramándose en otros mil torrentes,
zumbando por los aires en espumas y espumas.
Y ¡qué espléndidamente, respondiendo a su empuje,
se eleva el arco iris en perpetua alternancia,
unas veces bien nítido, otras fundido en aire,
en torno difundiendo fresca lluvia aromada!
En su imagen refleja el esfuerzo del hombre.
Reflexiona sobre ella, y entenderás más claro:
en reflejo polícromo se disipa la vida.

PALACIO IMPERIAL. SALA DEL TRONO

Consejo de Estado, aguardando al Emperador.
Trompetas. Cortesanos de todas clases, lujosamen-
te vestidos. Sale el Emperador y sube al trono,
teniendo a su derecha al Astrólogo.

EMPERADOR.   Saludo a mis amados y leales,
acudidos de cerca y desde lejos...
Veo que está mi Sabio a mi derecha,
pero ¿dónde ha quedado mi Bufón?
GENTILHOMBRE.   Iba junto a la cola de tu manto,
pero cayó al subir las escaleras;
con su peso de grasa, lo llevaron
¿muerto o borracho? No lo sabe nadie.
SEGUNDO GENTILHOMBRE.
Al punto, con curiosa rapidez,
otro se ha introducido en su lugar.
De modo muy lujoso está vestido,
pero, de tan grotesco, asusta a todos;
la guardia le sujeta en la escalera,
cruzándole, al pasar, las alabardas,
pero ¡ahí llega el loco, el atrevido!
MEFISTÓFELES *(arrodillándose ante el trono).*
¿Qué es deseado y siempre bien venido?
¿Qué es anhelado y siempre rechazado?
¿Qué es lo que siempre encuentra protección?
¿Lo que mucho se acusa y se censura?
¿A quién llamar no puedes a tu lado?
¿A quién a todos gusta oír nombrar?
¿Qué se acerca a las gradas de tu trono?
¿Qué se ha puesto a sí mismo en entredicho?[7]
EMPERADOR.   ¡Por esta vez, ahorra tus palabras!
Éste no es un lugar para acertijos;
eso es jurisdicción de estos señores...
¡Resuélvelos! Con gusto habré de oírte;
mi bufón se fue, temo que muy lejos;

[7] La solución del acertijo sería: el loco, el bufón.

ocupa su lugar, ven a mi lado.
(Mefistófeles sube y se pone a su izquierda.)
MURMULLOS DE LA MULTITUD.

Nuevo bufón... Para otra nueva pena...
¿De dónde vino?... ¿Cómo ha entrado aquí?
Cayó el viejo... Ha quedado despachado...
Era un tonel... Pues éste es un palillo...

EMPERADOR.   ¡Así, fieles amados y leales
bien venidos de lejos y de cerca!
Bajo una buena estrella os congregasteis;
en que está escrita nuestra suerte y dicha.
Pero decid ¿por qué es en estos días?
en que andamos huyendo de las penas,
vestidos de disfraces y de máscaras,
y sin querer hallar más que alegrías,
cuando hemos de sufrir en un Consejo?[8]
Pero si habéis pensado que es preciso,
y se ha dispuesto todo así, paciencia.

CANCILLER.   La suprema virtud, como halo santo,
ciñe al Emperador; él solamente
puede de modo válido ejercerla:
¡la justicia! Lo que aman siempre todos,
y exigen y desean y no dejan,
en su mano está dárselo a su pueblo.
Pero ¡ay!, ¿le sirve al alma la razón,
y al corazón las buenas intenciones,
si por todo el Estado arde una fiebre
y el mal se multiplica con el mal?
Mirando desde lo alto de esta sala
el Imperio, parece pesadilla
al ver monstruos partiéndose en más monstruos,
y el arbitrio triunfando legalmente
desplegado en un mundo de extravío.
Quien no roba mujer, roba rebaños,
cáliz, cruz, candelabros del altar,
y presume del robo largos años,
con la piel sin tocar y el cuerpo intacto.
Muchos van al Juzgado con sus quejas
y el juez se pavonea en su alto escaño,

---

[8] Es Carnaval, y el Emperador quiere aplazar las preocupaciones de gobierno.

mientras sube en colérica riada
la sedición, en un creciente fuego.
Uno alardea de ignominia y crimen,
otro encuentra en sus cómplices apoyo,
y se oye sentenciar ¡culpable! donde
se defendía sola la inocencia.
El mundo entero así se hará pedazos,
y se aniquilará lo que está bien;
¿cómo puede desarrollarse el único
sentido que nos guía hacia lo justo?
Hasta un hombre de bien acabará
inclinado al soborno, a la lisonja;
y un juez que no es capaz de castigar
al fin acaba unido al delincuente.
Sombría es mi pintura, pero aún
querría usar más negro en esta imagen. *(Pausa.)*
No es posible evitar las decisiones:
cuando todos padecen o hacen daño
hasta la Majestad queda robada.

JEFE DE LOS EJÉRCITOS.
　　¡Qué furia en estos días de locura!
Todos quieren herir y son heridos,
y todos se hacen sordos a las órdenes.
El burgués, protegido en sus murallas,
y, en su nido en la roca, el caballero,
se han conjurado para hacernos frente
y mantienen sus fuerzas con firmeza.
Se impacienta el soldado mercenario
exigiendo la paga con tumultos,
y si no le debiéramos ya nada,
echaría a correr, huyendo de esto.
Si alguien prohíbe lo que todos quieren
se encuentra que ha agitado un avispero;
el Imperio que habían de guardar
queda ahora asolado y devastado.

TESORERO. 　¿Y quién irá a llamar a los aliados?
Los subsidios que habían prometido
no llegan, como el agua en tubería[9].
También, señor, en tus anchos dominios,

---

[9] Parece que entonces fuera proverbial el mal funcionamiento
de las cañerías de las fuentes.

¿dónde ha ido a parar la propiedad?
En todas partes hay usurpadores
que pretenden vivir por cuenta propia;
hay que ver cómo saben arreglárselas:
tantos derechos hemos renunciado
que no nos queda ya derecho alguno.
Tampoco en los partidos —tal los llaman—
se puede confiar en estos tiempos;
lo mismo si censuran que si alaban
indiferentes son odio y amor.
Igual los gibelinos que los güelfos
para tomar aliento se retiran;
¿hoy quién quiere ayudar a su vecino?
A cada cual le bastan sus asuntos.
Cerrada está la puerta del tesoro;
cada cual cava y junta y anda hurgando,
y nuestra caja siempre está vacía.
MARISCAL.   ¡Qué desgracia también yo he de sufrir!
Tratamos de ahorrar todos los días
y cada día me hace falta más
y cada día crece mi dolor.
No sufre privación el cocinero,
liebres y gamos, ciervos, jabalíes,
patos, perdices, gansos y faisanes;
los diputados, con seguras rentas,
no marchan todavía nada mal.
Pero al fin falta el vino: en otros tiempos
llenaban la bodega los barriles
con los mejores años de vendimia;
hoy, el sorber sin fin de los señores
aristócratas chupa hasta las heces.
Hasta el Concejo gasta su bodega
en traguitos, con cántaros y vasos:
bajo la mesa acaban los festejos.
Y luego debo yo pagarlo todo,
y no me tiene lástima el judío[10];
me concede anticipos que devoran
año tras año, por adelantado.
Los cochinos no llegan a echar grasa,
el colchón de la cama está empeñado,

---

[10] El banquero.

y hasta el pan de antemano se ha comido.
EMPERADOR *(después de meditar, a Mefistófeles).*
Di, bufón, ¿tú también tienes miserias?
MEFISTÓFELES.
¡Nada!, me basta verte en tu esplendor,
a ti y los tuyos. ¿Va a faltar confianza
donde la Majestad, inexorable,
con pronta fuerza vence lo enemigo,
y la buena intención, con fuerte mente
y actividad, se mueve de mil modos?
¿Qué se podría unir y dar desgracias
oscuras, donde brillan tales astros?
MURMULLOS.
Éste sí que lo entiende... Vaya un pícaro...
Se abre paso mintiendo... Mientras dure...
Ya lo sé... Qué habrá atrás, vete a saber...
¿Y luego qué?... Sus planes llevará...
MEFISTÓFELES.
¿Dónde no falta nada, en este mundo?
A unos esto; a otros, lo otro; aquí, el dinero.
Del suelo, es cierto, no cabe arrancarlo,
pero ·el saber extrae lo más hondo.
En filones, en bases de murallas
se encuentra el oro en bruto y acuñado.
Y si me preguntáis quién puede hallarlo:
¡ia potencia de la Naturaleza,
del espíritu de un hombre dotado!
CANCILLER. Naturaleza, espíritu... a cristianos
no se habla así. Por eso queman tantos
ateos: son asuntos peligrosos.
Porque Naturaleza es el pecado,
y espíritu, el demonio: entre los dos
engendran a la Duda, híbrido monstruo.
¡No es así entre nosotros! El Imperio
sólo cría en sus tierras dos linajes,
que sustentan su trono dignamente:
son los santos y son los caballeros:
éstos aguantan todas las tormentas
y se toman en pago Estado e Iglesia.
La plebeyez de las confusas mentes
les hace resistencia, y dicen que ellos
son los brujos, maestros hechiceros,

los que echan a perder ciudad y campo.
A éstos quieres meternos de matute,
con insolencia, en nuestros altos círculos;
te unes a corazones tan podridos,
porque de tu locura están muy cerca.
MEFISTÓFELES. ¡Qué señores tan sabios, ya lo veo!
   Cuando no tocáis algo, no está aquí;
cuando no lo agarráis, no es realidad;
lo que no calculáis no es verdadero,
y lo que no pesáis no tiene peso;
sólo lo que acuñáis pensáis que vale.
EMPERADOR. Con eso no arreglamos nuestras cosas;
   tu sermón cuaresmal, ¿de qué nos sirve?
Harto estoy del eterno «como» y «si»;
falta dinero; bueno, pues consíguelo.
MEFISTÓFELES. Haré lo que queréis, y más aún:
   fácil es, mas lo fácil es pesado;
ahí está, pero un arte se requiere
para lograrlo, y ¿quién lo va a emprender?
Pero pensad: en tiempos de terror,
cuando la gente inunda los países
en fuga, ha habido muchos que, asustados,
han dejado escondidos sus terosos.
Así pasaba ya con los romanos,
y así ha ocurrido siempre hasta la fecha.
Todo eso sigue oculto bajo el suelo;
y el subsuelo es de nuestro Emperador.
TESORERO. Para ser un bufón, habla muy bien:
   es derecho imperial, por tradición.
CANCILLER. Satán os tiende lazos con el oro;
   no hay aquí nada justo ni piadoso.
MARISCAL. Si a la Corte nos trae dones gratos,
   gustoso acepto un poco de injusticia.
JEFE DE LOS EJÉRCITOS.
   Astuto loco: ofrece algo atractivo.
No pregunta su origen el soldado.
MEFISTÓFELES. Y si creéis que os engaño,
   preguntad al astrólogo: él entiende.
En las órbitas halla los horóscopos:
diga, pues, en los cielos qué está escrito.
MURMULLOS.
   Son dos granujas... Ya estaban de acuerdo...

Loco y brujo... Y así se llega al trono...
Ya está muy visto... Es vieja la canción...
El loco apunta al sabio mientras habla.
ASTRÓLOGO[11] *(habla, y Mefistófeles va apuntándole).*
El mismo sol es oro; el mensajero
Mercurio sirve por merced y paga,
Doña Venus os ha engañado a todos
al miraros amable, día y noche;
la casta Luna tiene humor extraño;
y Marte, aunque no hiere, os amenaza.
Júpiter tiene el más bello fulgor;
el gran Saturno es chico en la distancia:
como metal, no le estimamos mucho;
es de poco valor y mucho peso.
Cuando el sol se reúne con la luna,
y el oro con la plata, exulta el mundo:
se logra lo demás: jardines, casas,
mejillas rojas, pechos juveniles:
todo lo pone a mano el hombre sabio
que puede más que nadie entre nosotros.
EMPERADOR.   Escucho atentamente lo que dice,
y, no obstante, no logra convencerme.
MURMULLOS.
¿Qué nos importa?... Es broma ya muy vista...
Es sólo un embeleco... Es todo alquimia...
Ya se oye mucho... Vanas esperanzas...
Y aunque venga... Sería todo un mal.
MEFISTÓFELES.
Mirando en torno están todos pasmados,
sin confiar que se encuentre algún tesoro;
uno habla de locuras de mandrágoras[12],
otro de un perro negro, por su parte.
Uno hace chistes, pase lo que pase,
y el otro lo echa todo a brujería,
aunque sienta cosquillas en los pies
y note que le falta el paso firme.

---

[11] El Astrólogo de Corte, como cargo oficial acostumbrado hasta principios de la Edad Moderna. En sus palabras se echa de ver la tradicional analogía de metales y cuerpos celestes, presidiendo los destinos humanos.
[12] La raíz de mandrágora, por su forma vagamente humana, se consideraba como amuleto para la salud y riqueza; pero había de sacarla del suelo un perro negro.

Todos sentís algún influjo oculto
de la Naturaleza, eterna reina,
y desde las esferas inferiores
se abre paso un indicio de la vida.
Pues si sentís cosquillas en el čuerpo
y si os notáis inquietos en el sitio,
cavad, desenterrad con decisión:
¡allí está el violinista, está el tesoro![13]

MURMULLOS.
Siento en los pies como un peso de plomo...
Y un calambre en el brazo... Eso es reumático.
Tengo como un espasmo en el pulgar...
Me siento como roto el espinazo...
Según esas señales, aquí habría
un tesoro riquísimo enterrado.

EMPERADOR.
¡Pronto, entonces! No vuelvas a escaparte:
pon a prueba tus cuentos y mentiras,
y enséñanos de prisa el noble sitio.
Voy a dejar a un lado espada y cetro
y con mis propias manos, si no mientes,
llevaré a conclusión este trabajo,
y si mientes, ¡te mando a los infiernos!

MEFISTÓFELES.   Ya sabría encontrarle yo el camino...
Pero no soy capaz de decir todo
lo que hay aquí, sin dueño y esperando.
Arando con su reja, el labrador
saca un puchero de oro entre la gleba,
y buscando salitre por el muro,
encuentra barras de oro, con alegre
espanto, entre sus manos agitadas.
¡Cuántos sótanos hay aún cerrados!
¡Por cuáles pasadizos y cavernas
ha de entrar el que sepa de tesoros,
hasta la vecindad de los infiernos!
En anchos subterráneos, desde antiguo
guardadas, halla en fila las bandejas
de oro, vasos y platos: halla copas
de rubí, y si las quiere utilizar,

---

[13] Superstición popular: donde tropezara alguien, había enterrado un violinista o un tesoro.

al lado encuentra vinos antiquísimos.
Pero —si ha de creerse a quien lo sabe—
se pudrió la madera de las duelas,
v el tártaro del vino es el tonel.
Las esencias de tales nobles vinos,
al lado de las joyas y del oro,
se rodean de horrores y de noche.
El sabio aquí investiga y nunca acaba:
conocer bajo el día es tontería:
los misterios radican en lo oscuro.

EMPERADOR.   ¡Para ti! La tiniebla ¿de qué sirve?
Lo que vale, a la luz ha de salir.
¿Quién conoce al bribón en plena noche?
Todos los gatos son entonces pardos.
¡Mete el arado tú, y saca a la luz
esos pucheros que hay, con lastre de oro!

MEFISTÓFELES.   Toma pala y azada, y ve tú mismo;
te hará grande el trabajo campesino,
v del suelo saldrá todo un rebaño
de becerros de oro. Entonces puedes[14]
sin vacilar, alegre, engalanarte
a ti mismo, y dar joyas a tu amada;
fulgor de piedras y oro, tanto eleva
a la belleza como a la realeza.

EMPERADOR.   ¡Pues en seguida! ¿Para qué esperar?

ASTRÓLOGO *(como antes)*.
Señor, modera tal codicia ardiente;
¡deja que las alegres fiestas pasen!
Nada se hace con mente distraída;
antes hay que pensar con compostura,
merecer con la altura lo de abajo.
Quien quiere un bien, que empiece por ser bueno;
quien quiera un goce, calme sus pasiones;
quien quiera vino, pise uvas maduras;
quien espera milagros, tenga fe.

EMPERADOR.   ¡Pase, pues, este tiempo en regocijo!
Y llegue deseado vuestro Miércoles
de Ceniza, después que festejemos
con más júbilo el loco Carnaval.
(Trompetas. Se van.)

---

[14] Alusión al «becerro de oro» ante el cual idolatraron los israelitas (*Ex.*, 32, 4).

MEFISTÓFELES.   Estos tontos no entienden cómo van
   encadenados méritos y suerte;
   si la piedra filosofal tuviesen[15],
   no tendría filósofo esa piedra.

SALA ESPACIOSA

*Con dependencias laterales; dispuesta y adornada
para la mascarada.*

HERALDO.   ¡No penséis en los usos alemanes[1]
   de Danzas de la Muerte y diablos locos;
   os espera una fiesta divertida!
   Pues, en sus romerías, nuestro rey,
   para provecho y para diversión,
   ha atravesado ya los altos Alpes,
   y ha adquirido un imperio que da gozo.
   Su derecho al poder pidió a las Santas
   Sandalias[2] nuestro amado Emperador,
   y cuando fue a buscarse la corona
   también nos trajo gorros de bufón.
   Ahora estamos todos renacidos;
   cualquier hombre de mundo se lo pone
   a gusto en la cabeza y las orejas;
   le asemeja a los locos de remate,
   y él, mientras, es tan cuerdo como puede.
   Ya veo que se van uniendo en grupos;
   se separan, dudando, y se emparejan,
   confiadamente, coro contra coro.
   ¡dentro, afuera, no tengáis reparo!
   A la larga lo mismo que al principio,
   con sus mil necedades, seguirá
   el mundo siendo un loco inmenso.

---

[15] La piedra filosofal, que intentaban conseguir los alquimistas,
habría de convertir en oro lo que tocara.
[1] Alude a las tradicionales «farsas de Antruejo», tan importan-
tes en la literatura alemana medieval. Ahora el Emperador susti-
tuirá ese género, popular y grotesco, por un *trionfo* a la moda
italiana renacentista.
[2] Las Santas Sandalias: el Papa, por el rito de besarlas.

Jardineras (*cantan, acompañándose con mandolınas*).
 Esperando obtener vuestros aplausos
 esta noche nos hemos adornado;
 de Florencia venimos a buscar
 de esta Corte alemana el esplendor.
 En los oscuros rizos ostentamos
 alegres ornamentos floreales;
 hilos de seda, flecos y pompones
 están representando su papel.
 Porque consideramos meritorio
 y plausible, que sigan nuestras flores
 a lo largo del año floreciendo
 con todo su esplendor artificial.
 Retazos de colores muy diversos
 dispusimos con justa simetría;
 detalle por detalle, os burlaréis,
 pero visto en conjunto, os gustará.
 Muy bonitas debemos pareceros,
 jóvenes y galantes jardineras;
 porque lo natural de las mujeres
 tiene gran parentesco con el arte.
Heraldo.   Dejadnos ver los ricos canastillos
 que sobre la cabeza paseáis
 o apoyándose van en vuestro brazo,
 ¡que cada cual elija lo que guste!
 ¡Pronto! que en el follaje y los senderos
 un entero jardín se haga visible.
 Igual de dignas son de pretender
 las vendedoras que sus mercancías.
Jardineras.   Venid aquí, a este sitio de contento,
 ¡pero que no tengamos regateos!
 Y con palabras buenas y sensatas
 entienda cada cual lo que se lleva.
Rama de Olivo (*con frutos*).   No envidio a lo florido,
 y toda discusión quiero evitar:
 va contra mi carácter;
 pero yo de la tierra soy la médula,
 y soy prenda segura
 de paz sobre la tierra.
Guirnalda de Espigas (*dorada*).
 Las mercedes de Ceres, a adornarnos
 vendrán dulces y amables;

lo que más se desea en la ganancia,
como tocado vuestro hágase bello.

GUIRNALDA DE FANTASÍA.
¡Flores abigarradas, como malvas,
prodigio floreal hecho del musgo!
En la Naturaleza no es usual,
pero la moda lo hace.

RAMILLETE DE FANTASÍA. A deciros mi nombre
no querría atreverse Teofrasto[3],
y, sin embargo, espero, si no a todas,
agradar a más de una
que me quiera hacer suyo,
al trenzarme en su pelo,
y que al fin se decida a hacerme sitio
en su corazoncito.

CAPULLOS DE ROSA (en provocación).
Bien pueden florecer para la moda
del día abigarradas fantasías,
con formas prodigiosas
que la Naturaleza nunca dio;
campanillas doradas, tallos verdes,
entre abundantes rizos surgen, miran...
Nosotros seguiremos escondidos;
¡feliz quien nos descubra en el frescor!
Al llegar el verano
se encienden los capullos,
y ¿quién se privará de tal delicia?
Prometer y cumplir, es lo que impera
en el reino de Flora, al mismo tiempo
en los sentidos y en el corazón.

(Las jardineras colocan graciosamente sus mercan-
    cías bajo verdes emparrados.)

JARDINEROS (cantando con acompañamiento de tiorbas).
¡Mirad las flores dulcemente abiertas
para ceñir de encanto vuestras frentes!
Los frutos no pretenden seducir;
se han de gozar comiéndolos.
Aunque presenten rostros nada hermosos
melocotones, ciruelas, cerezas,
¡compradlos!, pues la lengua y paladar

---

[3] Teofrasto, el filósofo y botánico de la Antigüedad.

pueden juzgar mejor que la mirada.
Acudid a comer con gusto y gozo
las frutas más maduras.
Con las rosas se puede hacer poesía,
las manzanas se tienen que morder.
Séanos permitido emparejarnos
con vuestra rica y joven floración,
poniendo a vuestro lado la abundancia
de nuestras mercancías bien maduras.
Bajo alegres guirnaldas,
en lo hondo del follaje ornamentado,
todo se encontrará, junto a la vez:
hay capullos, hay hojas, flor y fruto.
(En cántico alternativo, con acompañamiento de gui-
    tarras y tiorbas, los dos coros siguen arreglando y
    ofreciendo sus mercancías, en montones que se ele-
    van escalonadamente.)

(Una madre con su hija.)

MADRE.   Cuando viste la luz del mundo, niña,
te adorné con gorritos y cofias;
eras linda de cara,
tierna de cuerpecito.
Te imaginé en seguida como novia,
y te veía unida ya al más rico,
como su mujercita.
Ay, en vano han volado muchos años,
y de largo ha pasado raudamente
el enjambre polícromo
de tantos pretendientes.
Mientras bailabas, ágil, con el uno,
le hacías una seña suavemente
al otro con el codo.
Por más que organizábamos festejos
en vano se emprendían,
en el juego de prendas y el «tercero»
no pescábamos nada;
hoy van sueltos los locos;
entreabre tu seno, vida mía,
por si se prende alguno.

(Se reúnen varias amigas, jóvenes y lindas, y se oye
    cada vez más fuerte su charla íntima.)
(Pescadores y Cazadores de pájaros, con redes, an-

*zuelos y varas con liga, entran y se mezclan con
las bellas muchachas. Recíprocos intentos de atra-
parse, de escaparse y de retenerse dan lugar a los
más gratos diálogos.)*

LEÑADORES *(entrando, impetuosos y toscos).*

¡Ea, paso, dejadnos!
derribamos los árboles
que caen con estruendo,
y cuando los llevamos
hay siempre fuertes golpes.
En beneficio nuestro
despejad el lugar:
pues si no trabajaran
los groseros también
¿cómo se arreglaría
la gente refinada,
a pesar de su ingenio?
Aprended la lección:
porque si no sudáramos
quedaríais helados.

POLICHINELAS *(pesados, casi tontos).*

Vosotros sois los locos,
nacidos con joroba,
y nosotros los listos
que jamás nos cargamos
nada, pues nuestros gorros,
chaquetillas y trapos
se llevan fácilmente
y con comodidad,
con el ocio de siempre,
calzados con pantuflas,
por mercados y ferias,
andamos dando vueltas,
quedándonos pasmados,
ante los que se burlan,
y en medio del estrépito,
entre la multitud,
pasando como anguilas,
juntos para brincar,
juntos en las locuras.
Si queréis alabarnos
o si nos censuráis,

nos da igual a nosotros.
PARÁSITOS *(aduladores y codiciosos).*

Fuertes portadores,
vosotros, parientes
suyos, carboneros,
sois los hombres nuestros.
Pues todo inclinarse,
todo asentimiento,
frases retorcidas
con ambigüedad,
calientan o enfrían
según nos sintamos;
¿de qué ha de servir?
Venir debería
un terrible fuego
desde el mismo cielo
si no hubiera leña
ni hubiera carbón,
llenando de ardor
todo el ancho hogar.
¡Allí se asa y cuece,
se guisa y se fríe!
El goloso auténtico,
el conocedor,
los asados huele,
presiente el pescado,
y actúa en la mesa
del noble mecenas.
BEBEDOR *(inconsciente).*

¡No me llevéis ahora la contraria!
Hoy me siento muy libre y muy alegre:
fresco júbilo y cantos de alegría
traigo ahora aquí mismo.
¡Y así bebo yo y trinco, clin, clin, clin!
¡Chocad los vasos, vamos, clin, clin, clin!
Si se chocan los vasos, ya está el brindis.
Me gritaba, indignada, mi mujer,
y rompió mi casaca de color,
y, por mucho que quise hacerle frente,
me echó encima una tanda de estacazos.
Sin embargo ¡yo bebo, bebo, bebo!
¡Chocad los vasos, vamos! ¡Clin, clin, clin!

¡Puedes pegar, estaca, cuanto quieras!
Si se chocan los vasos, ya está el brindis.
¡No me digáis que estoy equivocado!
Estoy donde me encuentro como quiero.
Si el tabernero no quiere fiarme,
me fía su mujer, o la criada.
Pero yo ¡bebo siempre, bebo, bebo!
¡De pie, vosotros, vamos, clin, clin, clin!
¡cada cual con el otro, y adelante!
Me parece que el brindis ya está bien.
Siempre que me divierto, y donde sea,
dejad que todo llegue a su final.
Dejadme que me tumbe donde caiga,
porque no puedo ya seguir de pie.

CORO.   ¡Que beban los hermanos, beban todos!
Hagamos otro brindis, ¡clin, clin, clin!
Aguantad en el banco o la banqueta:
debajo de la mesa, se acabó.

(*El Heraldo anuncia a diversos Poetas: Poetas de la
Naturaleza, Cantores de la Corte y de la Caballería tanto tiernos como entusiásticos*[4]. *En el tumulto de la competencia, ninguno deja a los
demás que tome la delantera. Uno pasa de largo,
diciendo unas pocas palabras.*)

SATÍRICO.   ¿Sabéis de veras qué me gustaría
a mí, que soy poeta?
Ser capaz de decir y de cantar
lo que ninguno me quisiera oír.

(*Los Poetas de la Noche y de los Sepulcros se discul-
pan, porque acaban de meterse en una conversación interesantísima con un Vampiro recién producido de la que podría resultar quizá un nuevo
estilo poético; el Heraldo tiene que dejarles en
paz y mientras tanto llama a la Mitología Griega,
que aun en su disfraz moderno, no pierde carácter ni agrado.*)

(*Las Gracias.*)

AGLAIA.   Al vivir damos gracia:
¡poned gracia en el dar!

---

[4] Aquí se alude a los poetas entonces de moda. Entre los Poetas de la Noche y los Sepulcros podrían estar E. T. A. Hoffmann

HEGEMONE. Poned gracia en el recibir también.
Conseguir el deseo, es muy hermoso.
EUFROSINE. Y encerrados en días de sosiego,
¡tenga el agradecer suprema gracia!
(Las Parcas⁵.)
ATROPOS. A hilar me han invitado
aunque soy la más vieja, esta ocasión:
hay mucho que pensar y meditar
en los sutiles hilos de la vida.
Para que os sea dúctil y flexible,
el hilo más delgado he refinado;
para que sea fino, liso, igual,
lo van a trabajar mis sabios dedos.
Si en el placer o el baile pretendierais
mostraros orgullosos en exceso,
no olvidéis que este hilo tiene un fin,
y ¡guardaos! no sea que se rompa.
CLOTO. Sabed, en estos días más recientes,
han puesto a mi cuidado la guadaña;
porque no ha sido muy edificante
lo que hizo nuestra vieja compañera.
Lanzaba los hilados más inútiles
hacia la luz y el aire,
y arrastraba a la tumba con su tajo
la esperanza de la mejor ganancia.
Yo también, sin embargo, muchas veces
con el ímpetu joven me extravié;
hoy, para mantenerme en mis fronteras,
las tijeras envaino.
Y así, con gusto estoy aquí sujeta,
y contemplo, propicia, este lugar:
y vosotros, en vuestras horas libres
no hacéis sino embriagaros más y más.
LAQUESIS. A mí, por ser la única sensata,
me han encargado el orden;
mi huso, aunque siempre activo,
jamás se ha apresurado.

y el inglés J. W. Polidori, autor de una novela titulada *El Vampiro.*
⁵ Según la mitología, Cloto hilaba el hilo de la vida, Laquesis lo devanaba y Atropos lo cortaba; aquí cambian sus papeles, conforme al ambiente festivo.

Llegan los hilos, van a mi carrete,
y no dejo a ninguno que se pierda:
a su órbita lo ajusto.
Si, por sólo una vez, me distrajera,
sentiría temor por este mundo;
se cuentan horas, se miden los años,
y el Tejedor recoge la madeja.

HERALDO.   Las que ahora vienen, no las conocéis,
aun versados en viejas escrituras;
y al verlas, aunque tanto daño causan,
quizá las llamaríais bien venidas.
Son las Furias, y nadie lo creerá:
¡bonitas, bien formadas y propicias!
Acercaos a ellas; notaréis
que estas palomas hacen de serpientes.
Cierto que disimulan, pero hoy día
que cualquier loco alaba sus defectos,
ellas no quieren fama angelical,
y confiesan que asolan urbe y campos.
            (Las Furias[6]*.)*

ALECTO.   ¡En vano! ¡Nos daréis vuestra confianza!
Somos jóvenes, lindas, lisonjeras;
si uno tiene un amor que es un tesoro,
le cuchichearemos al oído
hasta poder decirle cara a cara
que ella le guiña el ojo a alguno más,
que es tonta y jorobada, y que renquea,
y que no sirve para ser su esposa.
Y a la novia sabremos acosarla:
hace pocas semanas que su amigo
habló de ella de modo despectivo:
aunque se reconcilien, algo queda.

MEGERA.   ¡Eso es poco! Pues yo, después de unidos,
lo asumiré y sabré, en todos los casos,
con manías agriar la mejor dicha;
el hombre es desigual, como las horas.
Nadie abraza a su objeto deseado
dejando aquel placer que ya es costumbre;
ni huye del sol a calentar la escarcha.

---

[6] Las Furias clásicas aparecen aquí en una versión cortesana y
casi inofensiva, entrando en el humor de la fiesta.

Con todas esas cosas sé arreglármelas,
y llevo a mi Asmodeo[7], fiel amigo,
para esparcir a tiempo la desgracia,
hundiendo así a las gentes por parejas.

TISIFONTE. En vez de malas lenguas, aquí ofrezco
al traidor el veneno y el puñal;
si amas a otro, antes o después,
te habrá de penetrar la perdición.
En acíbar y hiel ha de cambiarse
lo más dulce que tenga aquel instante.
Aquí no hay regateo ni indulgencia:
lo que se cometió, debe expiarse.
¡Que nadie venga a hablar de perdonar!
A las rocas yo doy mi destemplanza.
¡Eco, escucha! Y responde allá: ¡Venganza![8]
Y el que cambia, no debe seguir vivo.

HERALDO. Apartaos a un lado, por favor,
pues lo que viene, no es como vosotras.
Observad cómo avanza una montaña[9]
con laderas cubiertas de colores;
largos colmillos, trompa serpentina;
si es enigma, ya os doy la solución.
Lo monta una mujer tierna y hermosa
que le guía con una fina vara;
la otra que arriba va en lucido orgullo
irradia un resplandor que me deslumbra.
A su lado, en cadenas, van mujeres
nobles: una con miedo y otra alegre;
ésa desea, y ésta vive libre.
¡Que hablen y manifiesten quiénes son!

TEMOR. Humeantes antorchas, luces, lámparas,
vela la confusión del festival:
en medio de estos rostros engañosos
las cadenas me tienen ¡ay! sujeta.
¡Adelante, ridículos risueños!

---

[7] Asmodeo: el demonio de los matrimonios, según la literatura diabólica del fin de la Edad Media.
[8] Hemos puesto rima para recoger el juego de palabras del eco; en el original, entre *Sache* y *Rache*.
[9] Un elefante, como símbolo de la Fuerza, guiado por la Prudencia, y llevando a la diosa de la Victoria —o de la Acción—; al lado, encadenados, van el Temor y la Esperanza. Se ha interpretado como alegoría de la buena política.

Vuestras muecas me llenan de sospechas:
todos mis enemigos
me acosan esta noche.
¡Aquí! un amigo se ha vuelto enemigo;
ya conozco su máscara.
Aquel otro quería asesinarme;
y ahora, descubierto, se ha escapado.
¡Ay, con qué gusto habría de escaparme
en cualquier dirección, rumbo hacia el mundo!
Pero la perdición allí amenaza,
y entre horror y tiniebla me retiene.

ESPERANZA. Mis queridas hermanas, os saludo:
os habéis divertido ayer y hoy
con disfraces y máscaras:
pero sé con seguridad que todas
os quedaréis mañana al descubierto.
Y si entre el resplandor de las antorchas
no nos hallamos demasiado a gusto,
en días más alegres
a nuestra voluntad completamente,
por hermosas praderas andaremos,
tan pronto en compañía como solas,
descansando y haciendo nuestro gusto,
y en una vida libre de cuidados,
sin privación, con todo;
en todas partes, como gratas huéspedes,
avancemos henchidas de confianza:
seguramente debe lo mejor
poder hallarse al fin en algún sitio.

PRUDENCIA. Tengo en cadenas dos de los mayores
enemigos del hombre: la Esperanza
y el Temor: aquí, lejos de la gente:
abrid paso, que estáis salvados ya.
Ved cómo voy guiando a mi gigante
cargado con su torre,
y él sin tropiezo avanza
por el sendero abrupto paso a paso.
Pero arriba en la cumbre
está la diosa de las raudas y anchas
alas, presta a volar a cualquier lado
para obtener ganancia:
se rodea de gloria y de fulgor,

y brilla a todas partes, hasta lejos;
se llama la Victoria,
y es la diosa de toda actividad.

ZOILO-TERSITES[10].

¡Uh, uh, ya vengo aquí, precisamente
a criticar muy mal a todos juntos!
Mas lo que me he propuesto como blanco
es la Doña Victoria de allá arriba.
Con esas blancas alas
se cree que es un águila,
y adondequiera acuda
son suyas las naciones y las tierras.
Pero donde se logre algo glorioso,
con furia yo me pongo en marcha al punto.
Arriba lo profundo, abajo lo alto,
recto lo curvo, curvo lo derecho,
esto sólo a mi gusto me hace estar,
y así lo quiero en toda la ancha tierra.

HERALDO.

Perro andrajoso, ¡que te toque entonces
con golpe magistral la pía vara,
y tuércete y retuércete al momento!
Esta doble figura enana, pronto
se hace una bola, en un bulto asqueroso.
Pero ¡oh prodigio! el bulto se hace un huevo,
que se hincha y se parte en dos mitades.
Y sale una pareja de mellizos,
salen fuera el murciélago y la víbora;
el uno vuela, negro, por los techos,
y la otra en el polvo se retuerce.
Se dan prisa a salir para juntarse:
no querría servirles de tercero.

MURMULLOS.   ¡Pronto! allí atrás ya bailan...
¡No! Prefiero alejarme...
¿Sientes cómo nos ciñe con su vuelo
esa raza espectral?
Por el pelo zumbarme siento un roce...
Yo lo he notado, en cambio, por los pies...
Ninguno de nosotros está herido...

---

[10] La mala crítica —aquí, Mefistófeles enmascarado—: Zoilo fue
un retórico ateniense que criticó agriamente la obra de Homero;
Tersites es el murmurador maligno en el sitio de Troya.

Pero todos estamos aterrados...
Se echó a perder la broma...
Eso es lo que querían estas bestias...
HERALDO. Desde que tengo en estas mascaradas
encomendada la función de heraldo,
vigilo estrictamente las entradas,
para que nada malo se os deslice
aquí, en este lugar de diversión;
y nunca he vacilado ni he cedido.
Pero me temo que por las ventanas
se están metiendo espíritus aéreos;
y de encantos y hechizos
no sabría libraros.
El enano se ha vuelto sospechoso,
y ahora atrás hay fuerzas en torrente.
Como heraldo, quisiera revelaros
la significación de estas figuras.
Pero lo que no logro comprender
no sabría explicároslo tampoco:
¡ayudadme a entenderlo!
¿Lo veis abrirse paso entre la gente?
En lujosa cuadriga
va avanzando entre todo;
pero no toca a nadie, de la gente,
ni veo en ningún sitio que se agolpen.
Lejos, hay centelleos de colores,
mientras yerran polícromas estrellas
como en linterna mágica, y avanza
todo acá, con rugiente tempestad.
¡Paso, sitio! ¡Me siento estremecer!
MUCHACHO COCHERO[11].
¡Alto! Plegad, corceles, vuestras alas,
y tascad vuestro freno acostumbrado;
dominaos igual que yo os domino,
y disparaos cuando yo os impulso...
¡Honremos estos sitios!
Mirad alrededor cómo se aumentan
los que contemplan, círculo tras círculo.

---

[11] En una carroza tirada por dragones, llega Pluto (la Riqueza
—Fausto—); detrás va subida la Avaricia (Mefistófeles), y en el
pescante, el Muchacho Cochero representa la Prodigalidad y la
Poesía.

¡Vamos, Heraldo! empieza, a tu manera,
antes de que volemos y os dejemos,
a nombrarnos, empieza a describirnos;
porque no somos sino alegorías
y por tanto, nos debes conocer:

HERALDO. No sabría nombraros;
pero sí que podría describirte.

MUCHACHO COCHERO.
¡Pues pruébalo!

HERALDO.   Preciso es confesarlo:
eres joven y hermoso, por lo pronto.
Mozo a medio crecer, y las mujeres
te querrían ya ver hecho y derecho.
Creo que vas a ser un buen galán,
un seductor de raza.

MUCHACHO COCHERO.
¡Me gusta oírlo! Sigue y averigua
la linda solución del acertijo.

HERALDO. ¡Los ojos de fulgor negro, la noche
de los rizos, que alegra una diadema!
¡Y qué hermoso ropaje fluye y cae
desde tus hombros hasta tus tobillos,
con un borde de púrpura esplendente!
Se podría juzgarte una muchacha,
pero para tu suerte o tu desgracia,
lo pasarías bien entre muchachas
y ellas el A-B-C te enseñarían.

MUCHACHO COCHERO.
¿Y aquel que con espléndida figura
en el trono del coche va luciéndose?

HERALDO. Parece un soberano, afable y rico;
¡dichoso aquel que obtenga su favor!
No tendrá nada ya que pretender;
si algo falta, lo advierte su mirada
y su pura alegría en regalar
es más que el poseer y la fortuna.

MUCHACHO COCHERO.
No te puedes quedar aquí parado:
tienes que describirle exactamente.

HERALDO. Lo digno no se puede describir.
¡Qué rostro saludable, en luna llena,
boca gruesa y mejillas florecidas,

luciendo entre las joyas del turbante;
qué riqueza en los pliegues de su manto!
¿Y qué voy a decir de su elegancia?
Creo que le conozco que es un rey.

MUCHACHO COCHERO.
  ¡Pluto se llama, el dios de la riqueza!
  Viene en persona aquí, con todo lujo,
  porque el Emperador desea verle.

HERALDO.   ¡Di por ti mismo el cómo y el porqué!

MUCHACHO COCHERO. Yo soy la poesía y el derroche,
  el poeta que llega a plenitud,
  al derrochar su propia posesión.
  Yo soy también inmensamente rico,
  y en rango me reputo igual a Pluto;
  yo le adorno y animo sus festines,
  y le sé procurar lo que le falta.

HERALDO.   Te está muy bien tener tal presunción,
  pero haznos ver tus artes y artificios.

MUCHACHO COCHERO.
  Con que chasque los dedos solamente,
  ved qué fulgor y brillo en torno al coche.
  ¡Ved cómo sale aquel collar de perlas!
    (Sigue chasqueando los dedos a una lado y a otro.)
  ¡Para orejas y cuello, broches de oro;
  peinetas y coronas en anillo;
  también lanzo de vez en cuando llamas
  aguardando a ver dónde han de prender!

HERALDO.   La buena gente ¡cómo lo arrebata!
  Casi aplastan al mismo que lo da.
  Lanza joyas chascando, como un sueño,
  y en la amplia sala todos se pelean.
  Pero estoy viendo ya otro nuevo truco:
  lo que con avidez tal agarraron,
  les resulta una mala recompensa:
  se disuelve el regalo, se deshace.
  Aquel collar de perlas se disipa
  en insectos que bullen por la mano;
  el pobre que lo tuvo, los sacude
  y le zumban en torno a la cabeza.
  Y los demás, en vez de cosas sólidas,
  atrapan mariposas insolentes.
  El pícaro que tanto prometía

sólo concede brillo de oropeles.

Muchacho Cochero.

Veo que anunciar sabes a las máscaras
pero explorar la esencia tras lo externo,
no es cosa para heraldos de la Corte:
eso exige una vista más aguda.
Pero no quiero entrar en discusiones;
a ti, señor, dirijo mis preguntas.

(Volviéndose a Pluto.)

¿No me has encomendado el torbellino
de estos cuatro caballos enganchados?
¿No guío felizmente, como mandas?
¿No estoy donde me indicas tú llegar?
¿Y no supe ganar con atrevido
empuje, para ti, la palma? Cuantas
veces luché por ti
me acompañó la suerte.
Cuando adornó el laurel tu frente ¿acaso
no lo trencé con maña y atención?

Pluto. Si tengo que prestarte testimonio,
de buen grado diré: Tú eres espíritu
de mi espíritu. Actúas
conforme a mi sentir, en todo instante,
y eres aún más rico que yo mismo.
Aprecio, como paga de tus méritos,
la rama verde más que mis coronas.
Palabra de verdad os digo a todos:
Hijo querido, en ti tengo mi agrado.[12]

Muchacho Cochero *(a la gente)*.

Los mayores regalos de mi mano,
¡mirad! están en torno derramados.
En tal o cual cabeza resplandece
una llamita que he prendido yo,
saltando de una en otra,
se para en una, escapa luego a aquélla,
y raramente prende y sube a lo alto,
ardiendo rauda en breve florecer;
pero se les extingue, en cambio, a muchos,
antes de darse cuenta, tristemente.

Charloteo de Mujeres.

---

[12] Hay aquí un eco, casi irreverente, de *Mateo*, 4, 7.

El de encima del coche de caballos
seguramente que es un charlatán;
lleva atrás a Hanswurst[13] acurrucado,
consumido del hambre y de la sed,
como nunca le había visto nadie;
por más que le pellizquen, no lo nota.

EL ENFLAQUECIDO[14]. ¡Lejos de mí, asqueroso mujerío!
Sé que nunca me veis con buenos ojos.
Cuando aún se ocupaba la mujer
del hogar, yo Avaricia me llamaba:
en casa, entonces todo andaba bien:
entraba mucho y no salía nada.
Yo, de cestos y cofres me ocupaba;
¡quién dirá que está mal la diligencia!
Pero como en los años más recientes
las mujeres no suelen ahorrar,
y, como toda mala contadora
tiene más apetencias que dineros,
le queda al hombre mucho que aguantar,
y adondequiera mire, hay deudas siempre.
Lo que pueda reunir, ella lo gasta
en su cuerpo o su amante; y también come
mejor y bebe más con el ejército
miserable de los galanteadores;
esto hace en mí crecer el ansia de oro:
y en masculino estoy: ¡soy el Avaro!

CORIFEA DE LAS MUJERES.
Que el dragón sea avaro con dragones;
al fin, todo es mentira y es engaño.
A excitar a los hombres éste viene,
y ya son suficientemente incómodos.

MUJERES EN MASA.
¡Hombre de paja! ¡Dadle bofetadas!
¿Para qué nos molesta esta picota?
¿Nos vamos a asustar de sus visajes?
Son dragones de palo y de cartón.
¡Adelante con él y dadle fuerte!

HERALDO. ¡Obedeced mi vara! ¡Estaos quietas!
Pero apenas os es útil mi auxilio;

---

[13] Hanswurst es el Polichinela alemán; en general, un tipo grotesco.
[14] El Enflaquecido es Mefistófeles.

mirad cómo los monstruos iracundos
han conseguido pronto tener sitio
y despliegan sus dos parejas de alas.
Coléricos, se agitan los dragones
escamosos, con ira, y echan fuego;
huye la gente, y queda libre el sitio.
                (Pluto baja del coche.)

HERALDO.   ¡Con cuánta majestad ha descendido!
Hace señas, se mueven los dragones,
y han traído del coche las arquetas
cargadas de oro y llenas de codicia.
Ahí están a sus pies:
es un prodigio cómo ha sucedido.

PLUTO *(al Cochero).*
Ya que estás libre de ese horrible peso,
libre y franco, ¡a tu esfera corre, pues!¹⁵
¡No está aquí! Aquí, ruidosas y agitadas,
nos rodean visiones espectrales.
¡Sólo donde a lo claro miras claro,
y eres dueño de ti y en ti confías,
ve allá donde lo bello y bueno agrada,
en soledad! Y crea allí tu mundo.

MUCHACHO COCHERO.   Por estimarme digno embajador
te quiero como próximo pariente.
Donde estás, hay riqueza; donde estoy
todos notan espléndida ganancia.
En la inconstante vida, él duda mucho.
¿Debe entregarse acaso a ti o a mí?
Los tuyos, en verdad, pueden dormir,
mas quien me sigue, siempre tiene empleo
Yo no hago mis acciones en lo oculto,
respiro sólo y ya me he revelado.
¡Adiós, pues! Tú me otorgas ya mi dicha;
pero llama en susurro, y pronto vuelvo.
                (Se va, como vino.)

PLUTO.   Hora es de dejar libres los tesoros.
Al tocar con la vara del heraldo
los candados ¡mirad! se abren: en ollas
de bronce surge una áurea floración:
anillos y coronas y cadenas,

---

¹⁵ La Riqueza envía a la Poesía a su lugar propio, la soledad.

todo hierve, agitándose fundido.

CLAMORES ALTERNADOS DE LA GENTE.

¡Mirad aquí qué ricamente fluye!
El cofre está repleto hasta los bordes,
se funden los dorados recipientes,
salen rodando piezas acuñadas...
saltan ducados como recién hechos:
¡cómo me agita el pecho el verlo! ¡cómo
veo ante mí el objeto de mis ansias!
Lo veo revolcarse por el suelo.
Si os lo dan, en seguida aprovechaos,
v de agacharos sólo os haréis ricos.
Los demás, tan veloces como el rayo,
nos apoderaremos de ese cofre...

HERALDO.

¿Qué es eso, locos? ¿Qué venís a hacerme?
Esto es sólo una broma de disfraces.
Esta noche no debe ansiarse más:
¿creéis que os van a dar oro y valores?
En este juego, ya tenéis bastante
incluso si os regalan calderilla.
Necios, ¿una apariencia habilidosa
a la verdad rotunda ha de igualar?
¿Qué hacéis con la verdad? Un loco hechizo
se os ha metido en la cabeza a todos.
Tú, Pluto disfrazado, héroe de máscaras,
¡apártame de en medio a todos éstos!

PLUTO.   Tu vara es adecuada a tal objeto;
préstamela un momento: brevemente
la meteré en el fuego y el ardor:
¡ahora, mascaritas, atención!
¡cómo chisporrotea y centellea!
La vara ya está al rojo
y quien se acerque mucho
queda abrasado sin misericordia.
Ahora empezaré a pasar mi ronda.

GRITERÍO ·Y TUMULTO.

¡Contra nosotros viene, desgraciados!
¡Escápese el que pueda!
¡Atrás, atrás, la gente de ahí atrás!
¡Me salpica y me quema por la cara!
¡Me aplasta el peso de esa vara ardiente!

Todos estamos ya perdidos, todos...
¡Atrás, atrás, inundación de máscaras!
¡Atrás, atrás, montón de gente loca!
Echaría a volar, si alas tuviera...
PLUTO.   El corro ya se ha echado para atrás,
y nadie se ha abrasado, me parece.
La gente va cediendo,
está muy asustada...
Pero en prenda de tal ordenación
voy a trazar un círculo invisible.
HERALDO.   Has cumplido un magnífico trabajo:
a tu prudente fuerza lo agradezco.
PLUTO.   Paciencia todavía, noble amigo:
aún muchos tumultos amenazan.
AVARICIA[16].   Se puede contemplar, si se desea,
este corro, con toda diversión;
pues siempre están delante las mujeres
si hay qué curiosear o qué mirar.
¡Y yo no estoy del todo enmohecido!
Una guapa mujer es siempre guapa,
y ahora, como no me cuesta nada,
vamos con valentía a pretender.
Pero como está el sitio rebosante
ciertas palabras no pueden oírse;
buscaré con prudencia a ver si hay suerte
y me hago comprender con pantomimas.
No bastan pies y manos y ademanes,
y tengo que emprender alguna farsa:
trataré el oro como arcilla blanda:
porque este metal puede hacerse todo.
HERALDO.   Este loco famélico ¿qué intenta?
¿Posible es que un hambriento tenga humor?
Está volviendo pasta todo el oro,
que se le pone blando entre las manos;
y por más que lo aprieta y le da vueltas
sigue siempre sin forma.
Ahora se dirige a las mujeres:
todas gritan y quieren escaparse,
y le hacen ademanes de rechazo:

---

[16] «Avaricia» en alemán es palabra masculina, *Geiz*. Mefistófeles,
pues, al presentarse como Avaricia, habla de las mujeres como
hombre.

el pícaro se muestra bien dispuesto
al mal; temo que incluso se divierte
si puede la decencia quebrantar.
No he de seguir callado ante tal cosa:
¡dadme mi vara y voy allá a expulsarle!

PLUTO.   ¡No sospecha qué puede amenazarnos
desde fuera! ¡Dejadle hacer locuras!
Para sus bromas, no tendrá ya sitio:
fuerte es la ley, más fuerte es el apuro.

ESTRÉPITO Y CANTOS.   Viene ahora el ejército salvaje
desde las cimas y desde los bosques
del valle, en un avance irresistible:
vienen a festejar a su gran Pan[17].
Pero saben lo que no sabe nadie,
e irrumpen en el círculo vacío.

PLUTO.   ¡Os conozco muy bien, y a vuestro Pan!
Pasos osados juntos habéis dado.
Lo que no todos saben, yo lo sé,
y abro, como se os debe, el cerco estrecho.
¡Ojalá tenga siempre buena suerte!
Puede ocurrir lo más maravilloso:
no saben hacia dónde van sus pasos,
no han hecho previsiones para sí...

CANTOS SALVAJES.   ¡Gente adornada, toda lentejuelas!
Vienen groseros, llegan rudamente,
en altos saltos, rápidas carreras;
vienen, gentes audaces y robustas.

FAUNOS.   La bandada de faunos
en baile placentero;
la guirnalda de encina
con el pelo rizado
y con la oreja fina y puntiaguda
que asoma entre los rizos;
una chata nariz, un ancho rostro,
eso, nunca va mal con las mujeres:
cuando extiende la pata el fauno, no hay
mujer hermosa que le niegue el baile.

SÁTIRO.   Viene detrás el sátiro brincando
con pezuña de chivo y pata hirsuta;
delgadas y nerviosas son sus patas

---

[17] El «gran Pan» es aquí el Emperador disfrazado.

y en la cumbre del monte, como un gamo,
se divierte mirando alrededor.
Le anima el aire de la libertad:
se burla de hombres, niños y mujeres,
que, hundidos en la niebla de los valles,
creen que también viven, muy a gusto,
mientras a él le queda, puro y libre,
el mundo de la altura para él solo.

GNOMOS. Aquí un pequeño grupo viene al trote,
y no le gusta andar de dos en dos;
con su traje musgoso y lamparitas
moviéndose de prisa, entremezclándose,
y atendiendo a lo suyo cada cual;
lo mismo que un enjambre de luciérnagas,
y al andar diligentes y agitados,
en su atareamiento se entrecruzan.
Parientes de los buenos enanitos,
famosos como médicos de monte,
sangramos a las más altas montañas,
sacando de sus venas y filones;
a montones, metales arrancamos,
después de saludarnos: ¡Buena suerte![18]
La mejor intención es nuestra mira:
somos amigos de los hombres buenos.
Pero el oro sacamos a la luz,
que pueda corromper y ser robado,
y procuramos hierro al orgulloso
que proyecta matar en gran escala.
Y quien desprecia los tres mandamientos[19]
tampoco toma en cuenta los demás.
Pero no es culpa nuestra; tened, pues,
paciencia siempre, igual que la tenemos.

GIGANTES. A nosotros nos llaman los salvajes,
y en los montes del Harz somos famosos;
con toda fuerza, en cueros naturales,
andamos todos juntos, gigantescos;
con un tronco de pino por bastón,
un tosco cinturón en torno al cuerpo,
y el más recio mandil de ramas y hojas;

---

[18] *Glückauf!*, el saludo de los mineros; algo así como ¡suerte para volver a subir!
[19] No robar, no matar, no fornicar...

tales guardias de corps no tiene el Papa.
NINFAS A CORO (*rodeando al gran Pan*).
  ¡Éste también acude!
El Todo de este mundo[20]
está representado
en el grandioso Pan.
Vosotras, las alegres, rodeadle,
juguetonas, cercadle en loca danza,
porque siendo sincero y bondadoso
quiere que todo el mundo esté contento.
También bajo la bóveda celeste
se mantenía en vela sin cesar;
mas le arrullan los ríos, y las brisas
le mecen en la calma con dulzura.
Y cuando se adormece a mediodía,
no se mueven las hojas en las ramas:
sano aroma de plantas saludables
llena el silencio inmóvil de los aires;
la ninfa ya no puede estar vivaz,
y, donde esté, se queda adormecida.
Pero entonces, violenta y bruscamente,
se escucha resonar la voz de Pan,
como golpe de rayo o mar rugiente,
y nadie sabe desde dónde viene;
se dispersa el ejército valiente
en el campo, y al ruido el héroe tiembla.
¡Honor, pues, a quien toca tal honor,
  y salve a aquel que aquí nos ha traído!
DELEGACIÓN DE LOS GNOMOS (*al gran Pan*).
Cuando el rico filón esplendoroso
a través de las grietas surge en venas,
y sólo el zahorí con su varita
sabia puede seguir su laberinto,
nosotros construimos en oscuras
cavernas nuestras casas trogloditicas,
y a los aires del día puro sacas
y dispensas, gracioso, los tesoros.
Ahora descubrimos aquí al lado
una fuente, de modo prodigioso,

---

[20] Se hace un juego de palabras y conceptos, como si el dios Pan
—el de la religiosidad «pánica»— fuera *pan* en su significado griego de «todo» —de donde se dice «panteísmo».

que nos promete dar, cómodamente,
lo que apenas podría ser logrado.
Llevarlo a cabo tú lo has conseguido:
bajo tu protección, señor, acéptalo;
todo tesoro puesto entre tus manos
al mundo entero da sus beneficios.

PLUTO (*al Heraldo*).   Hemos de adoptar ánimo elevado,
y ver pasar confiados lo que pase;
siempre tuviste el más recio valor.
Ahora va a pasar algo espantoso:
mundo y posteridad lo negarán:
tú anótalo fielmente en tus archivos.

HERALDO (*tomando la vara que tiene Pluto en la mano*).
Los enanos se llevan al gran Pan
al manantial de fuego, quedamente,
que rebulle en el más profundo hondón
y luego vuelve a hundirse en el abismo:
su oscura boca está de par en par,
y se agita otra vez, hirviendo en fuego.
El gran Pan, con buen ánimo, se acerca
a disfrutar de cosa tan extraña,
y la espuma de perlas le salpica.
¿Cómo tiene confianza en cosa tal…?
Se inclina a mirar dentro, en lo profundo…
¡Pero se le cayó la barba dentro!
El del mentón lampiño, ¿quién será?
La mano nos le oculta a la mirada.
Una enorme desgracia ocurre ahora:
la barba se ha inflamado y vuela atrás;
le arde el pecho, la cara, la corona;
¡la alegría, en dolor se ha transformado!
La gente acude ya a apagar el fuego,
pero nadie se escapa de las llamas,
y con el pataleo y con los golpes,
se levantan más llamas: confundido
en el ígneo elemento se ha abrasado
un pelotón de máscaras entero.
Pero ¡qué es lo que escucho que nos dicen
y corre por aquí de boca en boca!
¡Oh noche eternamente desgraciada,
qué dolor nos trajiste!
El inmediato día anunciará

lo que nadie oirá de buena gana,
pero escucho gritar por todas partes:
«¡El Emperador sufre grandes penas!»
¡Oh si fuera verdad algo distinto!
¡Arde el Emperador y arde su séquito!
Maldita sea aquella que le indujo
a enredarse en raíces resinosas,
alborotando en cantos desatados,
para ruina y catástrofe de todos.
Oh juventud, ¿jamás respetarás
la medida más pura en tu alegría?
¡Oh nobleza elevada! ¿no ha de ser
jamás tu sensatez como tu fuerza?
El bosque ya está en llamas, agitando
lenguas que se levantan y que lamen
las vigas de madera de los techos;
incendio universal nos amenaza.
Ya no tiene medida la aflicción;
yo no sé quién podrá salvarnos de esto.
Todo el lujo imperial será mañana
un montón de cenizas de una noche.
PLUTO.   Ya está el terror de sobra difundido,
¡ahora ha de traerse alguna ayuda!
¡Golpea, saca fuerzas de mi vara,
hasta que el suelo tiemble y se estremezca!
Aire espacioso y ancho,
¡llénate de un aroma que refresque!
¡Acercaos, venid a congregaros;
nubes preñadas, nieblas en vapores,
a cubrir el ardor de estos incendios!
Nubecillas, lloved y deshaceos,
con susurros corred y condensaos;
contra el fuego luchad en todas partes,
convertid en fulgores de tormenta
el vanidoso juego de las llamas.
Si amenazan dañarnos los espíritus
aplicarse la magia deberá.

JARDÍN DE RECREO

Mañana de sol

*El Emperador, con cortesanos. Fausto y Mefistófeles,
elegantemente vestidos a la moda, sin llamar la
atención, y ambos de rodillas.*

FAUSTO.   Señor, ¿perdonas ese juego en llamas?
EMPERADOR *(haciéndoles señal de que se levanten).*
Me gustan mucho bromas semejantes.
Me hallé de pronto en una ardiente esfera;
me parecía ser yo mismo Pluto.
De noche y de carbón, un precipicio
ardía en llamas, y en algunas grietas
se alzaba fuego en locos remolinos,
como antorchas, uniéndose en la bóveda.
Sus lenguas, en la cúpula más alta,
la hacían y otra vez la deshacían.
Por columnas de fuego, en lontananza,
vi moverse las líneas de los pueblos;
acudían en ancho cerco, y como
siempre, a dar homenaje concurrían.
Reconocí a unos pocos de mi Corte;
parecía yo un rey de salamandras.
MEFISTÓFELES.   Lo eres, pues sin reserva reconocen
tu majestad todos los elementos.
La obediencia del fuego has puesto a prueba;
échate donde el mar tenga más furia,
y en cuanto el fondo toques, y sus perlas,
en torno a ti se hará una esfera espléndida,
verás moverse leves ondas glaucas,
y con orla de púrpura, servirte
de morada, en tu centro. A cada paso,
donde vayas, te siguen los palacios.
Aun los muros disfrutan de la vida,
como dardos volando, acá y allá.
Monstruos de mar vendrán a ver la suave
visión, y no entrarán aunque se lancen.

Dragones de áurea escama abigarrada
jugarán, y reirás del tiburón.
Aunque hoy la Corte en torno se te encienda,
no habrás visto un tumulto semejante.
Ni lo más placentero ha de faltarte:
se acercarán curiosas las Nereidas,
en el frescor eterno, a tu morada,
las jóvenes, lascivas como peces
y tímidas: las viejas, más prudentes.
Pronto lo sabrá Tetis[1]: mano y boca
dará al nuevo Peleo, y el asiento
le mostrará en la corte del Olimpo...

EMPERADOR.   Los espacios del aire, te los dejo:
a ese trono se sube antes de tiempo.

MEFISTÓFELES.   Y la tierra, señor, la tienes ya.

EMPERADOR.   ¿Qué buena suerte te ha traído aquí
de las Mil y Una Noches, tan derecho?
Si en abundancia a Scheherazada igualas;
te prometo la gracia más excelsa.
Tente dispuesto para días tristes
en que el mundo me suele repugnar.

MARISCAL (*entra apresurado*).
Majestad, en mi vida he imaginado,
anunciar una dicha más hermosa
que ésta, que ahora tanto me entusiasma
al hacerme llegar a tu presencia:
se han pagado las cuentas, y las ganas
de la usura han quedado satisfechas;
libre estoy de tal pena del infierno:
ni en el Cielo estaría más alegre.

JEFE DEL EJÉRCITO (*le sigue apresurado*).
En punto hemos pagado a los soldados;
la tropa entera ha vuelto a contratarse;
los lansquenetes sienten nuevos ánimos;
se alegra el tabernero y sus muchachas.

EMPERADOR.   ¡Con qué anchura respira vuestro pecho,
se alegra vuestro rostro contraído!
¡Con qué prisa acudís a mi presencia!

TESORERO (*uniéndose a los demás*).
Preguntadles a éstos quién lo ha hecho.

---

[1] La más importante de las Nereidas; esposa de Peleo y madre
de Aquiles.

Fausto. Toca exponer la cosa al Canciller.
Canciller *(avanzando despacio)*.
  Bastante dicha tengo en mi vejez.
  Oíd y ved este papel fatídico,
  que ha transformado en bien todo dolor.
  (Lee.) «Se hace saber a cuantos esto vieren:
  esta cédula vale mil coronas.
  Como fianza segura lleva en prenda
  un sinfín de tesoros enterrados
  en el Imperio. Se ha ordenado, apenas
  sacados, que por ésta se canjeen.»
Emperador.
  ¡Me parece un horrible engaño, un crimen!
  ¿Quién imitó mi rúbrica imperial?
  ¿Ha de quedar impune tal delito?
Tesorero. Recuérdalo: tú mismo lo has firmado
  anoche. Cuando hacías de gran Pan,
  el Canciller te habló así, con nosotros:
  «Otorga la mayor dicha festiva,
  la salvación del pueblo, con tu firma».
  Firmaste, en claro, y esa misma noche,
  grabadores a miles lo imprimieron.
  Para que el beneficio llegue a todos,
  la serie entera hicimos en seguida:
  de diez, de treinta, de cincuenta y cien.
  No piensas cuánto bien le ha dado al pueblo.
  Y tu ciudad, en muerte casi hundida,
  ve cómo vive y zumba de alegría.
  Aunque tu nombre ya era grato al mundo,
  nunca se le miró con tal cariño.
  Ahora el alfabeto está de sobra;
  con esas letras[2] todos son felices.
Emperador. ¿Y mi gente lo acepta igual que el oro?
  A la Corte y Ejército ¿les sirve
  de paga? Aunque me extraño, he de dejarle.
Mariscal. No podrían frenarse estos papeles;
  se han puesto en marcha igual que una centella:
  las bancas, día y noche, están abiertas,
  y en ellas se hace honor a los billetes
  en oro y plata; claro, con descuento.

---

[2] Las de la firma del Emperador.

Desde allí todos van al carnicero,
al panadero, y luego a la bodega:
medio mundo se ocupa de festines
y otro medio presume en traje nuevo:
corta tela el pañero, el sastre cose.
«¡Viva el Emperador!», gritan, bebiendo
en las tabernas, con chascar de platos.

MEFISTÓFELES. Quien a solas pasee en las terrazas
a las bellas verá, muy adornadas,
tapándoles un ojo el abanico
de pavo real, con pícara sonrisa;
echando una ojeada a los billetes
que, más que todo ingenio y elocuencia,
nos obtienen favores amorosos.
No hay que pensar en bolsas ni bolsillos;
un papel en el pecho es cosa cómoda,
junto con los billetes amorosos.
Lo lleva el sacerdote en el breviario
con piedad, y el soldado se despoja
del cinturón para gastarlo pronto.
Su Majestad perdone si parezco
rebajar su alta obra a lo menudo.

FAUSTO. La abundancia de inmóviles tesoros,
quietos en lo profundo de tus tierras,
se desperdicia. No hay quien imagine
adónde llegar puede tal riqueza;
la fantasía, en su más alto vuelo,
se esfuerza y no lo logra nunca: en cambio
todo espíritu digno de intuirlo
sin límites confía en su abundancia.

MEFISTÓFELES. Tal papel, en lugar del oro y perlas,
es cómodo, y se sabe qué se tiene;
no hace falta pesarlo ni cambiarlo
para embriagarse en vino y en amor.
Si se quiere metal, siempre hay cambistas,
y si falta, se cava el suelo un rato:
se subastan las joyas y cadenas
y el papel se amortiza, con vergüenza
del escéptico que antes se burlaba.
Nada es mejor, en cuanto se acostumbra.
Desde hoy, pues, en las tierras imperiales
habrá oro, joyas y papel bastantes.

EMPERADOR. Mi Imperio te agradece este alto bien;
si es posible, mi premio sea igual.
Te confío el subsuelo del Imperio;
serás digno guardián de los tesoros.
Conoces su riqueza bien guardada:
que se excave por orden tuya sólo.
Ponte de acuerdo con el Tesorero,
y cumple alegremente tus deberes,
que en unidad feliz, ponen de acuerdo
el mundo superior con el de abajo.

TESORERO. No tendremos discordia entre nosotros:
me gusta de colega el hechicero. *(Sale con Fausto.)*

EMPERADOR. Obsequiaré a la Corte, uno por uno,
si me confiesan cómo van a usarlo.

PAJE *(recibiendo)*. A gusto viviré con cosas buenas.

OTRO *(igual)*. Le llevaré a mi amor collar y anillo.

CAMARERO *(recibiendo)*.
Desde hoy beberé vinos aún mejores.

OTRO *(recibiendo)*.
Los dados saltar siento en el bolsillo.

ABANDERADO *(con gravedad)*.
De deuda libraré mi casa y campo.

OTRO *(igual)*. A este tesoro añadiré tesoros.

EMPERADOR. Esperaba valor para otras gestas,
pero quien os conoce, que os entienda.

BUFÓN[3] *(acudiendo)*.
¡Si dais mercedes, tengo yo una parte!

EMPERADOR.
¿Vivo otra vez? ¡En vino has de gastarlo!

BUFÓN. No entiendo estos papeles hechiceros.

EMPERADOR. Lo creo, porque no sabes usarlos.

BUFÓN. Aquí echan más: no sé qué hacer con ellos.

EMPERADOR. Tómalos: te han tocado.

BUFÓN. ¿Cinco mil
coronas me han caído entre las manos?

EMPERADOR. Odre en dos pies, ¿y ya has resucitado?

BUFÓN. Muchas veces, pero jamás tan bien.

MEFISTÓFELES. Tanta alegría tienes, que hasta sudas.

BUFÓN. A ver, ¿y esto es dinero de verdad?

---

[3] Es el Bufón a quien antes se creyó muerto, y que fue susti-
tuido por Mefistófeles.

MEFISTÓFELES.   Tienes para el gaznate y la barriga.
BUFÓN.   ¿Puedo comprar ganado, tierra y casa?
MEFISTÓFELES.   ¡Claro! Basta que ofrezcas, y ya está.
BUFÓN.   ¿Y un castillo con bosque y mucha pesca?
MEFISTÓFELES.   ¡Claro! Querría verte hecho un
señor.
BUFÓN.   ¡Esta tarde presumo en mis dominios!
(Se va.)
MEFISTÓFELES.   ¿Quién duda del ingenio de este loco?

GALERÍA OSCURA

MEFISTÓFELES.   ¿Por qué me traes a oscuros pasadizos?
¿No hay bastante alegría por allí,
y en el tumulto espeso de la Corte
no hay ocasión de engaños y de bromas?
FAUSTO.   Déjate de eso; en días ya remotos
has gastado de sobra tal estilo.
Pero ahora tu andar de un sitio a otro
sólo es para esquivarme tu palabra.
Con todo, tengo anhelos de hacer algo:
me incitan Mariscal y Chambelán.
El Emperador quiere que, al momento,
a Elena y Paris[1] le haga ver delante:
los arquetipos de hombre y de mujer
quiere verlos de cerca y claramente.
¡Pronto! Debo cumplirle mi palabra.
MEFISTÓFELES.   Fue necio prometerlo a la ligera.
FAUSTO.   Amigo mío, no has considerado
dónde a parar iremos con tus artes:
le hemos enriquecido, por lo pronto,
y ahora le debemos divertir.
MEFISTÓFELES.   Es locura pensar que se haga al pun-
estamos ante pruebas más abruptas,   [to:]
entrando en un dominio muy extraño,

---

[1] Elena, la ocasión de la guerra de Troya, como arquetipo de
la belleza femenina: Paris, su raptor, aparece aquí en cuanto modelo de belleza masculina.

y al fin harás más deudas criminales.
¿Es tan fácil hacer surgir a Elena
como el fantasma del papel-moneda?
Si quieres brujas, sombras de fantasmas
y enanos con paperas, te obedezco;
mas las novias del diablo —no lo digo
por crítica— no sirven de heroínas.

FAUSTO. ¡Ya estamos con la vieja cantilena!
Contigo siempre andamos inseguros.
Eres padre de todo inconveniente;
por cada favor quieres nueva paga.
Sé que esto se hace con algún murmullo;
tú la traes en menos que se dice.

MEFISTÓFELES. Esa gente pagana no me gusta;
tienen su propio infierno, donde viven,
pero sí hay un remedio.

FAUSTO.   ¡Habla y no tardes!

MEFISTÓFELES.
No es bueno descubrir tan gran misterio...
Hay diosas en sus tronos solitarios,
que no rodea el tiempo ni el espacio;
resulta muy difícil hablar de ellas.
¡Son las Madres²!

FAUSTO *(asustado).*
                    ¡Las Madres!

MEFISTÓFELES.   ¿Te estremeces?

FAUSTO. ¡Las Madres! ¡Madres! ¡Suena tan extraño!

MEFISTÓFELES. Y así es. Diosas son, desconocidas
vuestras, y que no nos gusta nombrar.
Buscando su morada, baja a lo hondo:
si ellas nos hacen falta, es por tu culpa.

FAUSTO. ¿Por dónde?

MEFISTÓFELES.   ¡No hay camino! A lo no hollado,
que jamás se hollará; a lo inaccesible
y no alcanzado: ¿estás ya preparado?
No hay cerrojos ni llaves que mover;
la soledad habrá de rodearte.
¿Sabes lo que es desierto y soledad?

FAUSTO. Podrías ahorrarte esas palabras.

---

² Goethe dijo haber tomado de Plutarco el motivo de las Madres, pero, salvo el nombre, todo el mito es creación suya.

Aquí huele a cocina de hechicera,
a un tiempo que ha pasado ya hace mucho.
¿No he debido mezclarme con el mundo,
y aprender el vacío y enseñarlo?
Si hablaba con cordura, en mi opinión,
me llevaban más fuerte la contraria;
por eso debí huir al fin de tanta
contradicción, corriendo hacia el desierto
para vivir a solas y no en vano,
hasta acabar por entregarme al diablo.

MEFISTÓFELES.   Aunque a nado cruzaras el océano
y miraras en él lo límitado,
en él verías sólo ola tras ola,
aun presa del horror de sucumbir.
¡Algo verías! En el verde en calma
del hondo mar, delfines deslizándose;
y huyendo luna y sol, nubes y estrellas:
pero nada verás en la distancia
vacía, eterna, ni oirás tus pasos,
ni hallarás nada firme en que apoyarte.

FAUSTO.   Hablas como el primero de los muchos[3]
que a algún leal neófito engañaron,
pero al revés. Me envías al vacío
para aumentar allí mis fuerzas y artes;
me tratas como al gato para ver
si del fuego te saco las castañas.
Pero ¡vamos! : lo quiero sondear:
en tu Nada yo espero hallar el Todo.

MEFISTÓFELES.   Te alabo antes que llegues a dejarme,
y veo que conoces al demonio:
toma esta llave.

FAUSTO.   ¡Qué insignificancia!

MEFISTÓFELES.   Acéptala y no quieras despreciarla.

FAUSTO.   ¡Crece en mi mano!, ¡brilla y echa chispas!

MEFISTÓFELES.   ¿Notas ya cuánto tienes al tenerla?
La llave indicará el camino iusto;
baja tras ella: irás hasta las Madres.

FAUSTO (estremecido).
¡Las Madres! ¡Lo oigo siempre como un golpe!

---

[3] Literalmente, «de todos los mistagogos», pero ello requiere recordar que el «mistagogo» era el sacerdote que en Eleusis introducía al «neófito» en los misterios.

¿Qué palabra es, que no la puedo oír?

MEFISTÓFELES.   ¿Eres tan limitado que una nueva
palabra te trastorna? ¿Solamente
quieres oír lo que has oído ya?
Por más que suene, nada te trastorne:
ya estás hecho a las cosas más extrañas.

FAUSTO.   Pero mi salvación no está en pararme;
es lo mejor del hombre estremecerse.
Aunque el mundo el sentir le cobre caro,
siente sobrecogido lo inaudito.

MEFISTÓFELES.   ¡Abajo, pues! Igual diría: ¡Arriba!
Es lo mismo. Tú ¡escapa a lo existente
en el reino absoluto de las formas!
Goza en lo que hace tiempo ya no existe;
como nubes desfila el torbellino:
¡mueve la llave, apártala del cuerpo!

FAUSTO *(entusiasmado)*.
¡Al agarrarla siento nuevas fuerzas!
¡Se ensancha el pecho; voy a mi gran obra!

MEFISTÓFELES.
Al fin te indicará un trípode ardiente[4]
que has llegado hasta el fondo más profundo.
A las Madres verás en su fulgor;
unas sentadas, otras de pie, andando;
y siempre, formación, transformación:
el trato eterno del sentido eterno.
Entre formas de toda criatura,
no te verán, pues sólo ven esquemas.
Ten entonces valor: habrá peligro:
vete derecho al trípode, y sin más,
tócalo con la llave.

*(Fausto hace un ademán decidido e imperativo con
la llave.)*

MEFISTÓFELES.   ¡Bien está!
Él se vendrá siguiéndote, hecho un siervo:
la fortuna te eleva, sube en paz,
y antes que se den cuenta, estás de vuelta.

---

[4] El «trípode» va asociado a la idea de oráculo o de sacrificio
ritual en la religión griega: por ejemplo, la pitonisa se sienta en
un trípode; en un trípode se queman las víctimas, etc. En este
caso, el trípode le permitirá hacer aparecer a su antojo las figuras
de Elena y de París.

Al traerlo, conjura hasta que salgan
de las sombras el héroe y la heroína.
Tú serás el primero que lo logre:
hecho estará, y lo habrás logrado tú.
Luego ha de transformarse por influjos
la neblina de incienso vuelta dioses.
FAUSTO. ¿Y ahora qué?
MEFISTÓFELES.   Tú esfuérzate en bajar:
bajas y has de subir de un pisotón.
FAUSTO *(da un pisotón y se hunde).*
MEFISTÓFELES. ¡Si la llave le fuera de provecho!
Curioso estoy de ver si volverá.

SALAS ILUMINADAS CON GRAN CLARIDAD

Emperador y Príncipes; la Corte, en movimiento.

CHAMBELÁN *(a Mefistófeles).*
Aún nos debéis esa escena de espíritus.
¡Hacedla! El soberano está impaciente.
MARISCAL. Hace poco por ella preguntaba:
¡no ofendáis, vacilando, a la corona!
MEFISTÓFELES. Para eso se fue mi compañero:
él sabe cómo debe prepararse,
y trabaja encerrado y en silencio.
Tiene que poner mucha diligencia;
pues la belleza sólo se consigue
con magia de los sabios, arte altísimo.
MARISCAL.
No importa qué artes son las que hacen falta:
quiere el Emperador que todo se haga.
UNA RUBIA *(a Mefistófeles).*
¡Oíd, señor! Ya veis mi rostro claro,
pero en pleno verano no está así:
le brotan pecas rojas y parduscas,
que cubren de fealdad mi blanca piel.
¿Hay remedio?
MEFISTÓFELES. ¡Qué pena! ¡Tal tesoro,
que en verano se vuelva una pantera!

Huevos de rana más lenguas de sapo:
destílese cuando haya luna llena
y aplíquese cuando entre en el menguante:
vendrá la primavera y no habrá pecas.

UNA MORENA. La multitud se agolpa y os rodea:
quiero un remedio: tengo helado un pie,
y me estorba al bailar y al caminar;
incluso al saludar me muevo torpe.

MEFISTÓFELES. Con mi pie, permitidme un pisotón.

UNA MORENA. Bueno, entre enamorados, eso se hace.

MEFISTÓFELES. Niña, mi pisotón es aún más serio.
«Lo semejante con lo semejante»[1]:
nos duela lo que sea: y cura el pie
al pie; y los demás miembros, pasa igual.
¡Vamos, cuidado!, no lo devolváis.

UNA MORENA. ¡Ay, ay, cómo me quema! Un pisotón
duro, como de casco de caballo.

MEFISTÓFELES. Ya te llevas ahí la curación.
Puedes ejercitar el baile a gusto,
y, en la mesa, pisarte con tu amor.

DAMA (*abriéndose paso*).
¡Paso, paso! Es inmenso mi dolor;
con su ardor me hace hervir el corazón:
mis ojos ayer eran su remedio,
y hoy me vuelve la espalda, y va con otra.

MEFISTÓFELES.
Es asunto importante, pero escúchame.
Acércate despacio a él, y tócale:
y con este carbón traza una línea
por sus mangas y espalda, como sea;
él se arrepentirá, con punzar suave.
Después debes tragarte ese carbón
sin llevarte a los labios vino ni agua:
él llorará esta noche ante tu puerta.

DAMA. ¿No es veneno?

MEFISTÓFELES (*indignado*). ¡Respeta a quien se debe!
Mucho habrías de andar para encontrar
tal carbón; lo he traído de una hoguera

---

[1] Es el lema de la medicina homeopática: *similia similibus curantur*.

que atizamos con celo en otros tiempos[2].

PAJE.   Tengo amor, pero no me creen hombre.

MEFISTÓFELES *(aparte).*

Ya no sé adónde tengo que atender.

(Al Paje.)   No pongas tu ventura en las más jóvenes.
Te sabrán apreciar las más maduras.

(Otros se agolpan.)

¡Otros nuevos! ¡Qué dura esta porfía!
Acabaré apelando a la verdad:
¡mala ayuda! Pero es grande el apuro.
¡Madres, Madres! Dejad a Fausto libre.

(Mira alrededor.)

Las luces ya se enturbian en la sala;
de repente, la Corte se ha agitado.
Solemnemente van en fila allá,
por largas galerías y pasillos.
¡Bien! Ya se aprietan en el ancho espacio
del antiguo salón de caballeros.
Anchas paredes cubren los tapices
y, en los nichos, se ostentan armaduras.
No creo que hagan falta aquí conjuros:
se hallarán en su sitio los espíritus.

SALA DE LOS CABALLEROS

Iluminación en penumbra.

(Han entrado el Emperador y la Corte.)

HERALDO.   Mi antiguo oficio de anunciar la escena
lo estorban en secreto los espíritus;
en vano trato de explicar por causas
sensatas la confusa situación.
Ya están dispuestas sillas y butacas;
y el Emperador ante la pared:
así verá a su gusto en los tapices

---

[2] Algún comentarista entiende que se refiere a las piras de cremación de brujas: podría entenderse también que es el propio infierno.

las batallas de tiempos más grandiosos.
Todos se¡ sientan, rey y Corte en torno,
las banquetas se agolpan allá al fondo:
y en tal hora sombría, y entre espíritus,
el amante se sienta con su amada.
Y así que todos tienen sitio a gusto,
ya estamos: los espíritus ¡que vengan! (*Trompetas.*)

ASTRÓLOGO.
Empiece el drama al punto su transcurso:
lo ha ordenado el señor: muros, abríos!
Ya no hay impedimento: ved la magia:
se abre el muro y da vuelta sobre sí:
un profundo teatro se presenta,
y un fulgor misterioso nos alumbra:
yo me subo al proscenio.

MEFISTÓFELES (*asomando por la concha del apunta- dor*). Desde aquí lograré el favor de todos:
apuntar es lo propio del demonio.
(*Al Astrólogo.*) Conoces el compás de las estrellas
y entenderás sin falta mis susurros.

ASTRÓLOGO. Se puede contemplar aquí, por magia,
el edificio de un macizo templo,
como el Atlas que antaño aguantó el cielo;
hay columnas en fila, en abundancia;
muy capaces del peso de las rocas,
puesto que dos sostienen tan gran mole.

ARQUITECTO. ¿Y eso es clásico? A mí eso no me gusta:
gordo y pesado habría de llamarse.
A lo grosero llaman noble, y grande
a lo torpe. Yo quiero columnitas
delgadas, en tensión, interminables:
una punta de ojiva eleva el alma,
y un edificio así nos edifica.

ASTRÓLOGO. ¡Los astros dan la hora! ¡Respetadla!
Con ensalmos se ligue la razón;
y en cambio vague libre y a lo lejos
la fantasía hermosa y agitada.
Con vuestros ojos veis lo que anhelabais;
no es posible, y, por tanto, es fidedigno.
(*Fausto sube al otro lado del proscenio.*)

ASTRÓLOGO. Prodigio de hombre, con sacerdotal
manto y guirnalda, ahora lleva a cabo

lo que empezó: desde el abismo sube
un trípode con él: huelo su incienso.
A bendecir se apresta la alta dicha
que no traerá jamás sino fortuna.

FAUSTO *(grandioso).*

¡En vuestro nombre, Madres, que reináis
sobre lo ilimitado, siempre solas,
pero con compañía! En torno vuestro
hay figuras de vida, inanimadas
y móviles. Cuanto hubo alguna vez
se mueve allí, pues quiere ser eterno.
Y vosotras, supremas,·lo enviáis
al pabellón del cielo, al de la noche.
A unas la vida arrastra, en dulce curso,
a otras las busca el hechicero osado;
pródigo y confiado, deja ver
lo ansiado, lo que es digno del prodigio.

ASTRÓLOGO. La ardiente llave apenas toca el cáliz
y oscura niebla invade los salones:
entra por todas partes, como nubes:
se extiende y junta, se abre, se divide.
¡Y ahora ved qué prodigio en los espíritus!
Producen una música al andar.
Surgen notas aéreas no sé cómo;
al marchar, todo se hace melodía.
Suenan la columnata y los triglifos:
creo, incluso, que canta el templo entero.
Cede la sombra, y entre leve niebla
sale, a compás, un bello adolescente.
Aquí calla mi oficio: no le nombro:
¿quién no conocerá al hermoso Paris?

(Se presenta Paris.)

UNA DAMA. ¡Qué fulgor de energía juvenil!

SEGUNDA DAMA. ¡Cómo un melocotón, lleno de savia!

TERCERA DAMA.

¡Qué finos labios, dulcemente henchidos!

CUARTA DAMA. ¿No querrías beber en ese vaso?

QUINTA DAMA.

Es muy guapo, aunque no sea muy fino.

SEXTA DAMA. Algo más ágil sí podría ser.

CABALLERO. Me parece un pastor: no tiene nada
de príncipe, ni modos cortesanos.

OTRO CABALLERO.
Medio desnudo sí es guapo el muchacho:
pero habría que verle en armadura.
UNA DAMA.   Ya se reclina, blando y seductor.
OTRA DAMA.   Con gracia pone el brazo en la cabeza.
CHAMBELÁN.   ¡Villano! Me parece inadmisible.
UNA DAMA.   Los hombres siempre halláis qué censurar.
CHAMBELÁN.   Ante el Emperador ¡tumbarse así!
UNA DAMA.   ¡Está haciendo función! Se cree solo.
CHAMBELÁN.   Aun la comedia debe ser cortés.
UNA DAMA.   Suave sueño ha invadido al lindo mozo.
CHAMBELÁN.
    ¡Y roncará! ¡Y diréis que está muy bien!
JOVEN DAMA *(entusiasmada)*.
    ¿Qué olor se mezcla así con el incienso
    y hasta el fondo me alivia el corazón?
UNA DAMA DE MÁS EDAD.
    ¡Cierto! Mi alma está llena con un hálito
    que viene de él.
OTRA MÁS ANCIANA.   La flor de plenitud,
    que se vuelve ambrosía en este joven
    y se difunde en torno por el aire. *(Aparece Elena.)*
MEFISTÓFELES.
    ¿Y es ésta? Pues me deja tan tranquilo:
    es linda, pero no me dice mucho.
ASTRÓLOGO.   Por esta vez, no tengo más que hacer:
    lo confieso como hombre de palabra.
    ¡Ni con lenguas de fuego, ante esta bella!
    De la belleza siempre se ha cantado...
    y a quien se le aparece, se entusiasma;
    sería demasiado ser su dueño.
FAUSTO.   ¿Me quedan ojos? ¿No se ha desbordado
    en mi alma el manantial de la belleza?
    Mi viaje de terror trae dulce premio.
    ¡Vano y cerrado el mundo ante mí estaba!
    ¿Cómo está ahora, con mi sacerdocio?
    ¡Que pierda la energía de la vida,
    si alguna vez de ti llego a alejarme!
    ¡La hermosura que antaño me encantó
    en el espejo mágico, hechizándome,
    fue una imagen de espuma de esta hermosa!
    ¡Te consagro el empuje de mis fuerzas,

la síntesis de toda mi pasión,
mi amor, mi adoración y mi locura!

MEFISTÓFELES *(desde la concha)*.

¡Cálmate, sin salirte del papel!

UNA DAMA DE MÁS EDAD.

Buen tipo: la cabeza, muy pequeña.

DAMA JOVEN.

¡Mirad qué pies!, ¡no pueden ser más gruesos!

DIPLOMÁTICO.   Muchas princesas de ese estilo he visto:
es de pies a cabeza muy hermosa.

CORTESANO.   Con suave astucia llega hasta el dormido.

UNA DAMA.   ¡Qué fea junto a tal imagen bella!

POETA.   Con la hermosura de ella, él se ilumina.

UNA DAMA.   Endimión y la Luna, ¡ni pintados!

POETA.   ¡Bien!, la diosa parece descender,
y agachada hacia él, bebe su aliento.
¡Qué afortunado, un beso! Más no cabe.

«DUEÑA»[3].   ¡Delante de nosotros! ¡Qué locura!

FAUSTO.   ¡Para el mozo, favor terrible!

MEFISTÓFELES.   ¡Calla!
¡Deja al fantasma que haga lo que quiera!

CORTESANO.   Se escapa de puntillas: él despierta.

UNA DAMA.   ¡Ella se vuelve a verle! Lo esperaba.

CORTESANO.

¡Él se asombra! ¡Un prodigio le ha ocurrido!

UNA DAMA.   Pues a ella no le extraña cuanto mira.

CORTESANO.   Ella vuelve hacia él con elegancia.

UNA DAMA.   Ya veo que va a darle una lección:
los hombres, en tal caso, son idiotas.
Éste, incluso, creerá que es el primero.

CABALLERO.   ¡Quiero verla! ¡Qué fina majestad!

UNA DAMA.   ¡Coqueta! Yo lo llamo a eso vulgar.

PAJE.   Yo querría encontrarme en lugar de él.

UNA DAMA.   Esa joya ha rodado tantas manos
que el dorado ya empieza a estar gastado.

OTRA DAMA.

Desde pequeña, no ha hecho nada bueno[4].

CABALLERO.   Cada cual aprovecha la ocasión.

---

[3] En el original, «Duenna», o sea, «señora de compañía»: recuérdese, por ejemplo, en el *Quijote,* las que tiene la Duquesa en sus salones.

[4] Más adelante, Quirón y la propia Elena narrarán con detalle las peripecias aquí aludidas.

Con estos restos me contentaría.
ERUDITO.   Bien la veo, y confieso francamente:
es dudoso que sea genuina.
La presencia nos lleva a exagerar:
yo me atengo a lo escrito, sobre todo.
Y leo que de veras agradó
en Troya a toda barba blanca: y creo
que también esto va de acuerdo aquí:
no soy joven, y sí me gusta mucho.
ASTRÓLOGO.   ¡Ya no es un mozo! Un héroe atrevido
la abraza, sin que pueda defenderse:
con fuerte brazo, en alto la levanta.
¿La va a raptar?
FAUSTO.   ¡Qué loco más osado!
¡Te atreves!, ¡no me escuchas!, ¡ya es de sobra!
MEFISTÓFELES.   ¡Si has hecho tú esta fantasmagoría!
ASTRÓLOGO.   ¡Una palabra! Tras de lo ocurrido,
al drama llamaré «El rapto de Elena».
FAUSTO.
¡Qué rapto! ¿Y para qué me encuentro aquí?
¿No conservo la llave que me trajo
a través del horror y de las olas
solitarias, hasta la tierra libre?
¡Aquí hago pie! ¡Aquí encuentro realidades
y puedo combatir a los espíritus
con espíritu, el que hace el doble reino,
el grande. Estaba lejos: ¿ya está cerca?
La salvaré y será dos veces mía.
¡Osaré! ¡Madres, Madres, concedédmelo!
No ha de faltar a quien la ha conocido.
ASTRÓLOGO.
¿Qué haces, oh Fausto? ¡Fausto! Con violencia
la abraza, v la figura ya se enturbia.
Él dirige la llave hacia el muchacho,
¡le toca! ¡Ay de nosotros! ¡Se acabó!
*(Explosión. Fausto queda tendido en el suelo. Los
espíritus se disuelven en niebla.)*
MEFISTÓFELES *(tomando a Fausto sobre sus hombros).*
¡Ya lo tenéis! Cargarse con un loco
acaba haciendo daño hasta al demonio.
(Oscuridad, tumulto.)

SEGUNDO ACTO

EL CUARTO GÓTICO, ESTRECHO
Y DE ALTAS BÓVEDAS

que antes fue de Fausto; sin cambiar.

Mefistófeles, saliendo por detrás de una cortina. Mientras él sale y mira atrás, se ve a Fausto tendido en un lecho que fue de sus antepasados.

MEFISTÓFELES.   ¡Reposa, desgraciado!   ¡Seducido
por insolubles vínculos de amor!
Aquel a quien Elena dejó inmóvil,
no es fácil que vuelva a la cordura.
(Mira en torno.)
Miro allá arriba, miro a un lado y otro,
y todo sigue siendo intacto, sin cambiar;
más turbios los cristales de colores,
las telarañas se han multiplicado;
amarillo el papel, seca la tinta,
pero todo persiste donde estaba:
hasta está todavía aquí la pluma
con que Fausto pactó con el demonio.
En lo hondo de su hueco queda aún
una gota de sangre que le extraje.
Un ejemplar tan raro yo querría
que agraciara al mejor coleccionista.
La pelliza en la percha, como siempre,
me trae a la memoria los infundios
que le enseñé a aquel mozo, que hoy, más viejo,
quizá esté consumiéndose con ellos.

Me entran ganas, de veras, de envolverme
en ti, áspera pelliza, y en ti envuelto
volver a presumir de profesor,
seguro de tener mucha razón.
Los sabios son capaces de tal cosa:
al demonio, se le pasó hace mucho.
(*Sacude la pelliza después de colgarla. Vuelan de
ella cigarras, escarabajos y polillas.*)

Coro de Insectos. ¡Bien venido otra vez,
señor antiguo y dueño!
*Volamos y zumbamos,
y te reconocemos.
Nos sembraste uno a uno,
callado y en silencio;
a millares venimos
a bailar, amo nuestro.
Está muy escondido
el pícaro en el pecho;
en cambio las polillas
quedan al descubierto.*

Mefistófeles.
¡Qué sorpresa más grata esta creación!
Basta sembrar, y luego se cosecha.
Volveré a sacudir la vieja piel;
aún salta y vuela algún animalito.
¡Corred, arriba!, a vuestros mil rincones,
corred, queridos míos, a esconderos.
Id allá donde están las viejas cajas,
y aquí, en oscurecidos pergaminos,
en trozos polvorientos de pucheros,
en las cuencas de aquella calavera.
Entre tal podredumbre y confusión
eternamente debe de haber grillos[1].
(*Se envuelve en la pelliza.*)
¡Ven, cúbreme los hombros nuevamente!
Hoy vuelvo a ser aquí el amo de casa.
Pero es inútil que me llame así:
¿dónde hay quien reconozca que lo soy?
(*Agita la campanilla, que lanza un sonido agudo y*

---

[1] Hay un juego de palabras intraducible, entre *Grillen* como «manías» o «locuras», y como «grillos».

*penetrante, con el que resuenan las paredes y se
abren las puertas.)*
EL FÁMULO[2] *(llega tambaleándose por el largo y oscuro pasillo.)*

¡Qué ruido, qué tormenta! La escalera
vacila, y se estremecen las paredes:
por las ventanas, de temblor polícromo,
veo una tempestad, con sus relámpagos.
El techo se sacude, y desde arriba
se desprenden la cal y los cascotes.
Y la puerta, cerrada con cerrojo,
por una fuerza mágica se ha abierto.
¡Y allí, qué horror! Hay un gigante envuelto
en el viejo ropón del Doctor Fausto.
Al observar sus gestos y miradas
se doblan mis rodillas. ¿Debo huir
o aguantar? ¿Qué va a ser de mí, infeliz?

MEFISTÓFELES *(haciendo una señal).*

¡Ven acá, amigo! ¿Tú eres Nicodemus?

FÁMULO.   Señor ilustre, así es mi nombre. *Oremus.*

MEFISTÓFELES.   ¡Deja de eso!

FÁMULO.   ¡Qué bien que me conozca!

MEFISTÓFELES.   Ya lo sé; viejo estás, y aún estudias,
¡rancio señor[3]! Hasta un hombre erudito
sigue estudiando a falta de otra cosa.
Un castillo de naipes decoroso
se hace así; pero el más sublime Espíritu
nunca terminará de edificar.
Pero es hombre entendido tu maestro:
¡quién no conoce al noble Doctor Wagner,
hoy el primero entre los eruditos!
Él solo tiene unidos a los muchos
que aumenta el saber de día en día.
Oyentes deseosos de saber
acuden a montones a su lado.
Él brilla sin rival desde su cátedra,
y usa llave al modo de San Pedro:

---

[2] Ahora el antiguo fámulo, Wagner, ha ocupado el lugar y la
cátedra del Doctor Fausto, y tiene a su vez un nuevo fámulo,
llamado Nicodemus.
[3] *Bemooster Herr*, «rancio señor», era un título burlesco dado a
los que prolongaban excesivamente sus estudios en las antiguas
Universidades alemanas.

desata lo de arriba y lo de abajo⁴.
Luciendo y refulgiendo sobre todos,
ninguna fama y gloria le supera:
hasta el nombre de Fausto queda en sombra.
Él es quien lo ha inventado todo, él solo.

FÁMULO. Perdonad, ilustrísimo señor,
si me atrevo a llevaros la contraria;
ahora no se trata de esas cosas:
la modestia es su don más personal.
No se ha recuperado de la ausencia
incomprensible de aquel hombre excelso,
y no anhela otra cosa que su vuelta.
Igual que cuando estaba el Doctor Fausto,
sigue intacto su cuarto, en tanto él falta,
esperando la vuelta de su dueño.
A entrar en él apenas si me atrevo.
¿Qué horóscopo preside este momento?
Me parece que vibran las paredes,
tiemblan las puertas, se abren los cerrojos:
de otro modo, no habríais penetrado.

MEFISTÓFELES.
Pero ese hombre ¿dónde se ha metido?
¡Llévame a él, enséñame el camino!

FÁMULO. ¡Ay, su prohibición es muy severa!
No sé si me podría atrever. Meses
enteros, atendiendo a su gran obra,
lleva viviendo en el mayor silencio.
Éste, el más delicado de los sabios,
parece ahora igual que un carbonero,
negro de la nariz a las orejas,
los ojos rojos de atizar el fuego:
así va consumiendo cada instante,
y el chascar de las pinzas es su música.

MEFISTÓFELES. ¿Acaso no me va a dejar entrar?
Soy el hombre que puede darle suerte.
*(Desaparece el Fámulo, y Mefistófeles se sienta con
aire grave.)*
Apenas ocupé aquí mi lugar
se mueve un visitante que conozco.
Pero esta vez es uno de los nuevos,

⁴ Alusión a *Mateo*, 16, 19.

y vendrá con inmenso atrevimiento.
BACHILLER[5] *(irrumpiendo estrepitosamente).*
¡La puerta y el portal he hallado abiertos!
Cabe esperar entonces que por fin
esté vivo, y no siga, como siempre,
entre la podredumbre de los vivos
hecho un muerto, y se vaya a corromper,
y entre la vida misma quede muerto.
Estas paredes, estos altos muros
se inclinan y se caen a su fin,
y si apartarnos pronto no sabemos
su ruina también nos hundirá.
Yo soy hombre valiente como nadie,
pero nadie me lleva a dar un paso.
Con todo ¿aquí qué puedo ver ahora?
¿Aquí no fue donde hace tantos años,
lleno de angustia y lleno de torpeza,
llegué, novato y tierno, a preguntar,
e hice caso a aquel hombre de la barba,
quedando edificado con sus fábulas?
Los libracos costrosos y viejísimos
todo lo que sabían me mintieron;
y no creían lo que no sabían,
robándome mi vida con la suya.
¿Cómo? ¡Pero allá atrás, en esa celda,
sigue sentado alguno en la penumbra!
Lo veo con asombro al acercarme;
con la pelliza oscura está sentado;
tal como lo dejé, ni más ni menos,
envuelto aún en esa vieja toga.
Cierto que parecía entonces listo
cuando yo todavía no entendía.
¡Hoy seguro que no podrá atraparme!
¡Vamos allá con él, como si nada!
Oh, anciano, si en las ondas del Leteo
no se hundió vuestra calva quebrantada,
reconoced al escolar que vuelve,
superadas las sendas académicas.
Os vuelvo a hallar igual que os vi aquel día:

---

[5] Es el que, como Estudiante entonces, había ido a pedir consejo
a Fausto, encontrando en su lugar a Mefistófeles, en la Primera
Parte.

ahora yo soy otro diferente.

MEFISTÓFELES. Celebro que os trajera mi llamada.
Ya os estimé no poco aquella vez:
vi la larva, presagio de crisálida
de la futura hermosa mariposa.
Con el cuello de encaje, el pelo en bucles,
erais alegre entonces como un niño:
¿no llevabais acaso una coleta?
Hoy venís sin coleta y a la moda.
Resuelto y decidido parecéis;
mas no os vayáis a casa «en absoluto»[6].

BACHILLER.
¡Viejo maestro! Aquí de nuevo estamos,
pero ved que los tiempos han cambiado;
y no vengáis jugando con equívocos:
ahora son las cosas diferentes.
Os burlasteis de aquel muchacho ingenuo:
nadie se atrevería a hacerlo hoy día.

MEFISTÓFELES.
Quien la pura verdad diga a los jóvenes
en gracia no caerá a los boquirrubios,
pero después, al cabo de los años,
cuando en cabeza propia han aprendido,
se atribuyen a sí mismos el mérito,
y dicen: El maestro era un imbécil.

BACHILLER. ¡Un pícaro quizá! Pues ¿qué maestro
nos dice las verdades a la cara?
Todos saben menguarlas o aumentarlas,
en serio, en broma, ante los buenos chicos.

MEFISTÓFELES.
Sólo hay para aprender, cierto, una edad:
para enseñar os veo ya dispuesto.
Desde hace muchos meses, muchos años,
tenéis la plenitud de la experiencia.

[6] Hay aquí un juego de palabras: Goethe tira una punzada contra el «idealismo absoluto» que conquistaba la primacía filosófica en Alemania por los años en que esto se escribía. El Bachiller comprende el equívoco, y, después de protestar, expondrá un poco más abajo, entusiásticamente, el credo del «idealismo absoluto», del «Yo» de Fichte: «Mientras no lo creé, no había mundo; — al sol, lo hice salir yo de los mares;»..., etc. No advierte que con ello está cayendo en la tentación de la serpiente, que Mefistófeles había escrito en su álbum en ocasión de la primera visita: «Seréis como Dios...»

BACHILLER.
  ¡Qué experiencia ni nada! ¡espuma y humo!
  No está a la misma altura que el espíritu.
  Confesad: todo cuanto se ha aprendido
  no valía la pena de saberlo.
MEFISTÓFELES *(después de una pausa)*.
  ¡Hace mucho lo pienso! ¡He sido un tonto!
  ¡Y hoy me creo un imbécil y un cretino!
BACHILLER. ¡Me alegro! Al fin escucho algo sensato.
  ¡Es el primer anciano que hallo cuerdo!
MEFISTÓFELES. Busqué un tesoro de oro sepultado
  y he sacado carbones repugnantes.
BACHILLER. Confesad: vuestro cráneo, vuestra calva
  ¿es más que esas vacías .calaveras?
MEFISTÓFELES.
  ¿No crees que resultas muy grosero?
BACHILLER. En alemán se miente al ser cortés.
MEFISTÓFELES *(que, con su sillón de ruedas, ha avan-*
    zado cada vez más hacia el proscenio: dirigiéndo-
    se al público).
  Aquí arriba me quitan aire y luz:
  ¿no hallaría acomodo entre vosotros?
BACHILLER. Es mucha pretensión que en la vejez
  algo se busque, cuando no se es nada.
  Toda vitalidad está en la sangre,
  que en el joven se mueve como en nadie.
  Renovada energía en sangre fresca
  obtiene nueva vida de la vida.
  Todo se mueve, y algo puede hacerse,
  lo débil cae, surge la energía.
  En tanto hemos ganado medio mundo
  ¿qué habéis hecho? Echar siestas, meditar,
  soñar, considerar y hacer proyectos.
  Es una fiebre fría la vejez,
  en la helada del ansia caprichosa.
  En cuanto uno ha pasado de los treinta,
  da lo mismo estar muerto. Mejor fuera
  mataros en la buena coyuntura.
MEFISTÓFELES. No podría añadir más el demonio.
BACHILLER. Si no quiero, no puede haber demonio.
MEFISTÓFELES *(aparte)*.
  ¡Va a romperte una pierna ese demonio!

BACHILLER.   ¡Es el más noble oficio de los jóvenes!
Mientras no lo creé, no había mundo;
al sol, lo hice salir yo de los mares;
conmigo empezó a haber cuartos de luna.
¡Ante mi paso el día se adornó,
y la tierra me dio verdor y flores!
A mi señal, en esa grave noche,
se desplegó el fulgor de las estrellas.
¿Quién, si no yo, os libró de las cadenas
y los estorbos del pensar vulgar[7]?
Yo, en cambio, escucho hablar, libre, al espíritu,
y mi luz interior persigo alegre,
y ando raudo, con íntimo entusiasmo,
con la luz ante mí, y atrás la sombra. *(Se va.)*
MEFISTÓFELES.   Extravagante, ¡vete con tu orgullo!
¡Cómo te dolería darte cuenta:
que nadie piensa nada, necio o listo,
sin que lo haya pensado antes el mundo!
Pero éste no me da preocupación:
dentro de pocos años cambiará.
Aunque el mosto se porte extrañamente,
al final se tendrá que volver vino.
(A los jóvenes del público, que no aplauden.)
Mis palabras os pueden dejar fríos,
pero yo os dejo en paz, buenos muchachos;
fijaos: el demonio es ya muy viejo,
y habéis de envejecer para entenderle.

LABORATORIO

*(Al estilo de la Edad Media: enormes y complicados
aparatos con finalidades fantásticas.)*

WAGNER *(junto al fuego).*
La campanilla suena horriblemente:
las mohosas paredes se estremecen.
Ya no puede durar mucho la incógnita

---

[7] En el original, *philisterhaft*; por alusión al término «filisteo»
con que entonces las minorías románticas empezaron a designar
respectivamente a los «burgueses».

sobre esta expectación solemne y grave.
Ya veo iluminarse las tinieblas:
en el fondo de la retorta brilla
un fulgor de carbones animados;
sí, como del rubí más escogido,
irradiando sus chispas por lo oscuro.
¡Aparece una luz fúlgida y blanca!
¡Ah, no vaya a perdérseme esta vez!
¡Oh, Dios!, ¿qué hace en la puerta tanto ruido?

MEFISTÓFELES *(entrando)*.

¡Saludos!, he venido en son de paz.

WAGNER *(con miedo)*.

¡Bien venida la estrella de esta hora!
(En voz baja.) Pero no respiréis, no digáis nada:
ahora se está haciendo una gran obra.

MEFISTÓFELES *(en voz baja)*.

¿Qué ocurre, pues?

WAGNER *(en voz baja)*. Se está formando un hombre.

MEFISTÓFELES.

¿Un hombre? ¿Y qué pareja enamorada
has encerrado en esa chimenea?

WAGNER. ¡Dios nos libre! Esa moda ya pasada
de engendrar, nos parece vana y necia.
El tierno punto en que surgía vida,
la dulce fuerza, desde el interior,
tomando y dando, para darse forma,
captando algo inmediato, y luego extraño,
eso, ha perdido ya su dignidad:
que al animal le siga divirtiendo,
pero el hombre, de dotes tan sublimes,
un día ha de tener más alto origen.
(Volviéndose hacia el fuego.)
¡Brilla, ved! Puede ya esperarse, cierto,
que si con incontables elementos
la materia del hombre componemos
mezclando —pues de mezcla aquí se trata—,
la amalgamamos en un alambique,
y como es menester la combinamos,
la obra podrá en silencio conseguirse.
(Volviéndose hacia el fuego.)
¡Sale! La masa se hace ya más clara.
Mi convicción resulta verdadera.

- El secreto de la Naturaleza,
tan ponderado, osados lo probamos
según razón, y cuanto se haga orgánico
lo podemos hacer cristalizar.

MEFISTÓFELES.

Quien mucho vive, ha visto muchas cosas,
y en este mundo no halla nada nuevo.
He encontrado en mis años de viajar
mucha gente que está cristalizada.

WAGNER *(siempre muy atento a la redoma).*

Chispea, sube, crece y se amontona,
en un momento más está. Un empeño
grande parece loco en su comienzo:
pero ya nos reiremos del azar,
y un cerebro que pueda pensar bien
ha de formar un día un pensador.

(Observando entusiasmado la redoma.)

Con potencias de amor suena el cristal,
va se enturbia y se aclara: ¡ha de salir!
En hermosa figura veo ahora
que un hombrecito lindo está moviéndose.
¿Qué más queremos, qué desea el mundo?
Pues el misterio queda al descubierto.
Prestad vuestros oídos a este ruido:
se ha convertido en voz, se hace lenguaje.

HOMÚNCULO *(en la redoma, a Wagner).*

Papaíto, ¿qué tal? No ha sido broma.
Ven, abrázame bien contra tu pecho.
Sin fuerza, no se rompa mi envoltura.
Las cosas son así: a lo natural
le basta apenas todo el Universo:
lo artificial, quiere un sitio cerrado.

(A Mefistófeles.)

¿Y estás aquí tú, primo, sinvergüenza?
En buen momento llegas: lo agradezco.
La suerte te ha traído con nosotros;
ya que estoy, también quiero estar activo.
Al trabajo me quiero poner pronto:
tú me darás atajo en mi camino.

WAGNER. ¡Una palabra!, hasta hoy tuve vergüenza
al traerme problemas, unos y otros.
Así, nadie ha podido comprender

cómo van tan de acuerdo cuerpo y alma,
tan unidos que nunca se separan,
y siempre peleando, sin embargo.
Además…

MEFISTÓFELES. ¡Alto ahí! Pregunto yo:
¿por qué se llevan mal hombre y mujer?
Amigo, no lo sacas nunca en limpio.
Aquí hay que actuar: el chico, es lo que quiere.

HOMÚNCULO. ¿Qué hay que hacer?

MEFISTÓFELES *(señalando una puerta lateral).*
¡Muestra aquí tus cualidades!

WAGNER *(mirando siempre a la retorta).*
¡Eres un chico amable, ciertamente!
*(Se abre la puerta lateral, y se ve a Fausto tendido
en el lecho.)*

HOMÚNCULO. ¡Qué serio!
*(La redoma escapa de manos de Wagner y se cierne
sobre Fausto, iluminándole.)*
Le rodea la belleza.
Claras aguas en densos bosquecillos.
Mujeres desnudándose, hermosísimas.
Esto se pone cada vez mejor,
pero una se distingue y resplandece;
mujer de estirpe de héroe y aun de dioses.
Pone el pie en transparente claridad;
el noble cuerpo, en tierna llama viva,
en cristal ondulado se refresca.
¿Qué es ese ruido de alas agitadas?
¿Qué estrépito en el liso espejo hierve?
Las muchachas, con susto, escapan, pero
la reina, sola, mira con sosiego
y con dicha orgullosa y femenina
de plegarse al monarca de los cisnes[1],
suave, insistente, como acostumbrándose…
Pero, de pronto, nieblas se levantan
y cubren con tejido bien espeso
la más tierna de todas las escenas.

MEFISTÓFELES.
¡Qué no habrás de contar! Aun tan pequeño,
eres un fantasioso colosal.

---

[1] Júpiter, en figura de cisne, para unirse a Leda.

No veo nada.

HOMÚNCULO.   Claro. Tú, el del Norte,
el crecido en las épocas de nieblas,
clericalismos y caballerías,
¡cómo iban a estar libres tus miradas!
Sólo estás en tu casa entre las sombras.
(Mira en torno.)
¡Negras piedras, podridas, repugnantes,
con volutas y ojivas, degradadas!
Si éste se nos despierta, habrá otro apuro;
se quedará en el mismo sitio, muerto.
Bellas desnudas, cisnes, manantiales;
tal fue su sueño, lleno de presagios:
¡cómo podría estar a gusto aquí!
Yo, el más contentadizo, no lo aguanto.
¡Vamos con él!

MEFISTÓFELES.   Celebro que marchemos.

HOMÚNCULO.
Manda al guerrero entrar en el combate,
y a la muchacha llévala a bailar,
y en seguida estará arreglado todo.
Ahora mismo, apenas lo he pensado,
será la noche clásica en Walpurgis[2]:
lo mejor que podría hablarse nunca.
¡Llevadle a su elemento!

MEFISTÓFELES.   Jamás supe de cosa semejante.

HOMÚNCULO.   ¿Cómo a vuestros oídos va a llegar?
Tan sólo conocéis duendes románticos:
un verdadero duende ha de ser clásico.

MEFISTÓFELES.
¿Dónde debe ir el viaje? Me fastidian
mis compañeros de la Antigüedad.

HOMÚNCULO.   Al Noroeste, Satán, está tu coto;
pero esta vez zarpamos al Sudeste...
Fluye libre el Peneo[3] en vasto llano,
entre árboles, en quietas hondonadas;
va el llano hasta las grietas de los montes,

---

[2] En contraposición paralela a la noche de Walpurgis de la Primera Parte, ahora se preparará una «noche de Walpurgis clásica», helénica frente a la oscuridad nórdica de la primera.
[3] Río de Tesalia; se va designando el paisaje griego que servirá de escenario a la nueva fiesta.

y en lo alto está Farsalia, antigua y nueva.

MEFISTÓFELES. ¡Nada de eso! dejemos de una vez
luchas de esclavitudes y tiranos.
Me aburren, pues, apenas se termina,
empiezan otra vez por el principio:
nadie ve que le arrastra por el cuello
Asmodeo[4], que atrás está escondido.
Por la libertad luchan, según dicen;
bien mirados, son siervos contra siervos.

HOMÚNCULO. Deja al hombre su afán de pelearse.
Cada cual se defiende como puede
desde niño, y así llega a ser hombre.
Hoy es cuestión de que curemos a éste.
Si tienes un remedio, ponlo a prueba,
y si no eres capaz, déjame a mí.

MEFISTÓFELES[5].
Habría que probar mucho del Brocken,
pero han echado el cierre los paganos.
¡Los griegos nunca han hecho nada bueno!
Pero os deslumbran con las apariencias,
y al hombre incitan a claros pecados:
parecerán los nuestros siempre oscuros.
¿Y ahora qué hacer?

HOMÚNCULO.   Jamás fuiste apocado:
y si hablo de las brujas de Tesalia[6]
me parece que ya he dicho bastante.

MEFISTÓFELES (lascivo).
¡Las brujas de Tesalia! Son personas
por las que he preguntado mucho tiempo.
Con ellas, habitar noche tras noche
no creo que resulte grato, pero,
de visita, probar...

HOMÚNCULO.   Tiende la capa
y envuelve al caballero adormecido.
Os llevará ese trapo, como siempre,
al uno con el otro: yo os alumbro
por delante.

WAGNER (con miedo). ¿Y yo?

---

[4] El demonio.
[5] Como se recordará, el Brocken era el monte donde, el 1 de mayo, se celebraba el aquelarre de la noche de Walpurgis.
[6] Las brujas de Tesalia eran legendariamente lascivas.

HOMÚNCULO.   Tú, mientras tanto,
quédate en casa y haz algo importante.
Despliega los antiguos pergaminos,
y reúne vitales elementos,
según leas, en cauta ensambladura:
¡piensa el por qué y el cómo, sobre todo!
Mientras, yo andaré un trecho de la Tierra
hasta que encuentre el punto de la «i»[7].
El objetivo habré alcanzado entonces;
tal esfuerzo merece premio tal:
oro, honor, fama, vida larga y sana;
y saber y virtud... quizá también.
¡Adiós!
WAGNER *(turbado)*, ¡Adiós! Me oprime el corazón.
Temo que no te habré de ver jamás.
MEFISTÓFELES. ¡Ahora pronto, bajemos al Peneo!
A mi primo debemos hacer caso.
(A los espectadores.)
Al final, acabamos dependiendo
de aquellas criaturas que hemos hecho.

NOCHE DE WALPURGIS CLÁSICA

CAMPOS DE FARSALIA[1]

Oscuridad.

ERICTO.
A la fiesta espantosa de esta noche, como otras
veces, vengo yo, Ericto, la oscura, la sombría;
no tan horrible como los míseros poetas

---

[7] Quiere decir, el poder vivir con corporeidad normal.
[1] En Farsalia, como se recordará, tuvo lugar la victoria decisiva
de César contra Pompeyo Magno. Ericto es la bruja de Tesalia
que fue preguntada por Pompeyo sobre el resultado de la batalla.
La luna crea el espejismo de que parezca que ahora es aquella
misma noche antes del combate, cuando César veló observando «el
fiel de la balanza», el equilibrio de las fuerzas. Por encima del
antiguo campo de batalla aparece volando el trío Fausto-Mefistó-
feles-Homúnculo. (Para la interpretación del propio autor, véase
la Introducción.)

me calumnian y aumentan... Pero nunca terminan,
si alaban o censuran... Me parece que el valle
palidece en la onda de grises pabellones,
como visión que queda de la noche horrorosa.
¡Cuánto se repitió! ¡cuánto ha de repetirse
hasta la eternidad! Nadie cede el imperio
a otro, tras de haberlo conquistado a la fuerza,
por la fuerza guardándolo. Pues todos, aunque no
se sepan gobernar, gustan de gobernar
la voluntad del prójimo según su terco empeño.
Por aquí se ha resuelto en lucha un gran ejemplo:
cómo la fuerza puede hacer frente a más fuerza,
cómo la libertad se desgarra, guirnalda
de mil flores, y el yerto laurel ciñe al que vence.
Aquí soñó Pompeyo florecer de grandeza
y veló César viendo el fiel de la balanza.
¡Se igualaban las fuerzas, pero a uno le tocó!
Las hogueras de guardia brillan con rojas llamas;
el suelo exhala el vaho de la sangre vertida,
y animada en la luz extraña de la noche
se junta la legión de la leyenda helénica.
En torno a las hogueras se cierne o se detiene
la visión fabulosa de los días antiguos.
La luna, aunque no llena, con claro resplandor,
se eleva y lanza en torno su claridad: se extinguen
las tiendas —espejismo— y azulean los fuegos.
Pero, encima de mí, ¿qué meteoro insólito?
Se enciende e ilumina una esfera corpórea.
Me parece que hay vida. Pues entonces no debo
acercarme al ser vivo, al que puedo hacer daño:
me dará mala fama y no me servirá.
Ya desciende hasta aquí. ¡Me escapo con prudencia!
        (Se aleja. Arriba, los del viaje aéreo.)
HOMÚNCULO.   Vuela otra vez y gira a la redonda
sobre el horror del miedo y de las llamas.
En el valle y al fondo del abismo
todo tiene un aspecto fantasmal.
MEFISTÓFELES.   Como a través de la vieja ventana,
en la desolación y horror del Norte,
espantosos fantasmas aquí veo:
tan en mi casa aquí estoy como allí.
HOMÚNCULO.   ¡Mira! allí va delante de nosotros

alguna larguirucha a grandes pasos.
MEFISTÓFELES. Pero parece que tuviera miedo:
nos ha visto cruzando por los aires.
HOMÚNCULO. ¡Tú déjala correr! Pon en el suelo
a tu jinete, y ya verás qué pronto
le regresa la vida: es lo que busca
andando por el reino de las fábulas.
FAUSTO *(al tocar el suelo).*
¿Dónde está ésa?[2]
HOMÚNCULO   No sabemos bien,
pero tal vez se pueda averiguar.
Antes de que amanezca, ve de prisa,
busca sus huellas de una hoguera en otra:
quien se atrevió a llegar hasta las Madres
no tiene nada ya que superar.
MEFISTÓFELES. Yo también tengo aquí mis intereses:
pero, por nuestro bien, sólo aconsejo
que cada cual se vaya a pretender
sus propias aventuras por los fuegos.
Luego, para volver a reunirnos,
pequeño, ¡haz brillar fuerte tu fulgor!
HOMÚNCULO. Así refulgirá y resonará.
(El cristal resplandece y vibra.)
¡Y a buscar novedades prodigiosas!
FAUSTO. ¿Dónde está ella? ¡No pregunto más!
Si no era la tierra que pisaba
ni la ola que moría ante sus pies,
es el aire que hablaba su lenguaje.
¡Aquí, por un prodigio, en Grecia, aquí!
Pronto noté la tierra que pisaba:
me atravesó su ardor, entre mi sueño,
y aquí estoy, con un ánimo de Anteo,
y al ver lo más extraño reunido
observo el laberinto de estas llamas. *(Se aleja.)*

---

[2] Fausto ha visto fugazmente a Margarita.

EN LO ALTO DEL PENEO

MEFISTÓFELES *(buscando un rastro, de un lado para otro.)*
Cruzando estas hogueras diminutas,
me encuentro totalmente enajenado:
todo desnudo, una camisa apenas;
la Esfinge sin pudor, desvergonzados
los Grifos, y estos seres melenudos[1]
y alados, ¡qué me enseñan por delante
y detrás! Todos somos indecentes
de nacimiento, claro, pero encuentro
demasiado vivaz la Antigüedad.
Debiera sujetarse a lo moderno,
con telas y más telas a la moda...
¡Qué repugnantes! Pero, aunque me duela,
soy visitante y debo saludarles...
¡Nobles damas, salud, graves ancianos[2]!
GRIFO *(gruñendo).*
¡Grifos, no ancianos! No le gusta a nadie·
que le llamen anciano. Las palabras
suenan a su raíz, que las decide:
gris, grifos, grajos, gruta, grave, grito,
por su etimología semejante
no se molestan.
MEFISTÓFELES. Volviendo a nuestro asunto,
«grajos», «garra», «agarrar» van bien con «grifos».
GRIFO *(gruñendo).*
¡Claro! La afinidad se ha demostrado;
casi siempre aceptada, aunque haya críticas.
Con el oro, doncellas y coronas,

---

[1] Animales fabulosos, mitad águila, mitad león.
[2] Juego de palabras intraducible entre *Greisen* (ancianos) y *Greifen* (grifos). Cuatro versos más adelante, hemos procurado reemplazar la serie de palabras que ·en el original quieren relacionar «grifos» y «ancianos» con «agarrar», creando a la vez una atmósfera sombría: *grau* («gris»), *grämlich* («melancólico»), *griesgram* («gruñón»), *greulich* («horrible»), *Gräber* («sepulcros»), *grimmig* («rabioso»), y más adelante, *Grei* («garra»), jugando con *man greife*, «se agarre», etc.

la fortuna es propicia a quien agarre.,

HORMIGAS *(de especie gigantesca).*

Habláis de oro: tenemos mucho junto,
escondido en las rocas y cavernas,
pero los Arimaspes[3] lo encontraron,
y se ríen después de arrebatárnoslo.

GRIFO.   Será preciso hacer que lo confiesen.

ARIMASPOS.   ¡Pero no en esta noche de festejo!
Mañana ya estará todo robado,
y habrá salido bien por esta vez.

MEFISTÓFELES *(que se ha sentado entre las Esfinges).*
¡Con qué gusto me voy aquí instalando!
Porque puedo entenderos, uno a uno.

ESFINGE.   ʼNuestros sones de espíritu exhalamos,
y en seguida les dais cuerpo. ¡Y ahora
te nombro, hasta mejor conocimiento!

MEFISTÓFELES.
Con muchos nombres creen que me nombran...
¿No hay ingleses aquí? Si viajan tanto,
por cascadas y campos de batalla,
muros caídos, tristes sitios clásicos,
¡ésta sería meta digna de ellos!
Ellos declararían que en su antiguo
teatro, de *Old Iniquity*[4] yo hacía.

ESFINGE.   ¿Cómo ha sido?

MEFISTÓFELES.   Yo mismo no sé cómo.

ESFINGE.
¡Es posible! ¿No entiendes tú de horóscopos?
¿Qué dices de la estrella de esta hora?

MEFISTÓFELES *(levantando la mirada).*
Estrella tras estrella corre, y hay media luna;
y yo me encuentro a gusto en un sitio tan íntimo,
en tu piel de león resguardado y caliente.
Subir allá sería una auténtica lástima:
dime enigmas, o en todo caso, dime charadas.

ESFINGE.   Exprésate a ti mismo y ya será un enigma.
Por una vez intenta en lo íntimo aclararte:
«Es fatal para el hombre pío y para el perverso,

---

[3] Según Heródoto, unos escitas rapaces, con un solo ojo.
[4] En los antiguos «autos» teatrales ingleses —*moralities*— ése era
el nombre dado al demonio. Las Esfinges aparecen aquí como símbolo de lo permanente e inmutable.

llevar el uno un peto para la esgrima ascética,
y el otro, un compañero para hacer sus locuras,
y ambas cosas tan sólo para que Zeus se ría».

PRIMER GRIFO *(gruñendo).*
¡No puedo soportarle!

SEGUNDO GRIFO *(gruñendo más fuerte).*
                              ¿Qué nos quiere?

AMBOS. ¡Este asqueroso aquí no debe estar!

MEFISTÓFELES *(brutal).*
¿Crees que las uñas de este visitante
no arañan más que tus agudas garras?
pues ¡pruébalo!

ESFINGE. *(suave).* Por mí, puedes quedarte;
pero tú mismo pronto querrás irte.
En tu país te encuentras muy a gusto;
pero pienso que allí te hallarás mal.

MEFISTÓFELES. Por arriba, mirarte es incitante:
por abajo... da horror el animal.

ESFINGE. Embustero, tendrás tu penitencia
amarga: nuestras garras están sanas:
tú, con tu pata coja de cabrito
en nuestra compañía no estás bien.

        (Arriba, las Sirenas empiezan a cantar[5].)

MEFISTÓFELES.
¿Quiénes son esas aves que se mecen
junto al río, en las ramas de los chopos?

ESFINGE.
¡Ten cuidado! A los hombres más valientes
con esa cantilena han dominado.

SIRENAS. ¡Ay! ¿Por qué habrás de hacerte a residir
entre tales prodigios repugnantes?
Escucha, aquí venimos en bandadas
con bien templadas músicas,
¡así debe ser con las sirenas!

ESFINGE *(burlándose de ellas con la misma melodía).*
¡Fuérzalas a que bajen!
Esconden en las ramas
sus asquerosas garras de cernícalo,
para hacerte pedazos
si les prestas oídos.

---

[5] En la iconografía de la Antigüedad, las sirenas son mitad mujer, mitad pájaro.

SIRENAS. ¡Basta ya de rencor, basta de envidias!
¡Reunimos los más sublimes gozos
que se encuentran dispersos bajo el cielo!
Por el agua y la tierra
¡haya más alegres ademanes
que se ofrece a quien es el bien venido!

MEFISTÓFELES. Éstas sí que son claras novedades,
un sonido se junta con el otro
saliendo de las cuerdas y la boca.
Pero conmigo es vano el tarareo,
porque me cosquillea los oídos
pero no se abre paso al corazón.

ESFINGE. ¡No hables de corazón! Es cosa vana;
con tu cara, mejor irá de acuerdo
algún saco de cuero con arrugas.

FAUSTO *(adelantándose).*
¡Qué prodigio! Me gusta este espectáculo:
en lo asqueroso, rasgos nobles, grandes.
Ya presiento un destino favorable:
la solemne visión ¿dónde me lleva?
          (Refiriéndose a las Esfinges.)
¡Ante una así quedó parado Edipo!
          (Refiriéndose a las Sirenas.)
¡Ante unas así Ulises se ató en cáñamo!
          (Refiriéndose a las Hormigas.)
¡Unas así guardaron lo más alto!
          (Refiriéndose a los Grifos.)
¡Y éstos, fieles, sin falta, lo guardaron!
Nuevo valor me invade, nuevos ánimos:
¡qué grandiosas figuras y memorias!

MEFISTÓFELES. En otro tiempo habrías ahuyentado
a semejantes seres maldiciendo,
pero ahora parece que te gustan;
pues cuando uno va en busca de la amada
aun los monstruos resultan bien venidos.

FAUSTO *(a las Esfinges).*
Figuras de mujer, debéis decirme:
¿visteis a Elena alguna de vosotras?

ESFINGE. No somos de su tiempo: en nuestra raza,
fueron muertas por Hércules las últimas.
Podrías preguntárselo a Quirón:
esta noche espectral anda corriendo,

y, si te ayuda, habrás logrado mucho.
SIRENAS.   ¡Nada te faltará, de todos modos!
Cuando Ulises estuvo con nosotras,
aun con su prisa, no nos desdeñó,
y supo relatarnos muchas cosas:
todo aquello te lo confiaríamos
si quisieras venir a nuestros reinos
que van a dar allá, hacia el verde mar.
ESFINGE.   ¡Oh noble, no te dejes engañar!
En lugar de amarrarte como Ulises
nuestro consejo puede sujetarte.
Si puedes encontrar al buen Quirón
conocerás cuanto te he prometido.
(Se aleja Fausto.)
MEFISTÓFELES *(enojado).*
¿Qué es lo que huye con esos aleteos
tan de prisa que no se puede ver
y en persecución mutua? Cansarían
a cualquier cazador.
ESFINGE.   Son comparables
al viento del invierno en tempestad:
sólo Alcides las hiere con sus flechas[6].
Las raudas Estinfálidas son ésas,
con graznido de buenas intenciones,
con su pico de azor, patas de pato,
quieren acreditarse en nuestro círculo
como parientes nuestras.
MEFISTÓFELES *(como asustado).*
Por allí dentro hay algo más que silba.
ESFINGE.   ¡No tengas miedo! Allí están las cabezas
de la serpiente del lago de Lerna[7],
que, aun cortadas, se creen que son algo.
Pero dime, ¿qué va a ocurrir contigo?
¿Por qué esos ademanes de inquietud?
¿Adónde quieres ir? Pues vete entonces:
ya veo que aquel coro que hay allí
te hace volver la cara. No te fuerces;
ve a saludar a tan lindas visiones.

---

[6] Hércules, el «alcida», en cuanto descendiente de Alceo, venció
a las Estinfálidas, aves monstruosas, con pico y garras de bronce, que combatían usando como dardos sus propias plumas.
[7] Era un monstruo mitológico con siete cabezas.

Son las Lamias[8], muchachas animadas,
risueñas, y de caras insolentes;
tales como a los sátiros les gusta:
un pie de chivo allí lo puede todo.

MEFISTÓFELES.
¿Pero os quedáis aquí hasta que os encuentre?

ESFINGE.   ¡Sí! Mézclate con esa gente alegre.
Desde Egipto, tenemos la costumbre
de estar quietas mil años en el trono.
Y si respetan nuestra condición
a la luna y al sol damos sus reglas.
Nos sentamos, mirando a las Pirámides,
para el juicio supremo de los pueblos:
vemos inundaciones, guerras, paces,
con rostro inmóvil, sin pestañear.

EN LA PARTE BAJA DEL PENEO

El Peneo, rodeado de corrientes de agua y Ninfas.

PENEO.   ¡Agítate, susurro de las cañas!
¡Brota suave, murmullo de los juncos!
¡Zumbad, ramas ligeras de los sauces;
cuchichead, temblores de los álamos,
continuando el sueño interrumpido!
Pues un temblor temible me despierta,
agitación que todo lo sacude,
quitándome mi paz y mi fluir.

FAUSTO *(avanzando hacia el río).*
Si no oigo mal, parece que algo escucho:
detrás de los follajes intrincados
de estas ramas y de estos matorrales,
suena algo parecido a voz humana.
Pero parece que las ondas charlan
y las brisas parecen bromear.

NINFAS *(a Fausto).*   Lo mejor para ti
sería aquí tenderte,

---

[8] Vampiros femeninos, en atractiva forma juvenil.

reposar en lo fresco
tus miembros fatigados
disfrutando la paz
que parece eludirte;
corremos, susurramos,
y te cuchicheamos.

FAUSTO.   ¡Despierto, sí!   Dejadlas dominar,
estas figuras sin comparación
que mi mirada encuentra por allí.
¡Qué prodigio tan grande me penetra!
¿Son sueños? ¿Son recuerdos? Ya otra vez
esta misma felicidad sentiste.
Las aguas se deslizan por la sombra
del espeso follaje que se mece
sin hacer ruido, apenas avanzando,
muchas aguas, de todas partes vienen
a reunirse en ésta, clara y pura,
en remanso somero para el baño.
Cuerpos de mujer, jóvenes, robustos,
por el húmedo espejo redoblados,
se ofrecen placenteros a los ojos;
en bandadas alegres van al agua,
nadan con gozo y con temor vadean,
y hay griterío al fin, lucha en las ondas.
Mis ojos deberían disfrutar,
pero mi mente quiere ir más allá.
Tras ese velo cala mi mirada;
esa verde abundancia de follaje
a la suprema reina tiene oculta.
¡Qué prodigio! También se acercan cisnes,
saliendo del hondón de los arroyos,
y con puro ademán de majestad
se mecen con sosiego, en tiernos grupos,
pero ufanos de sí, llenos de orgullo:
¡cómo mueven el pico y la cabeza!
Pero hay uno entre todos¹, que parece
pavonearse osado y complacido;
y boga, adelantando a los demás,
hincha el plumaje y hace alzarse ondas
que corren y se acercan al lugar

¹ Se vuelve a la imagen del cisne de Leda, como antes.

sagrado. Nadan, mientras, los demás
de un lado para otro, con plumajes
refulgentes y plácidos, y pronto
también, en lucha hermosa y agitada,
asustan a las tímidas muchachas,
que ya no piensan más en su servicio
sino en ponerse a salvo solamente.

NINFAS. Poned, hermanas mías el oído
en la verde pendiente de la orilla.
Si no oigo mal, parece que sería
el ruido de los cascos de un caballo.
¡Si supiéramos quién viene a traer
el rápido mensaje en esta noche!

FAUSTO. Creo escuchar cómo truena la tierra
bajo un raudo caballo resonando.
Dirijo allí mi vista:
¿ha de llegarme ya
un mensaje propicio?
¡Oh prodigio sin par!
Llega al trote un jinete
en corcel de blancura deslumbrante...
Ya le conozco, si no me equivoco:
¡es el hijo famoso de Filira[2]!
¡Alto, Quirón! Te tengo que decir...

QUIRÓN. ¿Qué hay, qué es esto?

FAUSTO.   ¡Modera tu carrera!

QUIRÓN. No me puedo parar.

FAUSTO.   Te ruego, ¡llévame!

QUIRÓN. ¡Monta! así puedo preguntarte a gusto:
¿adónde vas? Estás aquí en la orilla:
yo estoy pronto a pasarte la corriente.

FAUSTO *(cabalgando)*.
Donde quieras. Y gracias, para siempre...
¡Este gran hombre y noble pedagogo,
que, con gloria, ha educado a un pueblo de héroes,
a la estirpe de nobles Argonautas,
fundadores del mundo del poeta!...

QUIRÓN. ¡Dejemos eso en paz! La misma Palas[3]

[2] Es el centauro Quirón, figura mitológica predilecta de Goethe. Se le consideraba como educador de Hércules, Aquiles y otros héroes, y como genio de la farmacopea y la medicina.
[3] Palas, es decir, Minerva, tomó la forma del anciano Mentor para educar a Telémaco (en el canto II de la *Odisea*).

no se honra al presentarse como Méntor;
cada cual va al final por su camino
como si no le hubieran educado.

FAUSTO.   ¡Abrazo, en plenitud de cuerpo y alma,
al médico que sabe bien las plantas
y conoce muy bien toda raíz;
al que cura al enfermo y al herido!

QUIRÓN.   Si hirieron a algún héroe junto a mí,
supe prestar mi ayuda y mi consejo,
pero al final dejé todas mis artes
para las curanderas y los curas.

FAUSTO.   Tú eres el hombre grande de verdad,
que no quieres palabras de alabanza;
modestamente, el gran hombre se escapa,
como si hubiera quien fuera su igual.

QUIRÓN.   Me parece que finges hábilmente,
adulando a la gente y al que manda.

FAUSTO.   Pero querrás, con todo, confesarme:
has visto a los más grandes de tu tiempo,
has seguido al más noble en sus afanes,
y como un semidiós, grave, has vivido.
Pero entre tanto heroico personaje
¿a quién juzgas que fue el más esforzado?

QUIRÓN.   En el augusto grupo de Argonautas,
cada cual fue valiente a su manera,
y con la fuerza que les animaba,
hacían lo que nadie hubiera hecho.
Los Dioscuros[4] quedaban vencedores
en fuerza juvenil y en hermosura.
La pronta decisión, el pronto auxilio
fueron hermoso don de los Boréadas.
Prudente y poderoso consejero
fue Jasón, hombre grato a las mujeres.
Orfeo, tierno, pensativo y mudo,
a todos con la lira superaba.

---

[4] Cástor y Pólux. Poco más abajo, los Boréadas, son los hijos de Bóreas, que libraron a Fineo de las arpías. Jasón era el jefe de la expedición de los Argonautas, que buscaban el «vellocino de oro». De Orfeo se recordará la leyenda de su descenso a los infiernos, en busca de Eurídice, y su virtud musical, que le permitía hechizar a las fieras. Linceo era un príncipe mesenio, piloto de los argonautas: su nombre será después usado por Goethe, en antonomasia, como «vigilante».

Linceo, el de ojo agudo, día y noche,
guió la nave sacra entre peligros.
En compañía, nada importa el riesgo:
al que actúa, le alaban los demás.

FAUSTO. ¿Y de Hércules, no quieres decir nada?

QUIRÓN. ¡No quieras excitarme la nostalgia!
No había visto a Febo todavía,
ni a Ares, ni a Hermes tampoco —así le llaman—,
cuando ya pude ver ante mis ojos
al que sin excepción todos alaban.
Era rey por su mismo natural,
de aspecto hermoso ya en su juventud,
pero sumiso a su hermano mayor,
y también a las más bellas mujeres.
No volverá a parir otro así Gea,
ni Hebe llevará al cielo alguno igual.
Vanamente los cánticos se esfuerzan,
y atormentan la piedra vanamente.

FAUSTO. Por más que se fatigue el escultor
no le hace tan soberbio como fue.
¡Hablabas del más bello de los hombres:
de la mujer más bella también!

QUIRÓN. No es nada la belleza de mujer:
muchas veces es una visión yerta.
Puedo alabar tan solamente a un ser
rebosante de gozo de vivir.
La bella está contenta de sí misma;
la gracia es lo que la hace irresistible,
como a Elena, que un día yo llevé...

FAUSTO. ¿Sobre ti la llevaste?

QUIRÓN.   En este lomo.

FAUSTO. ¿No estoy acaso ya bien confundido?
¡Este asiento me colma de ventura!

QUIRÓN. Iba a mi cabellera bien asida,
como ahora vas tú.

FAUSTO.   ¡Ah, por completo
me pierdo! Pero cuenta ¿cómo fue?
¡Elena es lo que ansío, solamente!
¿Adónde, y desde dónde la llevaste?

QUIRÓN. Fácil de responder es la pregunta.
Los Dioscuros, entonces, liberaron
a su hermana de manos de raptores.

Pero éstos, sin costumbre de perder,
a perseguirle, raudos, se lanzaron.
Los pantanos de Eleusis detuvieron
la carrera veloz de los hermanos;
vadearon, y yo pasé nadando.
Ella entonces montó en mí, acariciándome
las húmedas melenas, lisonjera;
y me lo agradeció seria y amable.
¡Qué encantadora; oh gozo de un anciano!

Fausto.   ¡A los diez años sólo!

Quirón.   Los filólogos
te han llevado al error en que ellos viven.
La mujer mitológica, es curioso,
la presenta el poeta como quiere;
nunca se hace mayor, nunca envejece;
siempre tiene figura seductora;
la raptan joven, vieja la desean.
No les obliga el tiempo a los poetas.

Fausto.   ¡Ojalá que tampoco a ella le obligue!
Cuando Aquiles en Fere la encontró[5]
libre estaba del tiempo. ¡Extraña dicha:
conseguir el amor contra el destino!
Y yo, con fuerza ansiosa, ¿no podría
atraer a la vida a ese ser único;
divina por su rango, esencia eterna,
grandiosa y tierna, augusta y hechicera?
Tú ya la viste antaño: y hoy la he visto,
tan bella como dulce y anhelada.
Mi ser entero ya está aprisionado:
¡no vivo si no puedo conseguirla!

Quirón.
¡Forastero! : como hombre, es entusiasmo:
entre espíritus, no es sino locura.
Pero todo saldrá para tu suerte;
porque todos los años, por un rato,
suelo en casa de Manto detenerme,
la hija de Esculapio. En mudo rezo,

---

[5] Se alude a una leyenda tardía según la cual Aquiles, descendido a los infiernos en busca de su madre Tetis, hubo de permanecer allí, en Fere. A su encuentro acudió entonces Elena, por él amada en vida, y entonces salida del mundo de las sombras para concederle su amor, «libre del tiempo».

ella implora a su padre que se gloríe
alumbrando la mente de los médicos,
y del horrendo crimen los aparte...
De las Sibilas, es la que prefiero;
sin horrores, con grata suavidad.
Ella será capaz, si te detienes,
de curarte de todo con raíces.

FAUSTO.   Yo no quiero curarme: mi alma es fuerte:
y entonces bajaría a lo vulgar.

QUIRÓN.   ¡No desprecies tan alta curación!
¡Baja de prisa! Estamos en el sitio.

FAUSTO.   Dime ¿por qué en la noche de terrores
me has traído entre el agua pantanosa?

QUIRÓN.   Aquí entraron en lucha Grecia y Roma[6];
y el Olimpo a la izquierda, allá el Peneo;
el mayor reino que se hundió en la arena.
Huyó el rey, y ha triunfado el ciudadano:
¡mira! aquí, impresionante en cercanía,
está, bajo la luna, el templo eterno.

MANTO[7] (*soñando en su interior*).   De cascos de caballo
resuena el sacro suelo:
se acercan semidioses.

QUIRÓN.   ¡Tienes razón!
¡Pero abre ya los ojos!

MANTO (*despertando*).
¡Bien venido! Ya veo que no faltas.

QUIRÓN.   ¿Tienes aún el templo que es tu casa?

MANTO.   ¿Sigues siempre vagando sin cansarte?

QUIRÓN.   Sigues viviendo aún entre la paz,
mientras a mí me place andar errante.

MANTO.   Aguardo, en tanto el tiempo me rodea.
¿Y ése?

QUIRÓN.   La noche negra y condenada
le ha traído hasta aquí en su torbellino.
Con mente enloquecida, busca a Elena,
quiere alcanzar a Elena, mas no sabe
por dónde comenzar: merecería
la cura de Esculapio más que muchos.

---

[6] Es el lugar de la batalla de Pydna, en que los romanos vencieron a Perseo, rey de los macedonios.
[7] En la mitología clásica, adivina, hija de Tiresias. Aquí Goethe la hace hija de Esculapio, el dios de la medicina.

MANTO.   Me gustan los que piden imposibles.
              (*Quirón ya se ha alejado.*)
         Entra y te alegrarás, ¡oh temerario!
         Lleva esta galería a Proserpina[8],
         que en la oscura oquedad bajo el Olimpo
         un saludo vedado está aguardando.
         Un día por aquí introduje a Orfeo.
         ¡Aprovéchalo más! ¡De prisa, pronto! (*Bajan.*)

            EN LA ALTURA DEL PENEO

                  Como antes.

SIRENAS.   ¡Lanzaos a las aguas del Peneo!
         Bueno es nadar en él y salpicar,
         entonando canciones y canciones
         para bien de la gente desgraciada.
         ¡Sin el agua no cabe salvación!
         Vayamos en cohorte luminosa,
         apresuradas, hasta el mar Egeo,
         y allí tendremos todos los placeres. (*Terremoto.*)
         Vuelve otra vez la onda con su espuma;
         ya no fluye bajando por su cauce;
         el suelo se estremece, hierve el agua,
         playa y arena tiemblan y echan humo.
         ¡Huyamos! ¡Vamos todas juntas, vamos!
         ¡No hay nadie a quien le valga este prodigio!
         ¡Id, visitantes nobles y contentas,
         a las fiestas alegres en el mar,
         a ver donde las olas temblorosas
         al romperse en la orilla, se hinchan leves,
         y tiene resplandor doble la luna[1],
         y en sagrado rocío nos empapa!
         Allí, vida animada en libertad,

---

[8] Alusión al mito de Proserpina —Perséfone, en griego—, hija
de Démeter-Ceres, raptada por Plutón para ser su esposa en el
reino subterráneo, con permiso para volver unos meses cada año
a la superficie de la tierra —símbolo de la primavera y el verano
con su fecundidad—.
[1] Resplandor doble, al reflejarse en el mar.

mientras aquí un terrible terremoto:
¡aléjense de prisa los prudentes!
Este sitio esté todo estremecido.
SEÍSMOS[2] *(rugiendo y haciendo ruido en lo profundo).*
¡Empujando otra vez con energía
lo he levantado en hombros bravamente!
Lograremos así llegar arriba,
donde todo nos cede.
ESFINGES. ¡Qué temblor espantoso,
qué tempestad horrible!
¡Qué temblor, qué oscilar
acá y allá empujando!
¡Qué enojo insoportable!
Pero no nos movemos
aunque se abra el infierno.
Ahora se alza una bóveda,
por prodigio. Es la misma
del viejo encanecido[3]
que hizo la isla de Delos,
y la sacó del mar
por una parturienta.
Con golpes y empujones,
en tensión y encorvado,
con ademanes de Atlas
alza el suelo, las hierbas,
grava, arena y guijarros,
cauce en paz de esta orilla.
Así desgarra un trecho
por la hierba del valle.
En tensión, incansable,
cariátide gigante,
una armazón de piedras
alza del suelo al pecho,
pero no seguirá:
ahí están las Esfinges.
SEÍSMOS. Todo esto yo solo lo he logrado,
se me tendrá por fin que confesar:
sin haberlo agitado y sacudido

---

[2] *Seísmos* es «terremoto» en griego, pero Goethe lo convierte en una figura mitológica.
[3] Poseidón-Neptuno hizo surgir, con un terremoto, la isla de Delos, para que Démeter, perseguida por Hera, pudiera allí dar a luz a Apolo y a Artemisa.

¿cómo sería el mundo tan hermoso?
Vuestras montañas ¿cómo se alzarían
en el hermoso azur del puro cielo,
si yo no las hubiera levantado
para ser visión bella y hechicera?
Cuando, ante los abuelos más sublimes,
la Noche, el Caos, empujé con fuerza,
y jugué, acompañado de Titanes,
con Osa y con Pelión[4], como pelotas,
con locura de ardores juveniles
andábamos y, al fin, ya fatigados,
al Parnaso pusimos como un gorro
doble, con insolencia, las dos cimas...
Apolo allí se queda alegremente
con el dichoso coro de las Musas.
Hasta a Júpiter, con el haz de rayos,
le levanté su trono hacia la altura.
Igual ahora, con enorme esfuerzo,
consigo levantarme del abismo
y convoco gritando a nueva vida
a alegres habitantes ante mí.

ESFINGE.   Inmemorial, habría que decir
que es el aquí en lo alto encastillado,
si no hubiéramos visto su manera
de salir por el suelo. Un bosque espeso
se extiende por delante, y se acumulan
peñascos y peñascos en montones:
ninguna Esfinge irá allí: no debemos
agitarnos en nuestra sede sacra.

GRIFO.   Oro en láminas, oro en finos panes,
veo temblar por entre las rendijas.
¡No permitáis que os roben tal tesoro!
¡Arriba, hormigas, pronto, id a sacarlo!

CORO DE LAS HORMIGAS.
Vosotras, las de patas agitadas,
subid de prisa arriba
adonde se elevaron
las de raza gigante.
Entrad y salid rápidas.
En semejantes grietas

---

[4] Osa y Pelión eran dos montañas tesalias.

cualquier migaja es digna
de hacerse dueño de ella.
Hasta lo más pequeño
debierais descubrir
con toda rapidez
en todos los rincones.
Debéis ser diligentes,
agitadas cohortes;
llevaos sólo el oro,
y la ganga, dejadla.

GRIFO. ¡Vamos, vamos! ¡El oro amontonado!
Le echaremos encima nuestras garras;
aquí hay lingotes de la mejor ley.
Muy bien guardado está el rico tesoro.

PIGMEOS. En realidad, hemos tomado sitio
sin saber cómo fue.
¡No preguntéis de dónde hemos venido,
una vez que aquí estamos!
Toda nación posee
la alegre residencia de la vida;
al abrirse una grieta entre las rocas
también se halla un enano.
El enano y la enana, diligentes,
para toda pareja son modelo:
no sé si fue de modo semejante
allá en el Paraíso.
Pero aquí nos hallamos muy a gusto,
y bendecimos, gratos, nuestra estrella,
porque la madre Tierra se complace
en engendrar, a Oriente y a Occidente.

DÁCTILOS[5]. Si en una sola noche
produjo a los pequeños,
igual engendrará a los más pequeños,
y encontrarán también sus semejantes.

LOS MÁS ANCIANOS DE LOS PIGMEOS.
¡De prisa, a tomar
un cómodo sitio!
¡De prisa, al trabajo!
¡Rápidos y enérgicos!

---

[5] Los Dáctilos son enanos aún más pequeños que los Pigmeos:
del tamaño de un dedo, como su nombre indica. Los Pigmeos
obligan a los Dáctilos y a las Hormigas a trabajar a su servicio.

Hay paz todavía:
construid las fraguas,
armas y corazas
para hacer las huestes.
Vosotras, hormigas,
en vuestro hormiguero
buscadnos metales.
Y vosotros, Dáctilos,
pequeños y muchos,
se os manda a vosotros
que traigáis la leña.
Reunid después
misteriosas llamas
y buscad carbones.

GENERALÍSIMO.   ¡Con arcos y flechas
marchad ahora mismo!
En aquel estanque
tirad a las garzas
que anidan sin número
presumiendo altivas,
tiradles de un golpe,
como un solo hombre,
que podamos ir
con casco y penacho.

HORMIGAS Y DÁCTILOS.

¿Quién nos salvará?
Buscamos el hierro;
y forjan cadenas.
¡Aún no es el tiempo
de independizaros!
Así, ¡estad sumisos!

LAS GRULLAS DE ÍBICO[6].

¡Gritos de asesinato y voz de muerte!
¡Angustioso aleteo!
¡Qué dolor, qué gemidos
suben a nuestra altura!

---

[6] La grulla es, como dice Fray Luis de León en su *Oda al Licenciado Juan de Grial*, «el ave vengadora del Íbico», porque éste, según la leyenda, al ser asesinado por unos ladrones, invocó por testigos a unas grullas que volaban sobre el lugar del crimen. Más adelante, en los Juegos Olímpicos, uno de los ladrones vio pasar una bandada de grullas y dijo a sus compañeros «¡Las grullas de Íbico!», con lo que se descubrió el delito. Schiller escribió un poema sobre este motivo, titulado *Las grullas de Íbico*.

Todas han muerto ya
y el mar se ha enrojecido con su sangre.
La codicia monstruosa
arranca el noble ornato de las garzas.
¡Y ya se eleva el viento sobre el casco
de ese bribón panzudo y patizambo!
Aliadas nuestras, junto a nuestras huestes,
que en bandadas el mar atravesáis,
os conjuramos a tomar venganza
en cosa que nos toca de tan cerca.
No se ahorre ninguna fuerza y sangre
con esa raza ¡eterna enemistad!
(Se dispersan por los aires, graznando.)
Mefistófeles *(en la llanura).*

A las brujas del Norte yo supe dominar;
y con estos espíritus extraños no lo logro.
El Blocksberg[7] sigue siendo sitio bastante cómodo:
dondequiera que estemos, sabemos dónde estamos.
Nos vela la «Señora Ilse» desde su piedra,
en su altura se eleva «Enrique» alegremente;
cierto es que a la «Miseria» gruñen los «Roncadores»,
pero todo está hecho para más de mil años.
¿Quién sabe entonces dónde está y adónde va,
y si debajo de él no va a estallar el suelo?
Yo camino contento por un valle bien liso,
pero detrás de mí se eleva de repente
una montaña, apenas lo que se llama así,
pero con suficiente altura para que me aísle
de mis Esfinges. Danzan aún algunos fuegos
por el valle y convocan en torno a esta aventura,
danzan y ante mí flotan, incitantes y esquivos,
pícaramente en coro galante revolando.
Pero ¡calma! Habituado a golosinear
dondequiera que sea, a ver si algo se saca.
Lamias[8] *(atrayendo tras de sí a Mefistófeles).*

¡De prisa, más de prisa!
¡Alejémonos! Luego
vacilando otra vez,

[7] Al aludirse de nuevo a la montaña del aquelarre, Blocksberg, se nombran ahora cimas y lugares circundantes, la «Señora Ilse», «Enrique», «Miseria» (*Elena*, ya nombrada en la Primera Parte, al comenzar la noche de Walpurgis), y los collados «Roncadores».
[8] Son los vampiros femeninos antes introducidos.

    charlaremos con risas.
    Es cosa divertida
    atraer a remolque
    al viejo pecador
    y darle penitencia:
    con su pie renqueante
    acude tropezando
    de traspiés en traspiés,
    arrastrando la pierna,
    y nosotras huimos
    y él nos viene detrás.

Mefistófeles *(parándose)*.
    ¡Mala suerte! ¡Engañado siempre el hombre!
    Infeliz seducido, desde Adán.
    Uno se hace más viejo, no más cuerdo.
    ¿No estabas ya bastante enloquecido?
    Ya se sabe: por sí, nadie obra bien:
    cara pintada y cuerpo en corrupción.
    Con nada sano pueden responder:
    por donde se las toque, están podridas;
    ya se sabe y se ve, puede palparse;
    pero se baila al son que ellas nos tocan.

Lamias *(parándose)*.
    ¡Alto! Piensa y vacila, está dudando.
    ¡No se os escape! ¡Vamos a su encuentro!

Mefistófeles *(prosiguiendo)*.
    Vamos, pues, y no dejes que te enreden
    tontamente las dudas en su trama.
    Porque, si no existieran tales brujas,
    ¡quién demonio querría ser demonio!

Lamias *(con gracia)*.
    En torno de este héroe haced corro.
    Seguramente que en su corazón
    habrá amor por alguna de vosotras.

Mefistófeles. En verdad que con esta luz incierta
    unas hermosas damas parecéis,
    de modo que no os puedo criticar.

Empusa[9]. ¿Ni siquiera a mí, siendo de vosotras,
    me dejáis en el corro tomar parte?

Lamias. En nuestros corros ésta está de más,

---

[9] Una de las Lamias, con una sola pata de asno, y con el poder de transformarse.

porque nos estropea siempre el juego.

EMPUSA *(a Mefistófeles).*
¡Te saluda la Empusa, tu pariente,
la comadre con pata de borrico!
Tú tienes sólo pata de caballo,
pero recibe ¡oh primo! mi saludo.

MEFISTÓFELES.   Aquí creí que sólo habría extraños,
y por desgracia encuentro primos próximos:
es hojear un libro muy antiguo:
¡siempre primos, del Harz hasta la Hélade!

EMPUSA.   Sé actuar, en seguida y decidida:
podría transformarme en muchas cosas,
pero en tu honor ahora me he plantado
la cabeza de burro.

MEFISTÓFELES.
Ya he notado que tiene entre esta gente
una gran importancia el parentesco.
Mas, pase lo que pase, yo querría
de esta cabeza de asno renegar.

LAMIAS.   Deja a esta repugnante que hace huir,
asustado, cuanto es bello y amable;
En cuanto hay algo que es amable o bello,
ella aparece, y deja ya de serlo.

MEFISTÓFELES.   Aun las primitas tiernas y delgadas
me infunden toda clase de sospechas:
y tras de esas mejillas y sus rosas
sospecho que hay también metamorfosis.

LAMIAS.   Pues ¡prueba! Somos muchas.
¡Echa mano! Y si tienes suerte en juegos,
atrapa el mejor premio.
¿Qué son esas lascivas cantilenas?
¡Eres un pretendiente miserable,
por mucho que presumas y que crezcas!
Ahora viene a mezclarse en nuestro corro:
¡quitaos poco a poco vuestras máscaras
y presentadle vuestro puro ser!

MEFISTÓFELES.   Elegí a la más guapa...
                (Abrazándola.)
¡Pobre de mí! ¡Qué escoba seca y triste!
                (Abrazando a otra.)
¿Y ésta? ¡Qué cara infame!

LAMIAS.   ¿Mereces algo más? ¡Ni que lo pienses!

MEFISTÓFELES. De la pequeña quiero apoderarme...
Es lagartija[10], y me huye entre las manos;
su trenza se me va, como serpiente.
Pues en cambio, a esa larga agarraré...
¡Una vara de tirso he abrazado
y una copa de pino por cabeza!
¿Qué va a ser esto? Aún hay una gorda,
con la que acaso pueda entusiasmarme.
¡Me atrevo por vez última! ¡Allá voy!
Fláccida como vana: ¡es lo que pagan
los orientales a tan alto precio!
Pero ¡ay! ¡que se revienta en dos el odre!

LAMIAS. Separaos, temblad y suspendeos
como chispas; cercad con negros vuelos
al hijo de las brujas, al intruso,
en círculo terrible e impreciso,
lo mismo que murciélagos callados.
Pero él se escapará muy fácilmente.

MEFISTÓFELES *(sacudiendo)*.
No parece que me haya vuelto cuerdo.
Es absurdo, lo mismo que en el Norte:
hay espectros tan locos como allí,
de tan mal gusto el pueblo y los poetas.
También aquí hay un baile de disfraces
de los sentidos, como en todas partes.
Agarré dulces cuerpos disfrazados,
y eran cosas que daban repugnancia.
Y me habría engañado de buen grado
de haber durado un poco más de tiempo.
(Extraviándose entre las rocas.)
¿Dónde estoy? ¿Dónde puedo ir a parar?
Esto que era un sendero, hoy es el caos.
Por un camino llano llegué aquí,
y ahora entre guijarros me extravío.
Inútilmente trepo y subo y bajo.
¿dónde volveré a hallar a mis Esfinges?
Nunca habría pensado algo tan loco:
¡tal cordillera en una sola noche!
Trote alegre de brujas llamo a esto,

---

[10] En forma más o menos italianizada, *lacerte* designaba para
Goethe una mujer de mala vida.

que se traen consigo su aquelarre.
OREAS[11] *(desde el peñasco natural).*
¡Sube aquí! Mi montaña es muy antigua;
permanece en su forma original.
Honra estas sendas ásperas de roca,
estribaciones últimas del Pindo.
Así permanecí sin conmoverme
cuando huyó sobre mí Pompeyo el Grande.
Alrededor, las sombras del delirio
desaparecen ya al cantar el gallo.
Tales leyendas veo muchas veces
surgir y de repente disiparse.
MEFISTÓFELES.   ¡Honor a ti, cabeza venerable,
de pujanza de encinas coronada!
El fulgor más brillante de la luna
no penetra en tu sombra... Pero al lado,
por entre la espesura va moviéndose
una luz, que refulge humildemente.
¡Adónde irá a parar todo este asunto!
¡De veras, si es Homúnculo!
¿Adónde vas, pequeño compañero?
HOMÚNCULO.   De un sitio para otro voy flotando,
y querría salir[12] fuera, en el buen
sentido, e impaciente, este cristal
romper: pero hasta ahora lo que he visto
no me deja atreverme a penetrar.
Sólo, para decírtelo en confianza:
les voy siguiendo el rastro a dos filósofos:
«¡Naturaleza!» oí cómo gritaban,
y de ellos no me quiero separar,
pues la esencia sabrán de lo terrestre,
y al fin podré saber adónde debo
dirigirme del modo más prudente.
MEFISTÓFELES.
¡Hazlo tú por tu cuenta! Porque donde
han tomado su sitio los fantasmas,
el filósofo está bien recibido.
Para que se disfrute su arte y gracia,

---

[11] Oreas, la ninfa de la montaña. Se dice el «peñasco natural»
para distinguirlo de las montañas hechas surgir por Seísmos.
[12] La expresión del original es a la vez más profunda y más
ambigua, *entstehen*, «nacer», «surgir».

él creará en seguida otra docena.
Si no yerras, no alcanzas la razón.
¡Si quieres salir fuera, por tu mano!
HOMÚNCULO.   Nunca es de despreciar un buen consejo.
MEFISTÓFELES.
  ¡Pues sigue allá! Veremos lo que pasa. *(Se separan.)*
ANAXÁGORAS *(a Tales)*[13].
  Tu mente terca no quiere plegarse:
  para que te convenzas, ¿qué más falta?
TALES.   Las olas siguen, gratas, toda brisa,
  pero eluden el recio acantilado.
ANAXÁGORAS.   Por el vaho del fuego hay estas rocas.
TALES.   De lo húmedo ha surgido lo vivente.
HOMÚNCULO *(entre ambos).*   ¡Dejadme a vuestro lado!
  ¡Me apetece nacer y salir fuera!
ANAXÁGORAS.   ¿Sacaste en una sola noche, Tales,
  del fango una montaña semejante?
TALES.   Con su vivo fluir, Naturaleza
  jamás se ató a los días, noches y horas.
  Ella estructura y rige toda forma,
  y nunca hace violencia, aun en lo grande.
ANAXÁGORAS.
  ¡Pero aquí sí! El horrible fuego interno,
  recia explosión de los vahos eólicos,
  la vieja costra de la tierra plana
  ha roto, para hacer surgir un monte.
TALES.   Pero ¿de eso qué puede deducirse?
  Está, y en conclusión, está muy bien.
  Se pierde tiempo y paz con tal disputa
  y se enreda a la gente dócilmente.
ANAXÁGORAS.
  Veloz, el monte mana mirmidones[14],
  poblando las rendijas de las peñas
  de pigmeos, hormigas, menudencias
  y otros pequeños seres diligentes.
            (A Homúnculo.)

---

[13] Tales de Mileto, el primer filósofo presocrático, afirmaba que toda la Naturaleza procede del agua, en diversos estados y formas: Anaxágoras no está tomado aquí exactamente por sus doctrinas, sino en contraposición a Tales, en cuanto defiende que todo está ordenado por una inteligencia —*Nous*— y un dinamismo central, a modo de fuego.
[14] Aquí quiere decir «hormigas»; en realidad, eran unos habitantes de Tesalia que, según la leyenda, habían sido antes hormigas.

Tú jamás emprendiste cosas grandes,
en tu vida encerrada de ermitaño;
si puedes habituarte al señorío
yo haré que te coronen como rey.

HOMÚNCULO.   ¿Qué dice Tales?

TALES.   Yo no lo aconsejo.
Pequeñas gestas hacen los pequeños;
con grandes, el pequeño se hace grande
¡Mira qué nube negra, allí, de grullas[15]!
Para el pueblo agitado es amenaza
y así amenazaría al mismo rey.
Con pico agudo y garras afiladas
se precipitan sobre los pequeños;
va la fatalidad relampaguea.
Por un crimen murieron tantas garzas
que rodeaban los lagos de la calma.
Pero aquellos disparos asesinos
traen venganzas sangrientas y espantosas,
animando en su ira a los parientes
contra esa raza impía de pigmeos.
¿De qué sirven ya escudo, casco y lanza?
¿Y el penacho de garza a los enanos?
¡Cómo se esconden dáctilos y hormigas!
Ya vacila el ejército, ya escapa.

ANAXÁGORAS *(después de una pausa, solemnemente).*
¡Si he alabado a los seres subterráneos,
ahora me dirijo a las alturas!
Tú, en lo alto, la Eterna sin vejez,
tú que tienes tres nombres y tres formas,
te apelo con la queja de mi pueblo,
¡Hécate, Luna, Diana!
Tú que inspiras el pecho y los sentidos
con plácido fulgor y poder íntimo,
¡abre el horrible abismo de tus sombras:
la antigua fuerza sin hechizos muéstrese! *(Pausa.)*
¿Se me ha escuchado demasiado pronto?
¿Mi súplica elevada
hacia aquellas alturas
ha trastornado el orden natural?

---

[15] Se vuelve aquí a la acción de unas páginas atrás, con las
«grullas vengadoras», como ilustración de la negativa de Tales a
que Homúnculo se deje coronar como rey.

¡Cada vez más enorme se aproxima
el esférico trono de la diosa;
terrible e imponente a la mirada,
su fuego se recorta en lo sombrío!
¡No te acerques, esfera de amenaza
que nos va a aniquilar, con mar y tierra!
Las mujeres tesalias ¿será cierto
que de tu senda te han hecho caer,
con sacrílega magia profanándote,
v de lo más letal se han despojado?
De sombra se ha cercado el claro disco:
¡de pronto se desgarra y lanza chispas!
¡Qué zumbido, qué estrépito!
¡Qué truenos, qué rugidos de los vientos!
Ante tu altar me postro humildemente.
Perdóname, lo he provocado yo. *(Se arroja de cara.)*[16]

TALES.

¡Qué es lo que éste no ha visto y no ha escuchado!
No comprendo bien qué nos ha pasado.
Ni he llegado a notarlo. Confesémoslo,
son trances de locura,
y la luna se mece tan tranquila
en su sitio como antes.

HOMÚNCULO.   ¡Ved el sitio en que viven los pigmeos!
El monte era redondo, y es picudo.
Una enorme caída he percibido. ‘
v el peñasco ha caído de la luna;
ha dejado aplastados al momento
a todos los amigos y enemigos.
Pero debo alabar artes como éstas
que en una sola noche, creativas,
han hecho aparecer todo ese monte,
a la vez desde arriba y desde abajo.

TALES.   ¡Estáte en paz! Ha sido imaginado.
La repugnante raza sigue en marcha,

---

[16] En este episodio, Goethe ha trasladado la discusión de los
filósofos presocráticos a las discusiones geológicas v cosmogónicas
de su época: los meteoritos, si eran piedras desprendidas de la
luna —que formarían montes enteros en la tierra, al ser muy
grandes—, irían en contra de las teorías atribuidas a Tales y a
favor del «vulcanismo» atribuido a Anaxágoras. Éste ha pedido
a la luna que envíe a la tierra un gran trozo de roca, del tamaño
de un monte. Pero Tales, como ese hecho va en contra de su teoría, no lo reconoce, y dice que «ha sido imaginado».

y está bien que no seas tú su rey.
¡A la fiesta del mar vamos ahora!
Allí honran las visitas prodigiosas. *(Se alejan.)*

MEFISTÓFELES *(trepando por el otro lado).*

Por abruptos peñascos me abro paso,
y encinas viejas de raíces duras.
En mi Harz los vapores resinosos[17]
trascienden a alquitrán, que a mí me gusta,
y además el azufre... Entre estos griegos
apenas hay olores semejantes,
< pero yo estoy curioso de saber
con qué atizan las llamas del infierno.

DRÍADA[18]. Por natural, eres listo en tu tierra,
pero en el extranjero eres un necio.
No vuelvas con la mente hacia tu patria;
a la encina sagrada aquí venera.

MEFISTÓFELES.

Lo que se ha abandonado, se recuerda:
parece un paraíso lo habitual.
Pero dime ¿qué es eso que en tres formas,
en aquella caverna se acurruca?

DRÍADA. Son las Fórcidas[19]. Osa ir hasta allí
y háblales, si no tiemblas.

MEFISTÓFELES. ¡Ya lo creo! Me extraña lo que veo.
Aun con mi orgullo, debo confesar
que nunca he visto cosa semejante.
Son peores que dioses de mandrágora[20].
¿Se puede hallar fealdad en absoluto
en los pecados siempre denostados
después de ver tal monstruo en triple forma?
No las admitiríamos delante
del más horrible de nuestros infiernos,
y están en el país de la belleza,
que tiene fama de ser clásico...
Se mueven y me están olfateando:
como vampiros silban y gorjean.

---

[17] Hay un juego de palabras intraducible entre «Harz» y *harzig*, «resinoso».
[18] Las Dríadas eran ninfas de los árboles y los bosques.
[19] Las Fórcidas eran las tres hijas del viejo del mar, Forcis. Se llamaban Dino, Enio y Pefreda: tenían el pelo blanco, y un solo ojo y un solo diente, que usaban por turno.
[20] Los «alrunas», ídolos tallados en mandrágora.

Una Fórcida.
 Dadme el ojo, que pueda ver, hermanas,
 quién se atreve a acercarse a nuestro templo.
Mefistófeles.   ¡Estimadas señoras! Permitidme
 que os pida vuestra triple bendición.
 Me presento, desconocido aún,
 pero creo que soy pariente vuestro.
 Dioses de antiguo culto ya he encontrado,
 y he hecho mi reverencia ante Ops y Rhea[21],
 y a las hermanas nuestras y del Caos,
 las Parcas, las vi ayer... o antes de ayer;
 pero como vosotras, nada he visto
 jamás. Me callo ahora y entro en éxtasis.
Fórcidas.   Parece que este espíritu es sensato.
Mefistófeles.   Raro es que no os alabe algún poeta.
 Decidme, ¿cómo pudo ocurrir esto?
 No os he visto en imagen, ilustrísimas;
 debierais ser ideal del escultor;
 no Juno, Palas, Venus y esas otras.
Fórcidas.   En soledad y muda noche hundidas,
 ninguna de las tres pensó en tal cosa.
Mefistófeles.   No es raro, si, del mundo retiradas,
 no dejáis que os contemple nadie aquí.
 Debierais habitar en los lugares
 donde arte y esplendor reinan, parejos,
 y a diario, con impulso, entra algún bloque
 de mármol en la vida, como un héroe,
 y donde...
Fórcidas.   ¡Calla y no nos des deseos!
 ¿De qué nos serviría, aunque supiéramos?
 Nacidas en la noche, y de su estirpe,
 no nos conoce nadie, ni aun nosotras.
Mefistófeles.
 En tal caso, no hay mucho que decir:
 encomendarse a otros también cabe.
 Para las tres os basta un ojo, un diente;
 fuera más mitológico, en tal caso,
 juntar en dos la esencia de las tres,
 y la tercera forma, a mí prestármela,
 por poco tiempo.

---

[21] Ops, diosa de la cosecha; Rhea, madre de la tierra; ambas, de la mitología preolímpica.

UNA FÓRCIDA.   ¿Qué creéis? ¿Saldría?
LAS OTRAS. Probemos... pero nada de ojo y diente.
MEFISTÓFELES. Quitáis precisamente lo mejor:
¡cómo mejoraría vuestra imagen!
UNA FÓRCIDA. Cierra un ojo, que se hace fácilmente,
y uno de los colmillos deja fuera:
te parecerás mucho de perfil,
fraternalmente análogo a nosotras.
MEFISTÓFELES. ¡Gran honor! ¡Así sea!
FÓRCIDAS.   ¡Sea así!
MEFISTÓFELES *(como Fórcida)*[22].
¡Ya estoy de predilecto hijo del Caos!
FÓRCIDAS. Sin discusión, del Caos somos hijas.
MEFISTÓFELES. ¡Vergüenza! Me dirán hermafrodita.
FÓRCIDAS. ¡Qué belleza en la nueva trinidad
de hermanas, con dos ojos y dos dientes!
MEFISTÓFELES. Debo ocultarme a todas las miradas:
en el infierno asusto a los demonios. *(Se va.)*

ENSENADAS ROCOSAS EN EL MAR EGEO

La luna se cierne en el cenit.

SIRENAS *(reclinadas por los escollos, tocando la flauta
y cantando).*
Si antes, entre el espanto de la noche,
las brujas de Tesalia, en sacrilegio,
te hicieron descender, míranos hoy
con placidez en lo alto de la bóveda
de tu noche, sobre las ondas trémulas,
con el suave chispeo del reflejo
bullicioso, y alumbra este tumulto
que se alza de las olas;
¡contémplanos propicia, hermosa luna,
que a tu servicio estamos ofrecidas!

---

[22] Mefistófeles ha tomado forma de Fórcida como el aspecto que
mejor le correspondería dentro del repertorio de figuras de la
Antigüedad clásica.

NEREIDAS Y TRITONES *(como monstruos marinos)*[1].
¡Clamad con voz sonora y penetrante,
y que retumbe por el ancho mar!
¡Llamad a los que habitan lo profundo!
¡Ante la tempestad de fauces crueles
escapamos al fondo y la quietud;
la suavidad del canto nos atrae!
Mirad cómo en altísimo entusiasmo
nos adornamos con cadenas de oro,
broches y cinturones enjoyados,
más la corona de oro y de diamantes.
Todo esto es tesoro y fruto vuestro,
que en naufragios habéis dejado hundidos;
nos \atraéis ahora con el canto,
como demonios de nuestra ensenada.
SIRENAS.   Sabido es que en el mar y su frescura
los peces se deslizan con placer,
y sin dolor se ciernen por su vida;
pero hoy nos gustaría averiguar,
cohortes agitadas y festivas,
si sois alguna cosa más que peces.
NEREIDAS Y TRITONES.   Antes de que llegáramos aquí
hemos pensado en eso meditándolo:
¡hermanos, vamos ya de prisa, hermanas!
Hoy es bastante el más pequeño viaje
para demostración satisfactoria
de que somos un poco más que peces *(Se alejan.)*
SIRENAS.   ¡Han desaparecido en un instante!
A Samotracia van derechamente;
con viento favorable se han perdido
de vista. ¿Qué querrán llevar a cabo
de los altos Cabires[2] en el reino?
Hay dioses, prodigiosamente raros,
que sin cesar se engendran a sí mismos
y no saben jamás qué es lo que son.
¡Quédate en tus alturas,
dulce luna, tus gracias derramando,

---

[1] Son seres con la mitad inferior en forma de pez, y la mitad
superior en forma —respectivamente— de mujer o de hombre.
[2] Los Cabires eran los dioses de un culto mistérico, especialmen-
te arraigado en Samotracia, según un estudio de Schelling que
Goethe había leído por entonces

para que siempre siga siendo noche
y el día no nos venga a desplazar!

TALES *(en la orilla, a Homero).*
Al anciano Nereo te querría
llevar, pues de su cueva estamos cerca,
pero esa repugnante olla podrida
es hombre de cabeza berroqueña.
La humanidad entera no consigue
hacer nada que agrade a ese gruñón.
Pero como el futuro le es visible,
todos tienen respeto a su saber
y en su puesto le siguen venerando:
a muchos también hizo mucho bien.

HOMÚNCULO. ¡Probemos a dar golpes a su puerta!
No me habrá de costar cristal y llama.

NEREO. ¿Voces humanas oyen mis oídos?
¡Qué ira siento en el fondo de mi pecho!
Figuras con empeño de ser dioses,
y ser como ellos mismos condenados.
Paz divina hace tiempo tener pude,
pero quise ayudar a los mejores
y cuando miro al fin qué he conseguido,
es igual que si no hubiera acertado.

TALES. Pero hay confianza en ti, viejo del mar,
tú eres sabio, ¡de aquí no nos expulses!
Mira esta llama: al hombre semejante,
se entrega por completo a tu consejo.

NEREO.
¡Qué consejo! ¿Os sirvió nunca a los hombres?
Buena palabra muere en duro oído.
Por más que se critique a sí con ira,
igual que antes la gente sigue terca.
¡Qué consejos de padre le di a Paris,
antes que su pasión no le enredara
con la extranjera! En las orillas griegas
con osadía estaba, y le anuncié
lo que veía en mi alma: los tormentos
del aire, la vertida sangre roja
entre crimen y muerte, ardientes vigas;
la condena de Troya, sentenciada
en verso, antaño célebre y temida.
Mi anciana voz creyó aquel insolente

un juego; fue a su afán, y cayó Ilión[3]...
Cadáver gigantesco, tras de tanto
sufrir, banquete de águilas del Pindo.
Y ¿no predije a Ulises, igualmente,
Circe y su engaño, el Cíclope y su horror,
sus dudas, la inconstancia de los suyos?
¡Qué no le dije! ¿Acaso le sirvió?
Hasta que, tras de mucho sacudirle,
el favor de las olas le dio puerto.

TALES.   Tal conducta atormenta al hombre sabio,
pero el bueno de nuevo ha de intentarlo.
Una dracma de gratitud le es más
que una arroba de negra ingratitud.
No os hemos de rogar nada mezquino:
este niño, sensato, nacer quiere.

NEREO.   ¡No me vengáis con tales humoradas!
Hoy me propongo cosa bien distinta:
a mis hijas mandé decir que vengan:
son las Dóridas, Gracias de los mares.
No tiene vuestro suelo ni el Olimpo
figuras tan graciosas y tan bellas.
Se arrojan, con hermosos ademanes,
desde el dragón marino a los caballos
de Neptuno, y al agua tan unidas
que la espuma parece sostenerlas.
En carroza irisada de veneras
se acerca Galatea, la más bella,
que, desde cuando Cipris[4] nos dejó,
es venerada en Pafos como diosa,
teniendo así en herencia la ciudad
del templo y la carroza con su trono.
¡Marchad! Con la alegría fraternal
no puede haber rencor ni duras frases.
¡Preguntad a Proteo, el prodigioso,
cómo puede nacerse y transformarse!
                (Se aleja hacia el mar.)

TALES.   Con este paso, nada hemos ganado.
Si se encuentra a Proteo, se disipa,
y si se para a hablar, tan sólo dice

---

[3] Ilión, el nombre antiguo de Troya, de donde «Ilíada».
[4] Sobrenombre de Venus.

algo que asombre y deje en confusión.
Pero si necesitas tal consejo
probaremos, cambiando de camino.
(*Se alejan.*)

SIRENAS (*en las rocas*).
¿Qué es aquello que vemos a lo lejos
avanzar por el reino de las olas?
Igual que blancas velas, que siguieran
el arbitrio del viento,
¡tan luminosas son de contemplar
las mujeres del mar, transfiguradas!
Bajemos por las rocas:
ya percibís sus voces.

NEREIDAS Y TRITONES.
Lo que con nuestras manos os traemos
a todos os tendrá que complacer.
El escudo gigante de Quelona[5]
refleja una severa y grave forma:
dioses son los que ahora hemos traído:
deberíais cantar altas canciones.

SIRENAS. Pequeños de figura
y grandes de poder,
salvadores de náufragos,
¡oh dioses venerados desde antiguo!

NEREIDAS Y TRITONES.
Aquí os hemos traído a los Cabires
para que hagamos una fiesta en paz;
pues donde ellos imperan, sacramente,
Neptuno mantendrá en paz sus furores.

SIRENAS. La precedencia os damos;
cuando se estrella un barco
con fuerza irresistible
a la tripulación ponéis a salvo.

NEREIDAS Y TRITONES.
A tres hemos traído con nosotros[6]

---

[5] Es decir, traen una gran concha de tortuga, a modo de escudo, y enmarcando un espejo en que se refleja la forma de los dioses Cabires. Se alude al mito de la ninfa Quelona (de cuyo nombre viene el de «quelonios», aplicado a tortugas, galápagos, etcétera), arrojada al mar por Mercurio con su casa a cuestas.

[6] Se discutía el número de los Cabires; cuatro o, como se dice más abajo, siete; Goethe había estudiado este tema en diversos autores (Creuzer, Schelling...).

y el cuarto no ha querido acompañarnos:
decía que él tan sólo era el auténtico,
y que pensaba por todos los otros.
SIRENAS.   Un dios puede burlarse de otro dios.
 ¡Honores a las gracias,
 y temed sus ofensas!
NEREIDAS Y TRITONES.
 En realidad, son siete.
SIRENAS.   ¿Y los otros tres dónde se han quedado?
NEREIDAS Y TRITONES.
 No sabemos decir:
 debierais preguntar en el Olimpo.
 Allí también existe otro, el octavo,
 en quien nadie pensaba.
 Nos aguardan con gracia,
 pero aún no están todos preparados.
 Esos incomparables
 quieren ir adelante,
 anhelantes hambrientos
 de lo que no se alcanza.
SIRENAS.   Tenemos la costumbre
 de adorar donde exista
 un trono, aun en la luna
 o el sol: vale la pena.
NEREIDAS Y TRITONES.
 Llevará a lo más alto nuestra gloria
 dirigir nuestra fiesta.
SIRENAS.   Los héroes de las épocas antiguas
 quedan disminuidos en su fama,
 por más que acá o allá brillen aún:
 si el Vellocino de Oro ellos ganaron,
 vosotros conquistasteis los Cabires.
          (Repetido a coro por todos.)
TODOS.   ¡Si el Vellocino de Oro ellos ganaron
 vosotros conquistasteis }
 nosotros conquistamos }los Cabires!
(Las Nereidas y Tritones siguen adelante.)
HOMÚNCULO.
 Esos seres sin forma me parecen
 ollas de tierra mala;
 a tropezar con ellos van los sabios
 y a romperse las pétreas cabezas.

TALES. Eso es lo que se busca;
si la moneda vale, es por la pátina.
PROTEO[7] *(sin ser observado).*
Este viejo embustero ¡así me gusta!
Más respetable, cuanto más extraño.
TALES. Proteo, ¿dónde estás?
PROTEO *(hablando como un ventrílocuo, unas veces*
cerca, otras veces lejos).
¡Estoy aquí, y aquí!
TALES. Te perdono esta vieja broma, pero
a un amigo no le hables vanamente.
Hablas donde no estás: lo sé muy bien.
PROTEO *(desde lejos).* Adiós.
TALES *(en voz baja a Homúnculo).*
¡Está muy cerca! ¡Brilla fuerte!
Proteo es tan curioso como un pez,
y dondequiera esté, y en cualquier forma,
se sentirá atraído por las llamas.
HOMÚNCULO. Derramaré en seguida mucha luz,
pero cuidado, no rompa el cristal.
PROTEO *(en forma de una gigantesca concha de tor-*
tuga).
¿Qué brilla con tal gracia y tan bonito?
TALES *(ocultando a Homúnculo).*
Si tienes ganas, míralo de cerca.
No te molestará tan poco esfuerzo,
y hará que en dos pies salgas, como un hombre.
Si quieres ver qué es esto que ocultamos
ha de ser por favor nuestro y merced.
PROTEO *(tomando un aspecto noble).*
Aún recuerdas los trucos de este mundo.
TALES. Y tú en cambiar de forma te diviertes.
(Deja ver a Homúnculo.)
PROTEO. ¡Un enano con luz! ¡Jamás lo he visto!
TALES. Viene a pedir consejo, porque quiere
nacer. Según él mismo me ha contado,
de modo extraño, vino al mundo a medias.
No le faltan los dones del espíritu:
pero no tiene lo útil y palpable.

---

[7] Proteo era la famosa divinidad marina que cambiaba continuamente de forma; de ahí nuestro adjetivo «proteico».

Sólo el cristal le da peso, hasta ahora:
cuanto antes, se querría hacer corpóreo.
PROTEO.   Un hijo virginal eres de veras:
antes de tu momento, existes ya.
TALES (en voz baja).
También lo encuentro mal en otro aspecto:
tengo impresión de que es hermafrodita.
PROTEO.   Más bien es de alegrarse:
se encontrará muy bien como le cuadre.
Pero poco hay aquí que discutir:
¡en el ancho mar tienes que empezar!
En pequeño, al principio allí se empieza,
gozando al devorar lo más pequeño;
luego se va creciendo poco a poco,
formándose con toda perfección.
HOMÚNCULO.   Sopla aquí un viento suave;
todo verdea, y gozo los aromas.
PROTEO.   ¡Ya lo creo, mi niño predilecto!
Y más grato se vuelve todo allá,
más inefable en esa estrecha lengua
de playa, entre la brisa que se exhala.
Allí delante vemos el cortejo
que se cierne en la altura muy cercano.
¡Venid conmigo!
TALES.   Con vosotros voy.
HOMÚNCULO.   ¡Tres veces raro séquito de espíritus!
(Los Telquinos de Rodas[8], montados en Hipocam-
pos y Dragones Marinos, llevando en la mano el
tridente de Neptuno.)
CORO.   Forjamos el tridente de Neptuno,
con que él calma las aguas más furiosas.
Si el Tronador[9] despliega nubes grávidas,
Neptuno le responde al trueno horrible,
y mientras brillan rayos en la altura,

---

[8] Hermanos menores de Vulcano, fundidores, asentadores en la isla
de Rodas, y predilectos de Helios (el Sol). Por fundir las estatuas
de los dioses se les atribuía la cualidad proteica de presentarse
bajo formas diversas. Los Hipocampos —mitad caballo, mitad pez—
son el modelo mitológico de los peces que llevan su nombre, también llamados «caballitos de mar». Los Telquinos y los Hipocampos
son mensajeros del dios Sol —Apolo, Febo— en la fiesta de su
hermana Luna —Diana, Artemisa—, y por otra parte —sobre todo
los Telquinos— simbolizan la actividad creativa y artística.
[9] Júpiter-Zeus.

rompen olas abajo, unas tras otras;
cuanto entre ellas zozobra en ansiedad
va muy lejos, y lo hondo se lo traga;
por lo cual hoy el cetro nos dejó,
y ahora vamos en fiesta, en calma y leves.

SIRENAS.   Vosotros, que a Helios fuisteis consagrados,
por el día sereno bendecidos,
¡salve! en este momento que, agitado,
mueve el alto homenaje de la Luna.

TELQUINOS.   Diosa amada que, en lo alto de la bóveda.
gozas oyendo elogios a tu hermano:
prestas oído a la beata Rodas,
donde sube hacia él un himno eterno.
Cuando comienza el día o ha acabado
nos mira con fogoso rayo ardiente:
montes, orillas, olas y ciudades
placen al dios, son claras y graciosas;
no nos rodea niebla, y si surgiera,
con un rayo o una brisa se alzaría.
En cien formas allí se ve al Supremo,
benévolo gigante, grande y joven[10].
En representar fuimos los primeros
fuerza divina en digna forma humana.

PROTEO.   ¡Deja que hablen y digan sus grandezas!
Bajo la luz vital del Sol sagrado
las obras muertas son sólo una broma.
Incansable su luz da forma y funde,
y ellos, porque le han dado molde en bronce,
se imaginan que ya poseen algo.
Por fin ¿qué ha sido de esos orgullosos?
Se alzaban las imágenes divinas
grandiosas: las ha hundido un terremoto.
¡Hace mucho que han vuelto a ser fundidas!
Cualquier cosa que da de sí la tierra
no puede nunca ser sino miseria:
a la vida le sirven más las olas:
a ti te llevará hasta el agua eterna
el Proteo-Delfín. *(Se transforma.)*
                    ¡Aquí me tienes!

---

[10] Alude a las imágenes del dios-sol existentes en dicha isla, la
más importante de las cuales era el famoso Coloso de Rodas, destruido por un terremoto.

Allí tendrás la dicha más hermosa:
te tomaré en mi lomo, cabalgando,
y allí te casaré con el Océano.

TALES.   ¡Cede a tan seductora petición
de hacer la Creación por el principio!
¡Estáte preparado a rauda acción!
Te moverás según normas eternas,
atravesando formas incontables;
hasta que seas hombre tienes tiempo[11].
(*Homúnculo cabalga en el Delfín-Proteo.*)

PROTEO.   A la inmensa humedad ven en espíritu.
Vivirás a la vez allí en anchura
y longitud, moviéndote a tu gusto;
pero más alto rango no pretendas,
pues en cuanto llegases a ser hombre
se acabaría todo para ti.

TALES.   Ya veremos; también es cosa buena
ser un hombre esforzado en su momento.

PROTEO (*a Tales*).
¡Es bueno ser un hombre de tu temple!
Eso es cosa que dura mucho tiempo,
pues hace muchos siglos que te veo
entre cortejos pálidos de espíritus.

SIRENAS (*en las rocas*).
¿Qué nubecillas en anillo cercan
a la luna con su halo tan hermoso?
Son palomas[12], de amores encendidas,
con plumas de blancura como luz.
Es envío de Pafos,
esa bandada en celo:
completa está la fiesta
en su alegre delicia, plena y clara.

NEREO (*acercándose a Tales*).
Un viajero nocturno llamaría
a esa corte lunar visión del aire;
pero somos, nosotros los espíritus,
de opinión muy diversa, y en lo cierto;
son palomas que van acompañando

---

[11] Se ha querido ver aquí una expresión del evolucionismo goe-
thiano.
[12] Las palomas, aves de Afrodita-Venus —Pafos era su santuario—,
anuncian aquí a Galatea.

a mi hija en su carroza de veneras
en admirable vuelo de prodigio,
a la manera de la Antigüedad.

TALES. Yo también considero lo mejor
lo que parezca bien a este valiente,
si en el nido templado y silencioso
se conserva con vida algo sagrado.

PSYLOS Y MARSOS[13] *(montados en toros marinos y en
terneras y carneros marinos).*

En las cuevas de Chipre más agrestes,
nunca agitadas por el dios del mar
y por Seísmos nunca estremecidas,
rodeadas por brisas inmortales,
lo mismo que en los días más antiguos,
con tranquila conciencia sosegada,
la carroza de Cipris conservamos
y a la mujer más bella conducimos
a través del susurro de las noches
y el agitarse dulce de las olas,
invisible para una nueva raza.
En silencio ocupados, no tememos
al León alado, al Águila[14],
a la Cruz y a la Media Luna cuando
se suceden reinando por la altura,
alternando, moviéndose, cambiando,
desplazándose, haciéndose pedazos
v destruyendo mieses y ciudades.
Nosotros seguiremos transportando
a la más deliciosa soberana.

SIRENAS. Ligeras y con ritmo mesurado,
en corros, rodeando la carroza,
o entrelazando líneas y más líneas
serpenteando en filas; acercaos
las Nereidas, mujeres placenteras,
agrestes y robustas;
traed, Dóridas tiernas,
a Galatea, imagen de su madre.

---

[13] Los Psylos eran un pueblo legendario, según Heródoto, con
arte especial para encantar serpientes; los Marsos, otro pueblo legendario, descenderían de Ulises y Circe.
[14] Símbolos, respectivamente, de Venecia, Roma, el Cristianismo
y el Islam.

Graves sois, y de aspecto sois divinas,
pero suaves, lo mismo que mujeres,
de hechizadora gracia.

DÓRIDAS[15] *(pasando en coro ante Nereo, todas ellas so-*
bre Delfines).

¡Concédenos, oh Luna, luz y sombra;
claridad a esta flor de juventud!
Pues mostramos estos amantes novios
a nuestro Padre, en súplica por ellos.
(A Nereo.)   Son niños éstos, que hemos redimido
de las rabiosas fauces del incendio;
entre el musgo y los juncos les tendimos,
y hoy, con cálidos besos,
con toda lealtad nos dan las gracias:
¡mira a estos tiernos seres con bondad!

NEREO.   Mucho debe apreciarse este bien doble:
ser clemente, y gozar al mismo tiempo.

DÓRIDAS.   Padre, si alabas tú nuestro gobierno,
dándonos alegría bien ganada,
¡déjanos conservarles inmortales
en un eterno seno juvenil!

NEREO.   Bien podéis disfrutar la hermosa presa
dando su forma de hombre a los muchachos.
Pero yo no podría conceder
lo que Júpiter sólo puede dar.
Estas ondas que os mecen no consienten
tampoco la constancia en el amor;
y al borrarse el fantasma del afecto
¡dejadlos cuidadosamente en tierra!

DÓRIDAS.   Os estimamos mucho, tiernos niños,
pero hemos de dejaros, por desgracia:
fidelidad eterna hemos pedido
y los dioses no quieren concedérnosla.

LOS MUCHACHOS.

Con tal de que sigáis así agradándonos,
a nosotros, los hijos esforzados
de navegantes, ¡nunca habremos visto
tal diversión, ni más desearemos!
(Se acerca Galatea, en su carroza de conchas.)

---

[15] Las Dóridas, las cincuenta hijas de Nereo, aparecen aquí como
diversas de las Nereidas, hijas también de Nereo, pero de otras
madres.

Nereo. ¡Eres tú, lindo amor!
Galatea.   Padre, ¡qué suerte!
    Parad, delfines: tal visión me frena.
Nereo. Ya continúan, ya pasan de largo;
    moviéndose y girando en balanceo,
    mi emoción interior, ¿qué les importa?
    ¡Si me quisieran, ay, llevar consigo!
    Pero una vez mirarles da placer
    para el resto del año.
Tales. ¡Salve, salve otra vez!
    ¡Cómo gozo y me siento florecer,
    de verdad y belleza penetrado!
    ¡todo brotó del agua!
    Tu perenne gobierno, oh mar, concédenos.
    Si no mandaras nubes
    ni cargaras arroyos,
    ni aquí y allá los ríos dirigieras,
    ni llevaras torrentes,
    ¡qué serían montañas, llanos, mundo!
    ¡Eres tú quien nos da la fresca vida!
Eco (*coro de todos los círculos*).
    ¡Eres tú de quien brota fresca vida!
Nereo.
    Meciéndose en las olas, vuelven lejos,
    y nuestras miradas no se cruzan:
    y trenzados en coros que se ensanchan,
    presentándose en tono de festejo,
    da vueltas el cortejo innumerable.
    Pero veo ya y vuelvo a ver el trono
    de Galatea, todo hecho de conchas:
    brilla como una estrella
    entre la multitud.
    ¡El ser amado fulge entre el tumulto!
    Aunque está tan lejano
    fulge resplandeciente y luminoso,
    siempre cercano y cierto.
Homúnculo. En tan dulce humedad
    todo cuanto aquí puedo iluminar
    es bello y seductor.
Proteo. Esta humedad de vida
    hace a tu luz que empiece a refulgir
    con armonía espléndida.

NEREO.
En medio de este séquito ¿qué es el nuevo misterio
que se va a revelar naciendo a nuestros ojos?
En torno de la concha ¿qué resplandece al pie
de Galatea? Brilla con fuerza a veces; dulce
o amable, como henchido del pulso de la vida.
TALES.   ¡Es Homúnculo, ahora por Proteo incitado...!
Reconozco los síntomas del soberano anhelo,
presiento su angustiado resonar doloroso;
se va a despedazar en el fúlgido trono;
¡ahora lanza llamas y chispas, y se vierte!
SIRENAS.   ¿Qué prodigio de fuego nos alumbra las olas,
que se rompen en chispas chocándose entre sí?
¡Todo brilla y se mece y lanza resplandores,
los cuerpos arden ya en la senda nocturna,
y todo alrededor queda cercado en fuego!
¡Reine entonces el Eros que todo lo empezó!
¡Gloria al mar y a las olas,
por el fuego sagrado rodeadas!
¡Gloria al agua y al fuego,
y a esta rara aventura!
TODOS.   ¡Gloria a la brisa alzada suavemente!
¡Gloria al abismo henchido de misterio!
¡Oh los cuatro elementos,
alta alabanza todos recibid!

TERCER ACTO

ANTE EL PALACIO DE MENELAO EN ESPARTA

(Aparece Elena, con un coro de troyanas prisioneras, conducido por Panthalis.)

ELENA. Yo soy Elena[1], a quien se censura y se alaba;
vengo desde la playa donde desembarcamos,
aún ebria por el vivo mecerse de las olas
que en su lomo erizado, por merced de Neptuno
y por la fuera de Euro desde los anchos campos
de Frigia nos trajeron a la ensenada patria.
Ahora, abajo, el rey Menelao festeja,
con sus guerreros más valientes, el regreso.
Pero tú, alta mansión, llámame bien venida,
casa que alzó mi padre Tíndaro, en la ladera,
al volver desde el cerro de Palas, adornándola
con más esplendidez que las casas de Esparta,
mientras yo con mi hermana Clitemnestra crecía,
también jugando entonces con Cástor y con Pólux.
¡Recibid mi saludo, altas puertas de bronce!
Una vez, al abriros, por vuestra ancha abertura
que invitaba propicia, llegó a mí Menelao,
elegido entre muchos, resplandeciente esposo.
Abrídmelas de nuevo, que cumpla los mandatos
del rey con lealtad, como debe una esposa.
¡Dejadme entrar! y quede todo detrás de mí,

---

[1] Elena vuelve de Troya, rescatada por su marido Menelao, y acompañada por un coro de prisioneras. Véase el prólogo, en cuanto al desarrollo de este acto. Euro: viento del Este. Los campos de Frigia: lugar de Troya.

cuanto, cargado de hado, me ceñía en tormenta.
Desde que abandoné este umbral sin cuidados
yendo, en deber sagrado, al templo citereo[2]
y me raptó un ladrón, aquel frigio, han pasado
muchas cosas que gustan los hombres de contar
por todas partes, pero que no le gusta oír
a quien con sus sucesos dio trama a la leyenda.

Coro.   Oh, mujer soberana, no desprecies
la hermosa posesión del sumo bien,
pues la dicha mayor es tuya sólo,
la fama de ser bella, más que todas.
Al héroe su nombre le precede;
y así avanza orgulloso
pero el hombre más terco se doblega
a la belleza que lo vence todo.

Elena.
¡Basta! Con mi marido llegué aquí navegando,
y él me ha hecho adelantarme ante él a la ciudad,
pero qué intención tiene, no puedo adivinarlo.
¿Llego como su esposa?, ¿llego como una reina?
¿o han de sacrificarme por el dolor del rey
y la desdicha que hace tanto sufren los griegos?
No sé si aquí he vencido o si soy prisionera.
Porque los Inmortales, cierto, me han reservado
una fama y destino ambiguos, compañía
grave de mi figura bella, que, hasta el umbral,
me acompañan con serio rostro amenazador.
Que, en la cóncava nave, me miró mi marido
rara vez, sin decirme frases que me alentaran
Ante mí estaba como pensando mi condena.
Pero al llegar a la honda bahía del Eurotas,
cuando apenas las proas de los barcos besaban
la tierra, dijo como movido por los dioses:
«Desciendan mis guerreros en formación aquí;
les pasaré revista, en fila junto al mar.
Tú adelántate, en cambio, siguiendo las orillas,
abundantes en frutos, del sagrado Eurotas;
sobre el húmedo ornato de los prados, conduce
los caballos, y llega a los hermosos llanos
donde Lacedemonia, antaño campo fértil,

---

[2] El templo de Afrodita, donde Elena fue a ofrecer sacrificios:
ailí la vio Paris y la raptó, llevándola a Troya.

se eleva, rodeado de severas montañas.
Penetra en el palacio real, de torres altas,
pasa revista a cuantas doncellas dejé allí,
junto con la prudente y vieja ama de llaves.
Ésta te enseñará los tesoros reunidos,
tal como los dejó tu padre, y yo en la guerra
y paz los aumenté, siempre en grandes montones.
Todo lo encontrarás en su orden: pues del príncipe
es la prerrogativa hallar a su regreso
que todo sigue fiel en su casa, y que todo
permanece en su sitio, tal como él lo dejó.

CORO.   ¡Reconforta tu pecho y tu mirada
    en el tesoro espléndido, aumentado!
    Ornato de collares y coronas
    descansa aquí, consciente de ser grande;
    pero entra y provócale: en seguida
    se habrá de preparar el desafío.
    Me alegra ver en lucha la hermosura
    contra el oro y las perlas y diamantes.

ELENA.   Así siguió el mandato que me dio mi señor:
«Una vez que hayas visto todo en su sitio y orden,
procúrate unos trípodes, cuantos creas bastantes,
y toma recipientes de los de sacrificios,
los que sirven al rito sagrado de la fiesta;
toma calderas, copas y redondas crateras,
y el agua, en altas ánforas, de la fuente sagrada;
prepara leña seca que acoja bien las llamas.
Tampoco falte, en fin, un cuchillo afilado:
a tu cuidado dejo lo demás que haga falta».
Así me habló, incitándome para que me marchara,
pero nada me dijo, en su aliento vital,
si va a sacrificarme honrando a los Olímpicos.
Es inquietante, pero no lo pensaré más:
todo a los altos dioses quedará remitido:
ellos llevan a cabo lo que entre sí han resuelto,
parezca bien o mal a los hombres: es eso
lo que necesitamos soportar los mortales.
Ya el sacrificador alzaba el hacha, a veces,
sobre el cuello ofrecido de la res consagrada.
y no pudo matar porque se lo estorbó
el enemigo próximo o el dios que intervenía.

CORO.   ¡Lo que debe ocurrir, no lo imaginas!

Reina, penetra allá
con ánimo valiente;
el bien y el mal le llegan
al hombre inesperados;
no lo creemos, aunque nos lo anuncien.
Pues ardió Troya, y ante nuestros ojos
vimos la muerte, muerte ignominiosa;
y ¿no estamos contigo, acompañándote,
alegres de servirte, y en el cielo
contemplamos el sol que nos deslumbra,
y a la mujer más bella de la tierra,
que con bondad nos da felicidad?

ELENA.
   ¡Sea, pues, lo que sea! Me espere cualquier hado,
debo subir de prisa a la real morada,
que, pedida, anhelada y casi renunciada,
ante mis ojos vuelve a hallarse no sé cómo.
No me elevan arriba mis pies con igual ánimo
por las abruptas gradas, como al subir de niña.
   [*Se va.*]³

CORO.   ¡Oh hermanas tristemente
                 cautivas, arrojad
                 los dolores muy lejos!
                 ¡Compartid la alegría
                 de vuestra reina Elena!
                 que al hogar paternal
                 se acerca, tras de mucho
                 tardar, pero con paso
                 más firme y más alegre.
                 ¡Alabad a los dioses
                 que devuelven la dicha
                 y traen al hogar!
                 El liberado vuela
                 sobre lo más difícil
                 como con alas, mientras
                 en vano el preso ansioso
                 se consume extendiendo
                 la mano en las almenas.
                 Pero a ella, en lejanía,
                 un dios la arrebató,

---

³ Esta indicación fue olvidada por el autor.

y desde Ilión en ruinas,
la trajo aquí otra vez
a la casa paterna,
de nuevo engalanada,
tras de indecibles gozos
y penas, restaurada,
a recordar de nuevo
los años juveniles.

PANTHALIS *(como corifea).*

¡Dejad la senda ahora del canto, entre alegría,
y volved la mirada hacia las altas puertas!
¿Qué veo, hermanas? ¿Vuelve la reina nuevamente
a nosotras, con paso agitado y violento?
Oh, gran reina, ¿qué es eso?, ¿qué han podido mos-
las salas de tu casa, haiéndote temblar,   [trarte
en lugar del saludo de los tuyos? No escondes
esa contrariedad que se muestra en tu frente;
es una noble cólera, con la sorpresa en pugna.

ELENA *(que ha dejado abiertos los batientes de la puerta, agitada).*

Temor vulgar no debe tener la hija de Zeus;
no le toca la mano huidiza del miedo:
pero el terror que surge del seno de la antigua
noche desde el comienzo, y aún en muchas formas
como nubes ardientes del abismo de fuego
del volcán, estremece hasta el pecho del héroe.
Hoy las divinidades de la laguna Estigia[4]
me han enseñado horrores cuando entraba en mi casa,
para alejarme de este viejo umbral tantas veces
pisado y añorado, como quien echa a un huésped.
¡Pero no!, he regresado a la luz y jamás
me expulsaréis, Poderes, quienquiera que seáis.
Un sacrificio haré, y así purificado,
recibirá el hogar al ama como al amo.

CORIFEA.   Noble señora, di lo que hayas encontrado
a tus siervas que aquí te veneran y asisten.

ELENA.

Debéis ver lo que he visto con vuestros propios ojos:
si no ha hundido otra vez la antiquísima noche
sus creaciones al fondo de su seno mirífico.

---

[4] Los demonios, las divinidades del mundo de los muertos.

Pero os lo digo ahora para que lo sepáis:
al hollar al primer zaguán de este palacio,
pensando gravemente mi inmediato deber,
me asombré del extraño silencio en los pasillos.
No escuchaba rumor de pasos diligentes,
no veía el afán veloz de los criados,
no salieron criadas con el ama de llaves
a saludar al huésped, amables, como antaño.
Pero cuando al regazo del hogar me acercaba,
vi, entre los restos tibios de mortecinas ascuas,
una enorme mujer, en el suelo sentada
y velada, no como durmiendo; pensativa.
Con palabras de dueña la mandé ir al trabajo,
suponiéndola el ama de llaves, que quizás
al marcharse dejara, previsor, mi marido,
pero ella siguió quieta y velada en su túnica.
Por fin, a mi amenaza, movió el brazo derecho
como si me expulsara del hogar y la sala.
Con ira, me alejé de ella y me fui de prisa,
subiendo la escalera que iba a parar al tálamo
adornado, y al lado, al cuarto del tesoro,
pero el prodigio aquél se alzó pronto del suelo,
cerrándome el camino, perentoria, y mostrándose
grande y flaca, y con ojos turbios de sangre y huecos;
extraña aparición que turbaba mi espíritu.
Pero yo hablo a los aires, pues la palabra en vano
se esfuerza en construir imágenes creadas:
¡miradla ahí!, ¡se atreve a salir a la luz!
Aquí somos las dueñas, en tanto llegue el rey.
Febo, de la belleza amigo, tú, sujeta
o echa al vacío a este hórrido engendro de la noche.
(*Una Fórcida aparece en el umbral entre las jambas
de la puerta.*)
Coro.   Mucho viví y sufrí, si bien mis rizos
de juventud aún ciñan mis sienes.
He visto muchas cosas horrorosas:
el dolor de la guerra, aquella noche
de Ilión cuando cayó.
Entre nubes de polvo, entre el estrépito
de guerreros luchando oí a los dioses
clamando horriblemente, y la discordia
de sus voces de bronces por el campo,

llegando a las murallas.
¡Ay, en pie aún estaban las murallas
de Troya, pero el brillo de las llamas
iba pasando de una casa en otra,
al viento de su propia tempestad
por toda la ciudad oscurecida!
Al huir, entre el humo y el ardor
y las llamas en lenguas que crecían,
con ira horrible, vi llegar dioses,
prodigiosas figuras gigantescas
andando entre el suplicio tenebroso
rodeado de fuego.
¿Lo vi, o tal confusión me la formó
mi espíritu, de angustia sofocado?
No lo sabré jamás, sino que ahora
contemplo con mis ojos este horror,
y de eso estoy segura:
que podría tocarlo con mis manos
si el miedo no me hiciera echarme atrás
de esta forma temible.
De las hijas de Forcis,
¿cuál de ellas eres tú?
Porque me haces pensar
en esa dinastía. ¿Eres quizá
de las nacidas con el pelo blanco,
de las horribles viejas
que alternativamente participan
de un mismo ojo y un diente?
¿Te atreves, monstruo horrible,
a presentarte al lado
de la belleza, bajo
las miradas de Febo, tan expertas?
Pero ¡sigue adelante!
Pues él no ve lo feo,
igual que su mirada
sagrada no miró jamás la sombra.
Pero ¡ay!, que nos obliga a los mortales
esta triste desdicha, por desgracia,
a un dolor indecible de los ojos,
que lo eterno infeliz, lo reprobable
provoca en todo el que ama la belleza.
Sí, escucha, pues, si vienes insolente

frente a nosotras, oye maldiciones,
escucha la amenaza y el insulto
con que te imprecan las afortunadas
que recibieron forma de los dioses.

FÓRCIDA[5].   Se dice desde antiguo, y sigue siendo cierto,
que vergüenza y belleza nunca van de la mano
a recorrer el verde sendero de la tierra.
Un odio antiguo tiene honda raíz en ambas,
de modo que al hallarse siempre por el camino,
a su adversaria vuelve la espalda cada una.
De prisa, luego siguen de nuevo hacia delante;
la vergüenza, turbada; la belleza, insolente;
y al fin, la hueca noche del Orco las apresa,
si es que antes la vejez no las ha encadenado.
Vosotras, insolentes, que de tierras extrañas
venís, llenas de orgullo, sois igual que las grullas
que, en sonora bandada, sobre nuestras cabezas
en larga nube lanzan clamores y graznidos
haciendo al caminante mirar arriba: pero
él va por su camino y ellas también: hagámoslo.
¿Quién sois, que en el palacio del soberano entráis
como Ménades[6] locas o ebrias, llenas de furia?
¿Quién sois, que os enfrentáis al ama de la casa
ladrando, como perros en jauría a la luna?
¿Pensáis que me está oculto de qué linaje sois,
joven raza criada en guerras y batallas?
Linaje lujurioso, seductor, seducido,
quitáis nervio al guerrero y al hombre ciudadano
Parecéis en enjambre bandada de langostas
que, cuando cae, cubre el verdor del sembrado.
¡Comedoras de carne ajena! ¡Asoladoras
del bienestar en germen! ¡mercancía ganada
en lucha, en el mercado canjeada y vendida!

ELENA.   Reñir a las criadas ante el ama de casa
es ir contra el derecho propio de la señora:
a ella toca tan sólo elogiar lo plausible
y castigar aquello que sea reprobable.
Yo apruebo los servicios que me prestaron ellas

---

[5] Como se recordará, esa Fórcida es Mefistófeles bajo tal forma «clásica».
[6] Las Ménades eran figuras femeninas en arrebato, pertenecientes al séquito de Dionisos.

cuando quedó cercada la alta fuerza de Ilión,
y cuando fue vencida, y no menos después
cuando sufrir debimos la triste alternativa
de vagar, en que todos se ocupan de sí mismos.
Aquí espero eso, igual, de mi valiente séquito:
pregunta el amo cómo sirve, no qué es el criado.
Por eso, calla ahora y no te rías de ellas.
Si guardaste hasta ahora la morada del rey
en lugar de su dueña, es cosa meritoria:
pero yo misma vengo ahora: tú retírate:
no merezcas castigo en vez de recompensa.

Fórcida.   Amenazar a todos los de casa es derecho
que la esposa del rey, bendito de los dioses,
merece por su sabio gobierno tantos años.
Ahora te reconozco, y te veo en tu antiguo
sitio de ama y de reina que vuelves a ocupar;
toma las riendas tanto tiempo dejadas, manda,
sé dueña del tesoro, y con él, de nosotras.
Sobre todo, protégeme a mí, la más anciana,
de esas que junto al cisne de tu belleza son
gansos de mal plumaje y de horrendo graznido.

Corifea.
¡Qué horrible la fealdad, cerca de la hermosura!

Fórcida.
La estupidez, ¡qué tonta junto a la sensatez!

(Desde aquí, responden las componentes del Coro,
saliendo una a una.)

Corétida Primera.
¡Háblanos de tu madre Noche y tu padre Erebo[7]!

Fórcida.   Pues habla tú de Escila[8], tu pariente carnal.

Corétida Segunda.
Muchos monstruos escalan tu árbol genealógico.

Fórcida.   ¡Vete al Orco y allí busca tu parentela!

Corétida Tercera.
Para ti son muy jóvenes los que viven allí.

Fórcida.   Con el viejo Tiresias[9] vete a galantear.

---

[7] El abismo más profundo del mundo infernal.
[8] Monstruo femenino con seis cabezas, que devoraba a los hombres. De ahí el nombre de «Escila» dado a uno de los peligrosos remolinos —con «Caribdis»— en la costa de Sicilia.
[9] Tiresias fue el anciano a quien Zeus le concedió vivir ci-edades de hombre; Orión, cazador mítico, que da nombre a constelación; las Arpías, monstruos legendarios, que manchan lo no pueden devorar.

CORÉTIDA CUARTA.
La nodriza de Orión fue tu tataranieta.

FÓRCIDA. Con basura te dieron de comer las Arpías.

CORÉTIDA QUINTA.
¿Con qué alimentas tú tu cuidada flaqueza?

FÓRCIDA.
¡Por cierto, no con sangre, lo que tanto te gusta!

CORÉTIDA SEXTA.
¡Tú sí que quieres muertos, asqueroso cadáver!

FÓRCIDA.
En tu boca insolente hay dientes de vampiro.

CORIFEA. Yo, si digo quién eres, te taparé la boca.

FÓRCIDA.
¡Pues nómbrate antes tú! y el enigma se aclara.

ELENA. No con cólera; triste me pongo entre vosotras
a estorbaros el ímpetu de vuestra discusión.
Porque no hay cosa más dañosa al soberano
que pleitos conjurados en secreto en sus siervos.
El eco de sus órdenes no vuelve a él entonces
armonioso y en forma de pronto cumplimiento,
sino que gira terco, rugiendo en torno de él,
confundido en sí mismo y en vano censurando.
¡Y más aún! Con cólera sin decencia evocasteis
infelices imágenes de figuras horrendas,
que me rodean y hacen que me sienta arrastrada
al Orco[10], abandonando los campos de mi tierra.
¿Es recuerdo, o fue hechizo esto que me arrebata?
¿Todo eso fui yo?, ¿lo soy?, ¿lo seré un día,
imagen espantosa y soñada de aquellos
que destruyen ciudades? Éstas tiemblan, y tú,
anciana, estás tranquila: ¡dime palabras cuerdas!

FÓRCIDA.
Quien recuerda los años largos de mucha dicha,
piensa al fin que fue un sueño ese divino don.
Pero tú, que tuviste favores sin medida,
en el pasar del tiempo tan sólo has visto ardientes
amantes, encendidos para toda osadía.
Ya Teseo, muy pronto, con codicia te quiso;
hombre fuerte como Hércules y de espléndidas for-
[mas.

---

[10] El mundo infernal, de donde se supone salida en esta escena

ELENA.
Yo era una esbelta corza de diez años entonces;
él me encerró en el Ática, en la torre de Afidno.

FÓRCIDA.   Pero pronto, por Cástor y Pólux liberada,
te cortejaron todos los héroes más nobles.

ELENA.   Mi favor en silencio, confieso, sin embargo,
supo ganar Patroclo, imagen de Peleo.

FÓRCIDA.   Pero tu padre quiso confiarte a Menelao,
el audaz navegante y guardián de su casa.

ELENA.   Él le entregó a su hija y el cuidado del reino:
y de ese matrimonio Hermione nació luego.

FÓRCIDA.
Pero cuando él luchaba lejos, por Creta, apareció
un huésped demasiado bello en tu soledad.

ELENA.   ¿Para qué me recuerdas esa media viudez,
y cuánta perdición y horror me vino en ella?

FÓRCIDA.   También a mí, cretense nacida en libertad,
me hizo esclava ese viaje y me dio la prisión.

ELENA.   Él, como ama de llaves entonces te confió
la casa y los tesoros bravamente ganados.

FÓRCIDA.   Lo que dejaste tú, al darte a la ciudad
torreada de Troya y al goce de la vida.

ELENA.   ¡No me recuerdes ese goce! Una infinitud
de amargo sufrimiento se derramó en mi pecho.

FÓRCIDA.   Pero dicen que en doble figura apareciste,
y te vieron en Ilios y también en Egipto[11].

ELENA.   No me perturbes más mis sentidos confusos.
En este mismo instante no sé quién soy yo misma.

FÓRCIDA.   Y dicen que saliendo del vacío del reino
de las sombras[12], Aquiles se unió en amor contigo,
porque ya te quería contra la ley del hado.

ELENA.
Me uní, siendo fantasma, con él, que era fantasma.
Fue sólo un sueño, ya las palabras lo dicen.
Pero me desvanezco y me vuelvo fantasma.
(*Se desmaya en los brazos de las del semicoro.*)

---

[11] Según una leyenda tardía, utilizada por Eurípides, Paris no había llevado a Troya sino un falso simulacro de Elena, hecho por Hera, mientras la verdadera Elena vivía durante ese tiempo en Egipto.

[12] Según una leyenda, ya antes aludida, Aquiles pudo unirse, en el mundo de los muertos, con Elena, también salida del mundo de los muertos, cumpliendo así el amor que le había tenido en vida.

Coro.   ¡Calla, cállate tú,
la de perversos ojos y palabras!
¡Esa boca de horror, de un solo diente
exhala tal abismo
de espanto tenebroso!
Pues el malo de aspecto bienhechor,
fauces de lobo bajo piel de oveja,
me hace sentir más miedo que la cólera
de aquel perro infernal de tres cabezas[13].
Estamos escuchando amedrentadas,
¿cuándo, cómo?, ¿de dónde sale ahora
tal perfidia de monstruo en amenaza?
En vez de dar consuelo con palabras
suaves, y con virtudes del Leteo,
evocas lo pasado,
lo peor por encima de lo bueno,
y a la vez, con la luz de lo presente
oscureces también el porvenir
y su luz de esperanza que alborea.
¡Calla, calla!
que el alma de la reina
ya dispuesta a escapar
aún se detenga y guarde su figura
por encima de todas las figuras
que el sol ha iluminado en todo tiempo.
(Elena se ha recobrado y vuelve a estar en el centro.)
Fórcida.   ¡Sal de nubes huidizas, alto sol de este día,
que ya hechizó velado, y ahora reina y deslumbra!
Se te presenta el mundo y lo miras propicia.
Aunque me llaman fea, conozco la belleza.
Elena.
Dejo aturdida el caos que me cercaba en vértigo,
y agradezco la calma con mis miembros deshechos,
mas las reinas, y todos, se deben dominar,
y dominar también lo que amenaza, súbito.
Fórcida.
Mantente ante nosotras con belleza y grandeza
y ordene tu mirada. ¿Qué es lo que mandas? ¡Dilo!
Elena.   Recuperar el tiempo de la necia disputa:
venid a hacer la ofrenda que me ha ordenado el rey.

[13] El Can Cerbero, guardián de la puerta de los infiernos.

FÓRCIDA.
Todo está preparado: trípode, ánforas, hacha,
para cortar y echar incienso: ¡a ver la víctima!
ELENA.   No me la indicó el rey.
FÓRCIDA.   ¿No la indicó? ¡Qué pena!
ELENA.
¿Por qué tal pena?
FÓRCIDA.   Reina, ¡tú debes ser la víctima!
ELENA.   ¿Yo?
FÓRCIDA.   Con éstas también.
CORO.   ¡Ay, dolor!
FÓRCIDA.   Por el hacha
caerás.
ELENA.   ¡Horror, más ya lo presentía, ay, mísera!
FÓRCIDA.   No hay remedio.
CORO.   ¿Y nosotras?
FÓRCIDA.   Como noble ella muere;
pero en cambio vosotras colgaréis de la viga
del tejado, agitadas, como tordos en trampa.
*(Elena y el Coro quedan, con asombro y terror, en
   grupos expresivos y bien dispuestos.)*
FÓRCIDA.
¡Fantasmas! Ahí estáis como imágenes yertas,
con miedo de dejar el día que no es vuestro.
Esos otros fantasmas, los hombres, igualmente
se aferran sin soltar la augusta luz del sol,
pero nadie se libra ni escapa del final:
todos lo saben bien, y a muy pocos les gusta.
Estáis perdidas: ¡basta! Manos, pues, a la obra.
*(Da una palmada: entonces aparecen en la puerta
unas figuras de enanos enmascarados, que ejecutan
rápidamente las órdenes que se dan.)*
¡Aquí, monstruos oscuros de esférica figura!
¡Venid, aquí se puede hacer daño a placer!
¡Dejadle sitio al ara de los áureos cuernos!
¡Que el hacha resplandezca en bandeja de plata!
¡Llevad ánforas de agua, que haya para lavar
la mancha tremebunda de la sangre negruzca!
Poned aquí en el polvo el precioso tapiz;
que, al uso de los reyes, se arrodille la víctima,
y atada, al degollarla, al mismo tiempo esté
con decoro y decencia, y bien ejecutada.

CORIFEA.
La reina se ha quedado a un lado meditando.
Las muchachas se agostan como hierba segada:
pero yo, la más vieja, tengo el deber sagrado
de conversar contigo, la antiquísima y prístina.
Parece, experta y sabia, que tu intención es buena
con nosotras, si bien te ofendiera este grupo
sin conocerte. Dinos si hay algo que nos salve.

FÓRCIDA.
¡No es fácil de decir! Depende de la reina
salvarse ella y salvaros a vosotras también.
Decisión hace falta, y una gran rapidez.

CORO.   Tú, la Parca mejor, la más sabia Sibila,
detén el filo de oro, y danos salvación:
pues con horror sentimos que ya dànzan y flotan
nuestros miembros ligeros, más propios para el baile
y el descanso después en brazos del amado.

ELENA.
¡Deja que tenga miedo! Dolor tengo, no miedo:
pero si tú nos salvas, con gratitud lo acepto.
Para el sensato y cauto, muchas veces resulta
posible lo imposible. ¡Habla y dínoslo ya!

CORO.
¡Habla y dilo de prisa! ¿Cómo escapar al duro
lazo horrible, tendido como collar funesto
en torno a nuestro cuello? Ya presentimos, míseras,
nuestro ahogo y asfixia, si tú, Rhea[14], la madre
de los dioses, no tienes compasión de nosotras.

FÓRCIDA.   ¿Tenéis paciencia para oír en calma el largo
desfile del relato? Tiene varias historias.

CORO.
¡Paciencia, claro! Mientras escuchamos, vivimos.

FÓRCIDA.
El que se queda en casa guardando sus tesoros,
y afirma bien los muros de su alta residencia,
y asegura el tejado contra la fuerte lluvia,
largos días de vida atravesar podrá,
pero quien fácilmente traspasa el sacro límite
del umbral con su planta fugitiva e impía,
cuando vuelva a encontrar su vieja residencia

---

[14] Rhea, la «gran Madre», esposa de Saturno y madre de Zeus.

la encontrará cambiada, si es que no destruida.

ELENA. ¿A qué viene decir máximas tan sabidas?
¡Ibas a contar algo; deja ya lo enojoso!

FÓRCIDA.
Es histórico, no es reproche en modo alguno.
Navegó Menelao de bahía en bahía
como pirata: en lucha por la costa y las islas,
y volvió con las presas que están aquí guardadas.
Ante Troya, luchó por diez años bien largos;
aunque no sé los años que tardó en regresar.
Pero aquí ¿cómo va por el noble palacio
de Tíndaro? ¿Y aquí, el reino, cómo marcha?

ELENA.
¿La injuria está tan dentro de ti compenetrada
que los labios no puedes mover sin ofender?

FÓRCIDA. Quedó esos años solo el valle montañoso
que por detrás de Esparta sube al Norte hacia arriba,
a la espalda el Taigeto, como arroyo vivaz,
hacia el Eurotas baja y luego en nuestro valle
se ensancha entre las cañas y nutre a nuestros cisnes.
En el valle montuoso, sin ruido, osada raza
se ha asentado, llegando desde la noche cimbria[15],
y ha construido un fuerte castillo inexpugnable,
desde el que a gusto oprimen al país y a las gentes.

ELENA.
¿Cómo han podido hacerlo? Parece imposible.

FÓRCIDA.
Tuvieron tiempo: llevan allí quizá veinte años.

ELENA.
¿Tienen jefe? ¿Son muchos bandidos en alianza?

FÓRCIDA. No son bandidos, pero tienen un solo jefe.
Si bien me ha molestado mucho, no le critico.
Aunque pudo cargar con todo, se contenta
con escasos regalos que no llama tributo.

ELENA.
¿Qué aspecto tiene?

FÓRCIDA.   ¡Nada malo! A mí sí me gusta.
Es hombre audaz, valiente, listo y bien educado
como hay pocos en Grecia; es un hombre sensato.

---

[15] Los cimbrios eran pueblos del Norte de Grecia, pero ahora se
alude con ellos a los germanos, preparando la unión de Elena
—genio clásico— con Fausto —genio germánico—.

Les acusan de bárbaros, pero no me figuro
que uno fuera tan cruel, como lo fueron muchos
héroes que junto a Troya hicieron el caníbal.
Yo admiro su grandeza y en él tengo confianza.
¡Qué palacio! ¡Si vierais con vuestros propios ojos!
Es diferente de esa construcción tan grosera
que alzaron vuestros padres, cada cual por su lado,
ciclópeos como Cíclopes, amontonando piedras.
Todo allí es vertical u horizontal, bien recto.
Desde fuera hay que verlo: se levanta hasta el cielo
derecho y bien trabado, brillando como acero.
Resbala el pensamiento al trepar por allí.
Y dentro hay varios patios muy anchos, circundados
de obras de todas clases y de todos los fines.
Allí hay columnas, arcos, arquitos y ajimeces,
corredores, terrazas, dando adentro y afuera,
y blasones.

CORO.   ¿Qué es eso?

FÓRCIDA.   Ayax llevaba ya
una sierpe enroscada en su escudo: lo visteis.
Los Siete contra Tebas llevaban en su escudo
cosas pintadas, llenas de significación:
la luna y las estrellas en el cielo nocturno,
diosa, héroe y antorchas, espadas y escaleras:
cuanto dice amenaza a una hermosa ciudad.
Tales pinturas llevan nuestros héroes también
desde tiempos antiguos, en fúlgidos colores.
Allí veréis leones, águilas, garras, picos,
rosas, cuernos de búfalo, colas de pavo real,
bandas doradas, negras, de plata, azur y rojo.
Blasones así cuelgan por las salas, en filas,
en salas sin confines, tan anchas como el mundo:
¡allí sí bailaríais!

CORO.   Di, ¿y hay hambién quien baile?

FÓRCIDA.
¡Una alegre bandada de muchachos con rizos
de oro! ¡Huelen a jóvenes! Así sólo olió Paris
cuando se le acercó demasiado la reina.

ELENA.   ¡Te sales del papel: di la última palabra!

FÓRCIDA.
Tú eres quien la dirá: ¡di en serio «sí»!, ¡y que
Te rodearé pronto de ese castillo.   [se oiga!

CORO. ¡Oh, di
esa breve palabra, y sálvanos y sálvate!

ELENA. ¡Cómo!, ¿voy a temer que Menelao, el rey,
sea duro conmigo y me quiera hacer daño?

FÓRCIDA.
¿Olvidas con qué furia mutiló a tu Deífobo[16],
el hermano de Paris, caído en el combate,
que te cortejó cuando, viuda, en nada pensabas,
y te hizo concubina? Orejas y nariz
y algo más le cortó: era un horror mirarle.

ELENA. Al hacérselo a aquél, se lo hizo por mi causa.

FÓRCIDA.
Por causa de él te hará a ti también lo mismo.
¿Quién comparte lo bello? El que lo ha poseído
prefiere destruirlo más que gozarlo a medias.
(Trompetas a lo lejos: el coro se estremece.)
Tan tajante como entra el son de la trompeta
por oído y entrañas, así hieren los celos
en el pecho del hombre que no olvida lo que antes
poseyó y ha perdido, y ya no lo posee.

CORO.
¿No oyes sonar los cuernos?, ¿no ves brillar las
[armas?[17]

FÓRCIDA. Salve, señor y rey: gustoso daré cuentas.

CORO. ¿Y vosotras?

FÓRCIDA. Sabéis: veis delante su muerte,
y con ella, la vuestra. Ya no cabe auxiliaros. *(Pausa.)*

ELENA.
He pensado a qué puedo atreverme en seguida.
Un demonio hostil eres, bien lo veo, y me temo
que puedas convertir en malo lo que es bueno.
Ante todo, te voy a seguir al castillo:
lo demás ya lo sé: ¡quede a todos oculto
cuanto la reina esconde en su pecho! ¡Anda vieja!

CORO. ¡Con qué alegría vamos
con paso apresurado;
la muerte queda atrás:
de nuevo ante nosotras

---

[16] Al morir Paris, su hermano Deífobo se casó con Elena, negándose a devolverla a los griegos.
[17] Presagio de la entrada en acción de Fausto, con su castillo medieval y sus tropas.

se alza la fortaleza
de inexpugnables muros,
igual que la de Troya
que al fin, con todo, hundió
una mezquina astucia!
*(Se extienden nieblas, y velan el fondo y también la
cercanía, a voluntad.)*
                    Pero ¿cómo, qué es esto?
Mirad en torno, hermanas,
¿no había un día claro?
Sube niebla en jirones,
desde el sagrado Eurotas;
se disipó la orilla
bella, por entre juncos:
y a los libres y altivos
cisnes que avanzan suaves
gozando en nadar juntos
¡ay, no los veo ya!
Sin embargo, aun con todo,
les oigo lanzar sones,
lejana y ronca música
que anuncia muerte, dicen.
¡Ay, que no nos anuncie
la ruina al fin, en vez
de nuestra salvación
prometida, a nosotras,
semejantes a cisnes
de largos cuellos blancos;
y a ella, la hija del Cisne[18].
¡Ay de nosotras, ay!
Todo ya se ha cubierto
de niebla, alrededor.
¡No nos vemos siquiera!
¿Qué ocurre? ¿Nos marchamos?
¿Vacilamos con paso
oscilante en el suelo?
¿No ves nada? ¿No surge
Hermes allá[19]? ¿No brilla su áureo cetro
exigente, ordenando atrás volver
a la horrible visión inaprehensible

---

[18] Elena, hija del Cisne-Zeus y de Leda.
[19] Hermes conducía a los muertos al Hades.

del Hades, rebosante
y por siempre vacío?
Sí, de pronto oscurece; se disipa la niebla
sin fulgor, gris y oscura. Se ven unas murallas,
a nuestros ojos libres. ¿Es palacio, es sepulcro?
¡Horrible, en todo caso! Hermanas, ay, estamos
presas: tan prisioneras como nunca estuvimos.

PATIO INTERIOR DEL CASTILLO

rodeado de ricas construcciones fantásticas
de la Edad Media.

CORIFEA.   ¡Locas y apresuradas, ejemplo de mujeres!
¡Pendiendo del instante, juguetes de los vientos
de la suerte y desdicha! No sabéis nada de esto
aguantar con sosiego. La una siempre se opone
a la otra, violenta, y con las demás choca:
en el dolor y gozo aulláis como reís.
Callad ahora y ved atentas qué decide
vuestra reina, con alto sentir, también para ella.
ELENA.
¿Dónde estás, pitonisa? Como quiera te llames[1];
de estas bóvedas surge el sombrío castillo.
Si me has ido a anunciar al héroe prodigioso
para que me preparen un buen recibimiento,
te lo agradezco: a él preséntame en seguida.
Quiero acabar de errar: reposo sólo quiero.
CORIFEA.   En vano miras, reina, buscando alrededor:
se disipó la fea figura: quedó acaso
en la niebla, de cuya entraña hemos venido,
no sé cómo, ligeras, sin dar un solo paso.
O quizá vaga, en duda, cruzando el laberinto
de este castillo, hecho de muchos, prodigioso,
pidiendo a su señor principesca acogida.
Pero ved: allá arriba se apresta mucha gente,
rauda, en las galerías, pórticos y ventanas:

[1] Llama a la Fórcida-Mefistófeles.

anuncian acogida grata y hospitalaria.

CORO.   ¡Se me abre el corazón! ¡Oh, mirad sólo allá
qué dignamente avanza con demorado paso
el cortejo de suave juventud ordenada!
¿Cómo? ¿Por qué mandato aparecen en filas
y tan pronto alineados, esos grupos espléndidos
de muchachos hermosos? ¿Qué es lo que más admiro?
¿Es su marcha elegante, o es su pelo rizado
en torno de la frente deslumbrante, o las suaves
mejillas, como albérchigos, rojas y circundadas
del mismo vello suave? Gustoso las mordiera
pero me escalofrío: pues en un caso análogo,
¡oh, tristeza!, mi boca se llenó de cenizas[2].

> Pero los más hermosos
> avanzan hacia aquí:
> ¿y qué vienen trayendo?
> Las gradas para el trono,
> el tapiz y el asiento,
> colgaduras y adornos
> haciendo pabellón.
> Él ahora rodea
> de nubes en guirnalda
> la cabeza a la reina;
> pues ella se ha sentado
> en el cojín espléndido.
> Grada a grada subid,
> y alineaos, graves.
> ¡Digna, tres veces digna,
> bendita esta acogida!

*(Va ocurriendo sucesivamente todo lo que canta el
Coro.) (Después que Pajes y Escuderos han bajado
en largo, aparece Fausto en lo alto de la escalera,
vestido con el traje caballeresco de Corte de la
Edad Media, y desciende con lenta gravedad.)*

CORIFEA *(observándole atentamente).*

Si, como a veces suelen, los dioses no le han dado
por poco tiempo a éste su admirable figura,
su presencia atrayente, su noble aspecto, en préstamo
fugaz, le saldrá bien todo lo que pretende,
sea en lucha viril, o en la pequeña guerra

---

[2] Recuérdese la escena de las Lamias (pág. 993).

con las bellas mujeres. Es éste, ciertamente
superior a otros muchos que yo habría mirado
como de alto valor. Con paso lento y grave,
contenido y solemne, ¡veo venir al Príncipe!
¡Vuélvete a verla, oh Reina!
FAUSTO *(avanza, con un hombre encadenado a su lado)*.
En vez del más solemne saludo, aquí oportuno,
en vez de bienvenida respetuosa, te traigo
este esclavo apretado en férreas cadenas,
que, faltando al deber, me ha hecho faltar al mío.
Arrodíllate aquí a confesar tu culpa
delante de tan alta señora. Oh soberana
sublime, éste es el hombre, que ha sido colocado
por la rara agudeza de su vista en la torre
para mirar en torno, escudriñando atento
el ámbito del cielo y lo ancho de la tierra,
a ver, en cualquier punto, qué puede presentarse,
qué se mueve en el valle, rodeado de montes
hasta el firme castillo, sea ondear de ganados
o despliegue de ejércitos; aquél lo protegemos,
éste lo rechazamos. ¡Y hoy, qué malogro ha sido!
¡Vienes tú, y no lo anuncia! ¡Nos faltó la debida
acogida en honor a tan alta visita!
Se ha jugado la vida con tan grave delito:
debiera estar en sangre de muerte merecida:
pero, a tu arbitrio, tú castígale o indúltale.
ELENA. Tan alta dignidad que me otorgas, de ser
la soberana y juez, aunque tan sólo sea,
como he de suponer, para ponerme a prueba,
la uso con la primera obligación del juez:
oír al acusado. Así pues, habla ahora.
LINCEO, EL CENTINELA DE LA TORRE[3].
¡Dejadme arrodillarme y contemplar,
dejadme ya morir
o vivir, porque estoy aquí entregado
a esta mujer traída por los dioses!
Esperando el dulzor de la mañana,
acechaba hacia Oriente su salida

---

[3] Antes, el centauro Quirón recordó a Linceo como el piloto de
los Argonautas: ahora ese mismo nombre, expresivo de la agudeza visual —en relación con la palabra «lince»—, se aplica para el
vigía de la torre del castillo.

y, de repente, prodigiosamente,
apareció la aurora por el Sur.
Volví hacia allí la vista,
y vi a ella, la única,
en lugar de los valles y las cimas,
de la anchura del cielo y de la tierra.
Una mirada clara se me ha dado
como al lince en el árbol más robusto;
pero entonces me tuve que esforzar
como saliendo de hondo sueño oscuro.
¿Sabía dónde estaba? ¿En mi garita,
en la cerrada puerta, o en la torre?
¡Las nieblas se disipan y se elevan
cuando surge tal diosa!
Hacia ella volviendo pecho y ojos
me alimenté del suave resplandor:
deslumbrante hermosura
me cegó por completo, a mí, infeliz.
Olvidé mi deber de vigilante
y la trompeta de mi juramento,
y aunque ahora amenaza aniquilarme,
la belleza sujeta toda cólera.

ELENA.   No puedo castigar el mal que traje.
¡Ay de mí! ¡Qué severa suerte, en todas
partes, me sigue: enloquecer el ánimo
de los hombres, que ya no se respetan
ni a sí ni a los más dignos! Seduciendo
y robando, con luchas, con arrobos,
semidioses, demonios, dioses, héroes
me llevaron errante a todas partes.
Sencilla, agité el mundo; doble, aún más;
triple y cuádruple, aumento las desdichas.
¡Deja libre a este buen hombre, y aléjale!
Vaya en paz el que un dios enloqueció.

FAUSTO.   Con asombro, a la vez veo aquí, reina,
cómo aciertan tus tiros, cómo caigo;
el arco que lanzó tu flecha veo,
y me veo aquí herido. Se suceden
tus flechas y me hieren. Las presiento
zumbando con sus plumas, por el aire
y el castillo. ¿Qué soy? Me haces rebeldes
de pronto a los más fieles, e inseguras

mis murallas. Ya temo que mi ejército
obedezca a esta invicta victoriosa.
¿Y qué me queda ya, sino entregarme
con cuanto en mi delirio creí mío?
Deja que, libre y fiel, te reconozca
a tus pies por señora, que,. llegando,
conquistaste a la vez bienes y trono.

LINCEO *(con un cofrecillo y con unos hombres que
traen otros).* ¡Reina, me ves de vuelta!
El rico te mendiga una mirada:
te ve y se siente a un mismo tiempo pobre
como un mendigo y rico como un príncipe.
¿Qué fui antes? ¿qué soy?
¿qué he de querer y hacer?
¿de qué sirve la vista más aguda?
Retrocede y se extingue ante tu asiento.
De Oriente hemos venido,
y atrás quedó Occidente,
un' cortejo de pueblos, largo y ancho,
en que el primero no veía al último.
El primero cayó, siguió el segundo,
el tercero, la lanza preparaba;
todos con nueva fuerza, a centenares,
y murieron sin ser notados muchos.
Nos echamos encima, apresurados;
de lugar en lugar fuimos señores;
y donde era el señor un día yo,
mañana otro robaba y saqueaba.
Mirábamos precipitadamente:
uno a la más hermosa se llevaba,
otro tomaba al toro bien plantado,
y todos se llevaban los caballos.
Pero a mí me gustaba ir a buscar
lo más raro que se ha podido ver;
y lo que otro también lo poseyera
me parecía sólo hierba seca.
Iba siguiendo el rastro a los tesoros,
en pos de mi mirada aguda sólo,
observando por dentro los bolsillos:
los cofres para mí eran transparentes.
Montones de oro fueron también míos,
y las piedras preciosas más espléndidas:

pero sólo merece la esmeralda
verdear en tu pecho.
Entre boca y oreja pende aquella
gota en huevo que dio el fondo del mar.
Queden avergonzados los rubíes:
palidecer los hace la mejilla.
Y así el mayor tesoro
lo pongo aquí, ante ti:
ante tus pies se ponga la cosecha
de numerosas luchas sanguinarias.
Estos cofres aquí traigo arrastrando;
más aún son mis cofres de metal;
permíteme ponerme en tu camino
y que llene el tesoro hasta las bóvedas.
Pues apenas al trono has ascendido
cuando se inclinan ya y quedan plegados
la riqueza, el poder, la inteligencia,
ante tu ser sin par.
Todo esto por mío lo guardaba,
pero ahora lo suelto se hace tuyo.
Yo lo creía digno, raro y alto:
ahora veo bien que no era nada.
Lo que yo poseí, se ha disipado,
hierba segada y mustia.
¡Oh, con tus claros ojos,
devuélvele del todo su valor!

FAUSTO.   Quita pronto esta carga ganada con audacia;
no se te toma a mal, pero no se te alaba.
Ella es dueña de todo cuanto encierra el castillo
en su seno: ofrecerle algo en particular
es vano. ¡Ve y en orden amontona tesoros
sobre tesoros! ¡Forma una imagen sublime
con ese lujo nunca visto! ¡Y haz a las bóvedas
relucir como frescos cielos: haz paraísos
de esa vida sin vida! Apresúrate a andar
delante de sus pasos, y con flores dispón
alfombra sobre alfombra: que encuentre un blando
su paso, y su mirada, que tan sólo a los dioses   [suelo
deja de deslumbrar, halle el fulgor más alto.

LINCEO.   *Lo que manda el señor, no es demasiado:*
Lo hará como jugando este crïado;
porque sobre la sangre y la riqueza

domina el esplendor de esa belleza.
El ejército entero se le entrega
y envaina sus espadas si ella llega,
y el mismo sol se apaga y queda frío
al lado de su gracia y de su brío:
delante del fulgor de su mirada,
todo queda vacío, todo es nada. (Se va.)

ELENA (*a Fausto*).
Querría hablarte, pero ponte a mi lado: el sitio
vacío a su señor llama: el mío asegura.

FAUSTO. Antes arrodillándome, acepta mi leal
dedicación, augusta señora; y esta mano
que a tu lado me eleva, déjamela besar.
Confírmame a tu lado, compartiendo el gobierno
de tu reino que no tiene fronteras; gana
a la vez un guardián, adorador y siervo.

ELENA. Numerosos prodigios escucho y veo ahora.
Llena de asombro, quiero preguntar muchas cosas.
Explícame ante todo por qué el modo de hablar
de ese hombre me sonó tan extraño y tan grato[4];
cada son parecía ajustarse con otro;
y apenas al oído a juntarse venía,
otro nuevo al primero acudía a besar.

FAUSTO.
Si te agrada ya el modo de hablar de nuestros
[pueblos,
seguro es que también te entusiasmen sus cantos;
saciando en lo más hondo el alma y los oídos.
Pero lo más seguro es probarlo en seguida:
el diálogo alternado lo atrae y lo provoca.

ELENA. Dime ¿cómo hablaré yo también tan hermoso?

FAUSTO. Es cosa fácil: debe salir del corazón.
Y cuando a desbordarse de anhelo el pecho va,
miramos preguntando...

ELENA.   *quién lo compartirá.*

FAUSTO. *El alma ya no mira hacia atrás, ni adelante,*
solamente el presente...

ELENA.   *es dicha rebosante.*

---

[4] Linceo ha hablado en verso con rima, que suena con encanto
desacostumbrado en los oídos de Elena, en cuyo mundo clásico la
poesía no tiene tal recurso sonoro. Pocas líneas más adelante, vemos a Elena empezar a usar la rima, al contestar a Fausto.

FAUSTO.   *Es prenda de delicia, tesoro sobrehumano;*
 ¿quién lo asegurará para siempre?

ELENA.   *¡Mi mano!*

CORO.   ¿Quién le censurará a nuestra princesa
 que otorgue una actitud propiciatoria
 al señor de esta rica fortaleza?
 Pues confesadlo: somos solamente
 prisioneras, como antes tantas veces,
 desde el derrumbamiento ignominioso
 de Troya, y nuestro errar en aflicción
 por tantos laberintos angustiosos.
 Las que tienen costumbre del amor
 de los hombres, no pueden elegir,
 pero entienden. E igual que a los pastores
 de rizos de oro, alguna vez se acepta
 a los faunos de negro y crespo vello,
 según lo va dictando la ocasión,
 y del mismo derecho participan
 en su cuerpo flexible, sin reservas.
 Ya están sentados cada vez más juntos,
 apoyados el uno contra el otro,
 rodillas y hombros juntos, y vacilan
 unidos de la mano
 sobre la almohadillada
 esplendidez del trono.
 La realeza no quiere privarse
 de sus goces secretos
 delante de los ojos de su pueblo,
 con generosa visibilidad.

ELENA.   Me siento tan lejana y tan cercana:
 y me gusta decir ¡estoy aquí!

FAUSTO.   Respiro apenas, tiemblo y balbuceo:
 es un sueño: no hay día ni lugar.

ELENA.   Como si hubiera ya vivido estoy,
 y nueva y fiel a ti, desconocido.

FAUSTO.   Este destino impar ¡no lo escudriñes!
 Aunque sea un instante, hay que vivir.

FÓRCIDA *(entrando violentamente).*
 ¡La cartilla de amor deletreáis,
 coqueteáis con dulces amoríos
 y os arrulláis ociosos y felices!
 Pero no queda tiempo para eso.

¿No sentís una sorda tempestad?
Escuchad cómo suenan las trompetas:
la perdición se acerca: Menelao
con miles de soldados
viene contra vosotros:
¡Para un duro combate preparaos!
Entre el zumbar del victorioso ejército,
mutilado, lo mismo que Deífobo,
has de pagar traer a esta mujer.
Y después de ahorcar a la gentuza
se le reserva a ésta en el altar,
nuevamente afilada, el hacha cruel.

FAUSTO.

¡Qué audaz interrupción! ¡Qué odiosamente irrum-
Ni en el peligro caigo en loca agitación.   [pe!
Al más hermoso heraldo, le afea una noticia
mala: a ti, la más fea, sólo malas noticias
te gusta dar. Pero esta vez no te saldrá bien;
en vano el aire agitas. Ahora no hay peligro,
y el peligro parece una vana palabra.

(*Alarmas, explosiones en las torres, trompetas y cla-
rines, música de guerra. Atraviesa un poderoso
ejército.*)

FAUSTO.

No, que en seguida vas a ver reunida
la tropa inseparable de los héroes.
Favor de las mujeres no merece
sino el que las defiende con la fuerza.

(*A los jefes del ejército, que se separan de sus columnas, adelantándose.*)

Vuestro furor tranquilo y mesurado
os dará ciertamente la victoria;
a vosotros, la joven flor del Norte,
y la fuerza florida del Oriente.
Vestís acero y os rodea el rayo;
la fuerza que asoló reino tras reino
se acerca y retemblar hace la tierra,
y, después que ellos pasan, dura el trueno.
A tierra descendimos junto a Pylos[5],

---

[5] Puerto del Peloponeso; poco más abajo, se distribuyen las co-
marcas del Peloponeso entre las tribus germánicas, reservando la
jefatura suprema a Elena y Fausto, en Esparta, como capital de
«la península, de olas rodeada», según se la llama después.

donde no existe ya el anciano Néstor;
y las alianzas de los reyezuelos
las rompió, desatado, nuestro ejército.
¡Aquí, sin perder tiempo, echad atrás
a Menelao, desde estas murallas
al mar, y que allí robe, aceche y yerre:
tal era su afición y su destino!
Desde el trono de Esparta, nuestra reina
manda que se os dé título de duques:
hoy poned a sus pies montes y valles:
la riqueza del reino sea vuestra.
Tú, germano, protege las bahías
de Corinto, con muros y defensas;
Aquea con sus cien abismos, godo,
a tu protección queda encomendada.
La hueste de los francos a Elis vaya,
y Mesenia les toque a los sajones:
que los normandos dejen limpio el mar
y pongan a la Argólida en grandeza.
Cada cual vivirá en su casa entonces,
dirigiendo hacia fuera fuerza y rayo;
pero reinará Esparta sobre todos,
trono tradicional de nuestra reina.
Ella verá gozar a cada cual
la tierra que de nada está privada:
confiados, a sus pies, id a pedir
confirmación, derecho y claridad.
(*Fausto desciende; los Príncipes se reúnen en círculo
a su alrededor para recibir órdenes con más detalle.*)

Coro. Quien quiera para sí a la más hermosa,
piense ante todo, valerosamente,
en buscarse las armas.
Aunque pueda ganarse con lisonjas
lo más alto que existe en este mundo,
no lo poseerá tranquilamente;
astutos insidiosos se lo quitan,
atrevidos ladrones se lo arrancan;
tiene que preparar cómo impedírselo.
Por eso he de alabar a nuestro príncipe,
y por encima de otros le coloco;
porque se alió, prudente y valeroso,

de modo que los fuertes le obedecen
y a su señal atienden.
Cumplen su orden, leales,
en su propio provecho cada cual
y a la vez obteniendo gratitud
del soberano y gloria para todos.
Pues ¿quién ahora la arrebatará
al fuerte poseedor?
Le pertenece, le ha sido otorgada
dos veces por nosotros, pues a un tiempo,
por dentro la cercó de fuerte muro
y por fuera, con un robusto ejército.

FAUSTO.   Los dones que les hemos dado a éstos
—una tierra fecunda a cada cual—
son grandes y gloriosos: ahora ¡en marcha!
Nosotros nos pondremos en su centro.
Defenderán la tierra puesta en juego,
la península, de olas rodeada,
que se une con delgada cordillera
a Europa, en su remota estribación.
Esta tierra, que es sol de toda tierra,
sea siempre dichosa a toda raza,
ahora que mi reina lo ha ganado
y que eleva hacia ella su mirada.
Cuando con el susurro de los juncos
del Eurotas salió del huevo[6], espléndida,
con la luz de sus ojos deslumbró
a su madre preclara, a sus hermanos.
Esta tierra, tan sólo vuelta a ti,
te ofrece sus mejores ornamentos:
¡prefiere tú a tu patria en tus cariño
entre todas las tierras que son tuyas!
Y al clavar en el lomo de sus montes
el sol la fría punta de su dardo,
los peñascos se muestran verdecidos
y la cabra devora su miseria.
Brota la fuente, arroyos se reúnen,
barrancos y laderas están verdes.
Entre las asperezas de los cerros

---

[6] Según el mito, Elena había nacido junto al Eurotas, el río del
Peloponeso, saliendo, con Cástor y Pólux, del huevo que puso
Leda, fecundada por el Cisne-Zeus. El Peloponeso, sede de Arca-
dia, se pinta aquí como la tierra de la «edad de oro».

los lanudos rebaños se dispersan.
Uno a uno, con paso cauto, avanzan
vacas y toros hasta el borde abrupto:
tienen todos refugio allí dispuesto,
en las cuevas del muro de peñasco.
Pan los cuida allí, y ninfas de la vida
habitan en las frescas hondonadas,
y se elevan, ansiosos de regiones
más altas, rama a rama, densos árboles.
¡Antiguos son! La encina se alza, fuerte,
rama a rama enganchando tercamente;
suave, el acebo, con su dulce savia,
se eleva puro y juega con su carga.
Y maternal, en quieto cerco en sombra,
mana la tibia leche para el niño
y el cordero; y hay frutas, alimento
de llano, y brota miel en huecos troncos.
El sosiego más grato aquí se hereda,
se alegran las mejillas y la boca:
cada cual en su sitio es inmortal,
y todos están sanos y contentos.
Y así, en el día puro, va creciendo
hasta poder ser padre, el dulce niño.
Siempre nos preguntamos asombrados
si son hombres o dioses.
Tan como los pastores se hizo Apolo,
que uno de los más bellos le fue igual:
pues donde reina la Naturaleza
todos los mundos se unen y se abrazan.

        (Sentándose junto a ella.)

Para mí y para ti se logró así;
¡tras de nosotros, bórrese el pasado!
¡Siente que del más alto dios naciste;
aquel mundo primero es todo tuyo!
¡No ha de ceñirte recia fortaleza!
En fuerza juvenil eterna, aún
nos queda, en permanencia deliciosa,
Arcadia junto a Esparta, en vecindad.
¡Con afán de habitar suelo dichoso
acudiste al destino más feliz!
Los tronos se transforman en follaje:
como de Arcadia sea nuestra dicha.

(La escena se transforma completamente.)

(En una serie de cavernas en la roca se apoyan espe-
sos emparrados de ramaje. El follaje umbrío llega
hasta los trozos de roca que hay en torno. No se
ve a Fausto ni a Elena.)[1]

FÓRCIDA.

No sé yo desde cuándo duermen estas muchachas:
y también desconozco lo que vi con mis propios
ojos, claro y distinto. Por eso, las despierto.
Se tendrán estas jóvenes que asombrar, y vosotros[2],
los barbudos que estáis ahí abajo mirando
a ver este prodigio fidedigno en qué acaba.
¡Levantaos de prisa! ¡Sacudid vuestros rizos!
¡Despejaos del sueño! ¡Oíd sin parpadeo!

CORO.

Habla y cuéntanos, cuenta qué ha ocurrido de ex-
nos gustará escuchar lo que apenas creemos,   [traño:
pues ya nos aburrimos de ver estos peñascos.

FÓRCIDA.

En cuanto abrís los ojos, niñas, ¿ya os aburrís?
Oíd: en estas cuevas y grutas de follaje
se ha otorgado refugio a una pareja idílica:
nuestro señor y nuestra señora.

CORO.   ¿Ahí dentro?

FÓRCIDA.   Solos,
separados del mundo, sólo a mí me llamaron
en silencio a servirles. Con gran honor, me acerco,
pero, buen confidente, miro para otro lado;
busco raíces, musgos, cortezas curativas,
y así se quedan solos.

CORO.   Haces como si hubiera ahí mundos enteros,
bosques, praderas, ríos, lagos: ¡qué cuentos urdes!

FÓRCIDA.

Como sea, ¡inexpertas!, hay honduras intactas:
salas, salones, patios cruzaba pensativa,
cuando sonó de pronto una risa en los ámbitos:

---

[1] Aunque falta la correspondiente indicación, se abre aquí una
nueva escena con transición completa, la llamada «escena de Euforión», el hijo de Elena y Fausto, nacido en Arcadia.
[2] Los espectadores —Emperador y Corte— de este «teatro dentro del teatro».

miré: un niño saltaba de su madre a su padre,
de su padre a su madre; los mimos, los halagos,
los arrullos de amor, los clamores de júbilo
ensordecer me hicieron. Desnudo geniecillo
sin alas, como fauno sin animalidad,
saltó al suelo, y el suelo, rechazándole, le hizo
subir arriba, al aire, y al segundo y tercer
salto tocó en la altura de la bóveda. Clama
angustiada su madre: «Brinca y salta a tu gusto,
pero de volar, guárdate: te está vedado el vuelo».
Y le avisó el buen padre: «En la tierra está el ímpetu
que te eleva a la altura: si con el pie la tocas,
tendrás fuerza: así Anteo, el hijo de la tierra».
Y él brincó por la mole de esta roca, de un borde
al otro, como salta y bota una pelota.
Pero desaparece de repente en la grieta
y parece perdido. La madre llora, el padre
la consuela, con miedo yo me encojo: ¡y de nuevo,
cómo aparece! ¿Había tesoros allí ocultos?
Viste el niño lujosos ornamentos de flores.
Con borlas por los brazos y cintas por el pecho,
empuña una áurea lira, como un pequeño Febo,
alegre, llega al borde de la peña. Con pasmo,
¿qué brilla en su cabeza? Es difícil decir
si es oro o una llama de la fuerza del alma.
Y así se mueve y muestra, aún niño, de futuro
dueño de cuanto es bello, por cuyos miembros fluyen
las músicas eternas, y así le escucharéis
y veréis, para vuestra admiración sin par.

Coro.   ¿Llamas a eso prodigio[3],
tú, la nacida en Creta?
¿Nunca al poeta oíste
su lección y palabra?
¿Nunca oíste de Jonia,
de la Hélade no sabes,
ancestrales leyendas
de la riqueza de héroes y dioses?
Todo lo que acontece
hoy día, es eco triste

[3] En réplica al relato, por la Fórcida, del nacimiento de Euforión, el Coro cuenta cómo nació Hermes, «el hijo de Maya» y de
Júpiter.

de los días espléndidos
de los antepasados:
tu narración no iguala
esa amable mentira,
pero más fidedigna que verdad,
que se cantó sobre el hijo de Maya.
A éste, niño de pecho,
pero ya recio y fuerte,
las gárrulas nodrizas,
en necio desvarío,
en tejidos muy suaves le envolvieron,
y con preciosas galas le adornaron.
Pero él, hábil y fuerte,
sacó pícaramente
sus elásticos miembros,
en su sitio dejando
la envoltura purpúrea
que tanto le apretaba;
igual que la madura mariposa
que la yerta crisálida abandona
y despliega sus alas, vehemente,
al éter, que los rayos del sol bañan,
aleteando, alegre.
Así él también, con ímpetu,
para ser el espíritu propicio
siempre de los ladrones y los pícaros
y de cuantos persiguen la ventaja,
en seguida se entrega
a las artes más hábiles.
Al dueño de los mares roba pronto
el tridente, y a Marte, astutamente,
la espada de la vaina;
arco y flechas también le quita a Febo,
y a Hefaistos las tenazas;
al propio Zeus, el padre,
le quita el rayo, sin temor al fuego:
vence también a Eros
derribándole en lucha,
y también, cuando Venus le acaricia,
le roba el cinturón.
(*Surge de la caverna una música de cuerdas, en
cantadora y de pura melodía. Todos prestan aten*

ción y pronto aparecen íntimamente conmovidos.
Desde aquí hasta la pausa indicada, continúa la
música con toda fuerza.)

FÓRCIDA. Escuchad esas bellas armonías:
¡libraos en seguida de las fábulas!
La vieja multitud de vuestros dioses
dejadla atrás, quedó ya superada.
Ninguno querrá ahora comprenderos:
a un bien más alto todos aspiramos
porque debe salir del corazón
lo que en el corazón debe influir.
(Retrocede hacia las rocas.)

CORO. Si tú, terrible ser, te has inclinado
a este son lisonjero, nos sentimos
nosotras ya como recién curadas,
para el goce del llanto enternecidas.
Que se disipe el resplandor del sol
con tal de que amanezca en nuestro espíritu;
hallamos en el propio corazón
lo que no nos concede el mundo entero.

(Elena, Fausto, Euforión, en el traje antes descrito.)

EUFORIÓN. Si oís cantar canciones infantiles,
vuestra propia alegría es semejante;
si me veis a compás saltando, vuestro
corazón también brinca, paternal.

ELENA. El amor, para hacer feliz la vida,
a una noble pareja hace acercarse,
y para dar un divino entusiasmo
produce una preciosa trinidad.

FAUSTO. Ya todo se ha encontrado,
soy tuyo y eres mía,
y quedamos unidos:
¡ojalá nunca sea de otro modo!

CORO. Placer de muchos años
se une en esta pareja
en la dulce presencia de este niño.
¡Me conmueve esta unión!

EUFORIÓN. ¡Dejadme ahora que salte,
y dejadme que brinque!
Subir hacia la altura
es la gran ansiedad
que ahora me ha invadido.

FAUSTO.   ¡Pero ve con cuidado!
          No saltes al vacío.
          Que no sufras caída
          ni a hacerte daño vayas,
          y perdamos al hijo
          a quien tanto queremos.
EUFORIÓN. No quiero seguir ya
          aquí al suelo pegado;
          no me agarréis las manos
          ni me agarréis del pelo;
          ¡soltadme de la ropa!
          Porque todo esto es mío.
ELENA.   ¡Oh, piénsalo mejor,
          recuerda de quién eres!
          ¡Cómo lo sentiríamos
          si acaso destruyeras
          el «mío», «tuyo» y «suyo»
          bellamente logrado!
CORO.   Me temo que muy pronto
          se romperá esta unión.
ELENA Y FAUSTO.   ¡Modérate, modérate
          por amor a tus padres,
          modera tus impulsos,
          vivaces y excesivos!
          En la tierra, con calma,
          adorna la llanura.
EUFORIÓN. Sólo por complaceros
          me voy a moderar.
     (Se desliza por entre el Coro y las obliga a bailar.)
          Con ligereza enredo
          a esta gente animada.
          ¿Va bien la melodía,
          va bien el movimiento?
ELENA.   Sí, está todo muy bien:
          conduce a estas hermosas
          a ir en filas artísticas.
FAUSTO.   ¡Ojalá se acabaran!
          No me puede alegrar
          tan loca agitación.
     (Euforión y el Coro, cantando y bailando, se mue-
     ven en líneas entrelazadas.)
CORO.   Cuando mueves los brazos

de modo tan amable,
sacudes con fulgor
tu cabeza rizada,
cuando tu pie ágilmente
resbala por la tierra,
y acá y allá se enlazan
y se atraen los miembros,
alcanzaste tu objeto,
queridísimo niño:
pues nuestros corazones
se inclinan hacia ti.
                    (Pausa.)

EUFORIÓN. Sois lo mismo que corzas
de agilísimos pies;
que aparecéis dispuestas
a nuevos juegos siempre.
Yo soy el ganador
y vosotras la presa.

CORO. Si quieres apresarnos
no vayas muy de prisa,
porque en definitiva
tan sólo deseamos
acabar abrazándote,
¡hechicera visión!

EUFORIÓN. ¡Sólo a través del bosque,
por lo espeso y las piedras!
No me gusta alcanzar
nada tan fácilmente:
tan sólo me divierte
lo logrado a la fuerza.

ELENA Y FAUSTO. ¡Qué presunción tan loca!
No se pueda esperar moderación.
Como cuernos de caza, se oyen sones
por el valle y los bosques;
¡qué tumulto y locura!

CORO *(entrando de prisa, una a una)*.
¡Se ha escapado corriendo!
Con burlas y desprecio,
de todo nuestro grupo, ha arrebatado
a la más zahareña.

EUFORIÓN *(haciendo entrar a una muchacha)*.
¡A rastras aquí traigo a esta chiquilla

tan huraña, a obligarla a los placeres!
Con gozo y con delicia, oprimo aquí
este pecho que quiere rechazarme:
beso esta boca esquiva,
y demuestro mi fuerza y mi deseo.

MUCHACHA. ¡Suelta! Bajo mi aspecto
hay también fuerza y ánimo de espíritu;
mi voluntad no es menos que la tuya,
y no es fácil llevarme arrebatada.
¿Crees ya que me tienes apresada?
¡En tu brazo confías demasiado!
Aprieta y ya verás cómo me escapo
y te dejo burlado, pobre loco.
(Lanza llamas, y se eleva a la altura.)
¡Sígueme al aire claro,
a las quietas cavernas
persiguiendo esta presa
que se te desvanece!

EUFORIÓN *(sacudiéndose las últimas chispas).*
Las rocas agolpadas
me ahogan entre el bosque.
¿Qué me importa lo estrecho,
si soy joven y fresco?
Se oye el viento zumbar
y rugir a las olas;
y lo escucho a lo lejos:
querría estar cercano.
(Sube por las rocas cada vez más arriba.)

ELENA, FAUSTO Y EL CORO.
¿Quieres ser como un gamo?
Nos da horror que te caigas.

EUFORIÓN. Cada vez más arriba he de subir,
más lejos cada vez he de mirar:
¡ahora sé dónde estoy,
en medio de la isla,
de la tierra de Pelops,
afín al mar lo mismo que a la tierra!

CORO. ¿No puedes detenerte
en bosque y monte, en paz?
Ven, vamos a buscar
los frutos de la viña,
uvas en la ladera de los cerros,

higos, manzanas de oro.
¡Ay, en la dulce tierra,
quédate dulcemente!

EUFORIÓN.   ¿Soñáis días de paz?[4]
¡Sueñe quien soñar pueda!
¡Guerra! es el santo y seña.
¡Victoria! diga el eco.

CORO.   Quien en la paz regrese
con su afán a la guerra,
se priva de la dicha
de una buena esperanza.

EUFORIÓN.   Los que parió esta tierra
de peligro en peligro,
con ánimo sin límites,
derrochadores de su propia sangre,
y con mente sagrada
que no puede empañarse,
y todos los que luchan,
tengan noble ganancia.

CORO.   ¡Cuánto ha subido ya, mirad arriba;
pero no nos parece muy pequeño;
como con armadura, victorioso,
con el fulgor del bronce y del acero!

EUFORIÓN.   No haya pared ni muros,
cada cual tenga cuenta de sí mismo;
la firme fortaleza que perdura
es el pecho broncíneo del hombre.
Para vivir invictos, corred, raudos,
ligeramente armados, al combate.
Las mujeres se vuelven amazonas,
cada niño es un héroe.

CORO.   ¡Sagrada poesía,
elévate hacia el cielo!
¡Brilla, estrella hermosísima,
cada vez más lejana!
Mas nos alcanza siempre;
aún se la sigue oyendo,
se la escucha con gusto.

EUFORIÓN.   No, no me he presentado como un niño;
adolescente soy y vengo armado.

---

4 En todo este episodio se trenza también una alusión en homenaje a Lord Byron.

Quien se une a los osados, fuertes, libres,
en espíritu ya ha hecho suficiente.
¡Vamos, pues, adelante!
Allí está abierto ahora
el camino a la gloria.

ELENA Y FAUSTO.   Apenas a la vida te han llamado,
apènas entregado al claro día,
desde alturas de vértigo, te lanzas
hacia el espacio lleno de dolores.
¿No somos nada, entonces, para ti?
¿Ha sido un sueño nuestra dulce unión?

EUFORIÓN.   ¿Y no escucháis los truenos sobre el mar?
Los valles los repiten, resonando;
en polvo y olas, llegan los ejércitos
con tumulto y acoso, con dolores
y tormentos: la muerte
es supremo mandato:
se entiende de repente.

ELENA, FAUSTO Y CORO.   ¡Qué espanto, qué terror!
¿Es la muerte mandato para ti?

EUFORIÓN.   ¿Debería mirarlo desde lejos?
¡No! debo compartir dolor y apuro.

DICHOS.   ¡Qué arrogancia y qué riesgo,
qué desatino mortal!

EUFORIÓN.   ¡Con todo! se despliegan
ahora en mí unas alas.
¡Allá voy! ¡debo ir!
¡Dejad que emprenda el vuelo!

(Se arroja a los aires; las ropas le sostienen un instante; su cabeza resplandece y le sigue una estela de luz.)

CORO.   ¡Ícaro, Ícaro![5]
¡Basta ya de aflicción!

(Un hermoso adolescente se precipita a los pies de sus padres, que creen reconocer en el muerto una figura conocida; pero desaparece en seguida su aspecto corporal, y su aureola sube al cielo como un cometa, dejando en el suelo sus ropas, el manto y la lira.)

---

[5] Alusión al mito de Ícaro, hijo de Dédalo, que al escapar de su encierro valiéndose de unas alas hechas con cera y plumas, cayó desde la altura y murió.

ELENA Y FAUSTO.   Al gozo le sucede
        pronto la triste pena.
LA VOZ DE EUFORIÓN *(desde lo hondo).*
        ¡Madre, no me abandones
        a solas en el reino de las sombras! *(Pausa.)*
CORO *(en canto fúnebre).*
        ¡A solas, no! ¡dondequiera que estés!
        Porque creemos que te conocemos.
        Si te alejas del día, apresurado,
        ningún alma de ti ha de separarse.
        Apenas te sabríamos llorar,
        y cantamos tu suerte con envidia;
        pues tanto en días claros como en turbios,
        tu ánimo y tu canción fueron grandiosos.
        Nacido para el goce de la tierra,
        de altos antepasados y gran fuerza,
        por desgracia en seguida te perdiste,
        robado al florecer de juventud.
        Con vista aguda para ver el mundo,
        todo impulso del alma comprendiendo:
        fuiste fuego de amor de las más bellas
        y un cántico que no cupo imitar.
        Pero echaste a correr, incontenible,
        libre, a la red que quita voluntad,
        y así te separaste con violencia
        de la moralidad y de la ley;
        pero al fin, el sentir más elevado
        pudo dar peso al ánimo en pureza;
        quisiste conseguir lo más espléndido,
        pero no lo lograste.
        ¿Quién lo ha logrado? Turbia es la pregunta,
        ante la que el destino se encapucha,
        cuando en los días de mayor desgracia
        todo el pueblo sangrando queda mudo.
        Refrescad, sin embargo, nuevos cánticos,
        y no sigáis hundidos y agachados:
        pues el suelo los vuelve a producir
        igual que desde siempre los produjo.
            (Pausa total. Cesa la música.)
ELENA *(a Fausto).*
    Por desgracia, se cumple en mí un viejo proverbio:
    no se unen mucho tiempo la belleza y la dicha.

Se ha desgarrado el vínculo del amor y la vida:
lamento las dos cosas, digo adiós con dolor
v me arrojo otra vez a ceñirme en tus brazos.
Perséfone[6], ¡recibe a mi hijo, como a mí!
(Abraza a Fausto y desaparece su aspecto corporal;
las ropas y el velo le quedan en los brazos.)
FÓRCIDA *(a Fausto).*

No sueltes ese traje. Los demonios
va tiran de sus orlas y querrían
llevárselo al infierno. Tú, ¡sujétalo!
Ya no está aquí la diosa que perdiste,
pero ha sido divino. Emplea el alto
favor inestimable y sube arriba:
por sobre lo vulgar te lleve raudo
al éter, mientras puedo resistir.
Volveremos a vernos lejos, lejos.
(Las ropas de Elena se disuelven en nubes, rodean
a Fausto, y le elevan a la altura, desapareciendo
con él.)
FÓRCIDA *(recoge del suelo la túnica, el manto y la*
lira, avanza al proscenio, y dice, levantando en alto
aquellos despojos:)

¡Con suerte, aún he podido encontrar algo!
Pero no lo lamento por el mundo.
Queda aún para consagrar poetas,
y envidias producir entre artesanos:
y si no puedo yo otorgar talentos,
ocultaré estas ropas por lo menos.
(Se sienta en el proscenio, al pie de una columna.)
PANTHALIS.

¡Pronto, ahora, muchachas! Ya nos dejó el hechizo,
la coacción nefasta de las brujas tesalias,
y la ebriedad de tantos sones entreverados,
extraviando el oído, v el espíritu aún más.
¡Descendamos al Hades! Se apresuró a bajar
la reina gravemente. A sus pies acompañen
muy de cerca los pasos de sus fieles doncellas.
Junto a la Inescrutable v su trono estarán.
CORO.   En todas partes, cierto, una reina está bien;

---

[6] Perséfone reina en el mundo subterráneo, como esposa de
Plutón.

aun en el Hades queda por encima, orgullosa,
en compañía de sus semejantes,
con Perséfone en íntima amistad,
pero en tanto nosotras, aquí, al cabo
de las hondas praderas de asfódelos,
reunidas con chopos estirados
y praderas estériles,
¿qué pasatiempo vamos a tener?
Cuchichear lo mismo que murciélagos
en lúgubres susurros fantasmales.

PANTHALIS.

Quien no ha ganado un nombre ni persigue lo noble,
es de los elementos inertes; ¡andad, pues!
Tengo ansiedad ardiente de estar junto a mi reina;
valemos por lealtad, y no sólo por mérito. *(Se va.)*

TODAS.   Devueltas a la luz del día estamos,
ya no somos personas, ciertamente:
lo sabemos muy bien y lo notamos,
pero al Hades jamás regresaremos.
Naturaleza eternamente viva
nos hace a los espíritus, y hacemos
a ella una exigencia de plena validez.

UNA PARTE DEL CORO.

En el temblor de mil ramas y de susurros[7],
jugueteando amables, atraemos despacio
a las fuentes —raíz arriba de la vida—,
hacia las ramas; llenas de flores o de frutos,
adornamos el pelo ondulante, luciéndose
en el aire. Si cae el fruto, se reúnen
gente alegre y pastores a comerlo, agolpándose,
y como ante los dioses primeros todo queda
postrado ante nosotras.

OTRA PARTE DEL CORO.   Nosotras, donde el muro
de roca se hace espejo, nos plegamos, moviéndonos
lisonjeras, en suaves olas; y oímos toda
voz y canto de pájaro, y flauta de carrizo,
a ver si es la temible voz de Pan: la respuesta
está pronta: si zumba, respondemos zumbando,
y si truena, tronamos el doble, tremebundas,
tres veces o diez veces.

---

[7] Desde aquí, las componentes del coro se van transformando en
ninfas de los bosques, de las montañas, de las fuentes, de las viñas.

Una tercera parte del Coro.

¡Hermanas! allá vamos
con los ríos, nosotras, de genio más vivaz;
pues nos atraen esas lejanías de cerros
ricamente adornados. Bajando, cada vez
regamos más profundo, en meandros cruzando,
primero las praderas, luego el campo, y el huerto
después junto a la casa. Allí se alzan las copas
de cipreses esbeltos sobre el éter y el verde
de la orilla y el claro espejo de las ondas.

Una cuarta parte del Coro.

Rodead lo que os plazca, que vamos a cercar
la ubérrima colina, donde la vid verdea
sobre su rodrigón; allí, la pasión, siempre,
del viñador nos hace ver el logro, con riesgo,
del trabajo amoroso. Con el hacha o la azada,
cava, poda e injerta, reza a todos los dioses,
y suplica al dios Sol. Baco, el afeminado,
se preocupa muy poco de sus leales siervos;
reposa en el follaje, se tiende en las cavernas,
retoza con el fauno más joven. Cuanto le hace
falta para la media embriaguez de sus sueños,
siempre le queda en odres, jarras y recipientes,
al fondo de las cuevas frescas, desde remotos
siglos. Pero los dioses, empezando por Helios,
con brisa y humedad, con tibieza y ardor,
han traído las uvas en cuerno de abundancia,
y donde trabajaba, callado, el viñador,
de repente se pone todo vivo, y hay ruidos
en los sombrajos: todo vibra de cepa en cepa.
Crujen cestos, rechinan cubas, las angarillas
se doblan con el peso: todo va al gran lagar,
hacia la fuerte danza del pisador. Y así,
la sagrada abundancia de puras uvas, llenas
de zumo, osadamente es pisada: espumea,
salpica y se entremezcla aplastada. Y retumban
címbalos y el broncíneo tañido de las copas:
Dionisos se revela, dejando sus misterios,
y con hendidos pies, sale y hace saltar
a sátiros y sátiras, y en medio, desatado,
va y corre el orejudo animal de Sileno,
el descarado. ¡Nada se respeta! Pezuñas

hendidas huellan toda decencia, los sentidos
se aturden, los oídos se ensordecen de estrépito.
A tientas los borrachos se acercan a la cuba,
llenas panza y cabeza; alguno todavía
va con cuidado, pero el tumulto se aumenta;
pues, para el nuevo mosto, ¡rápidamente queda
vacío el odre viejo!

(Cae el telón. La Fórcida, en el proscenio, se empina
gigantesca, pero luego desciende de sus coturnos,
se quita la máscara y el velo, y se revela como
Mefistófeles, para comentar la obra en el epílogo
cuando haga falta.)

CUARTO ACTO

ALTA MONTAÑA

*Cima rocosa, rígida y puntiaguda. Pasa una nube,
desciende, y se acerca a un rellano que sobresale,
abriéndose en dos.*

FAUSTO (*saliendo de la nube*).
Veo a mis pies la más profunda soledad,
cruzo, meditativo, el filo de estas cumbres,
después de abandonar la nube, mi vehículo,
que por el día claro me llevó suavemente
por la tierra y el mar. Se separa de mí
despacio, sin romperse, y hecha una bola, marcha
hacia Oriente: los ojos la siguen con asombro.
Se rompe al caminar, en ondas y cambiante,
pero va a tomar forma... ¡No me engañan mis ojos!
En estas cimas, llenas de sol, veo tendida,
gigantesca y espléndida, una divina forma
de mujer: semejante a Juno, Leda, Elena,
se cierne con amable majestad a mi vista.
¡Ay, se rompe! Sin forma extendida, en montones,
reposa a Oriente, como remota sierra nívea,
y deslumbra y refleja el grandioso sentido
de los fugaces días. Pero en torno a mí flota
leve jirón de niebla, por el pecho y la frente,
dándome, con frescor y lisonja, alegría. Ya sube
ligero y vacilante, más alto cada vez,
y se reúne junto. ¿Una imagen de hechizo
me engaña, como aquel primer bien, el más alto,

el juvenil, de que hace tanto tiempo me privo?[1]
Mana el primer tesoro del corazón más hondo:
el amor de la aurora, su leve impulso me hace
ver aquella visión tan pronto percibida,
prístina, y comprendida apenas; que, al durar,
brillaba más que el oro. Como belleza de alma
se eleva esta figura suave, y no se disuelve,
y sube por el éter, arrastrando consigo
lo mejor de mi ser.

*(Se posa en el suelo una Bola de Siete Leguas. Otra
la sigue en seguida. Mefistófeles se apea de ellas
y las botas continúan andando apresuradamente.)*

MEFISTÓFELES.   ¡Esto sí que se llama andar de prisa!
Pero dime en qué piensas.
¿Entre tales horrores has bajado,
entre rocas de bocas entreabiertas?
Lo conozco, mas no en este lugar:
pues esto era en verdad el fondo del infierno.

FAUSTO.   No te faltan leyendas locas: pronto
empezarás con otras parecidas.

MEFISTÓFELES *(gravemente)*.
Cuando el Señor Dios —sé muy bien por qué—[2]
nos desterró del aire a lo profundo,
hacia el calor central, donde, allá dentro,
en llamas se abre paso un fuego eterno,
aun con tal claridad, nos encontramos
en situación incómoda y estrecha.
A toser empezaron los demonios,
a ventear por arriba y por abajo:
quedó lleno el infierno de sudor
y olor a azufre: ¡qué gas! Tan horrible
que la lisa corteza de las tierras
pronto crujió y saltó, aun con su espesor.
Ahora hemos pasado al otro extremo:
lo que antaño fue abismo, es cumbre ahora.
También se cumple aquí la gran doctrina
de hacer de lo más bajo lo más alto.
Porque huimos del hoyo esclavo y cálido
a la anchura del reino de aire libre:

---

[1] Alusión a Margarita.
[2] Aquí Mefistófeles repite, desde su punto de vista, la teoría del plutonismo que antes había expuesto Anaxágoras.

un patente misterio, bien guardado,
y más tarde a los pueblos revelado. *(Efes., 6, 12.)*[3]

FAUSTO.   Noble silencio el monte me mantiene,
no pregunto por qué. Cuando en mí mismo
se fundamentó la Naturaleza,
la bola de la tierra limpiamente
se hizo redonda, en cumbres y en barrancos
complacida, y en líneas de montañas:
luego hizo bajar, suaves, las colinas
hasta llegar en dulce curva al valle.
Después hizo nacer y crecer plantas,
y no necesitó, para su goce,
de locas filigranas y volutas.

MEFISTÓFELES.   ¡Eso dices! Y piensas que está claro;
pero fue bien distinto: yo lo vi.
Yo estaba allí cuando el abismo hirviente
un torrente de llamas lanzó, hinchándose;
el martillo de Moloc[4], peña a peña
forjando, echaba allá escombros de monte.
Aún están en la tierra las inmóviles
masas pétreas caídas desde lejos.
¿Quién explica tal fuerza de disparo?
El filósofo no sabe entenderlo;
si está la roca ahí, dejadla estar;
inútilmente lo hemos meditado.
Sólo el pueblo vulgar y fiel lo entiende,
sin dejarse enredar en sus ideas:
su saber desde antaño está maduro:
es un prodigio que honra a Satanás.
Con muletas de fe, mi peregrino
va a la Roca y al Puente del Dïablo.

FAUSTO.   Es curioso ver cómo consideran
a la Naturaleza los demonios.

MEFISTÓFELES.   De la Naturaleza ¡qué me importa!
Cuestión de honor: allí estaba el demonio.
Somos la gente que hace cosas grandes.

---

[3] La frase aludida, de la Carta a los Efesios, habla de «los espíritus del mal que hay en los espacios cósmicos»; la expresión de «misterio bien guardado y revelado más tarde», aunque también es paulina, no tiene nada que ver con la idea de que los demonios residan en los aires, sino que se refiere al designio de la Redención.

[4] Moloc, en el Antiguo Testamento, es un ídolo de los amonitas, al que se ofrecían sacrificios humanos.

¡Fuerza, absurdo, violencia es la señal!
Pero si debo hablar por fin sensato:
¿nada te place en nuestra superficie?
Tú contemplaste, extensos sin medida,
«los reinos de la tierra y su esplendor». *(Mat. 4.)*[5]
Y aunque insaciable como sueles ser,
¿no sentiste ningún placer en ello?

FAUSTO.   ¡Ya lo creo! Me atrajo algo grandioso.
¡Adivínalo!

MEFISTÓFELES.   Pronto lo adivino.
Una gran capital yo buscaría,
con esa agitación que al burgués nutre,
con callejas estrechas y torcidas,
tejados puntiagudos, y un mercado
estrecho, con carbón, coles, cebollas,
puestos de carne donde se amontonan
moscardones que chupan lo grasiento;
allí en todo momento encontrarías
hedor y actividad, seguramente;
y después, grandes plazas, anchas calles,
revestidas de aspecto distinguido,
y tras la puerta, en fin, de las murallas,
arrabales sin límite extendiéndose.
Disfrutaría allí el rodar de coches,
el ruido de la gente atravesando,
el eterno correr de un lado a otro
del disperso hormiguero bullicioso.
Y adonde fuera, cuando cabalgara,
siempre aparecería como el centro,
venerado por cientos de millares.

FAUSTO.   ¡Eso a mí no me puede contentar!
A uno le alegra que la gente aumente,
que pueda alimentarse bien a gusto,
y que se forme, incluso, y que se eduque...
aunque se crían sólo al fin rebeldes.

MEFISTÓFELES.   Con grandeza después me haría, bien
pensado, un buen palacio de recreo
en ameno lugar. Bosque, colinas,
llanuras, prados, campos para huertas,
con esplendor en torno quedarían:

---

[5] Se alude al pasaje evangélico en que el demonio tienta a Jesús
ofreciéndole el mundo si le adora.

muros de verde, césped en alfombras,
sendas rectas, artísticos sombrajos,
cascadas con un puente entre las rocas,
fuentes de todas clases: todo alzándose
con gloria y con honor, pero a los lados
fluyendo el agua en leves filigranas.
Y luego haría una casita cómoda,
íntima, a las mujeres más hermosas,
y allí, sin fin, el tiempo pasaría,
en dulce soledad acompañado.
«Mujeres», digo, porque, de una vez,
a las bellas las pienso en el plural.

FAUSTO. ¡Eres malo y moderno! ¡Sardanápalo[6]!

MEFISTÓFELES. ¿Se puede adivinar qué buscarías?
¡Algo audaz y sublime, ciertamente!
¿Te ha llevado tu afán quizá a flotar
muy cerca de la luna, con tus sueños?

FAUSTO. ¡Nada de eso! La esfera de esta tierra
aún tiene sitio para grandes gestas.
Algo asombroso tiene que salir:
para un osado empeño siento fuerzas.

MEFISTÓFELES. ¿Y pretendes así obtener la fama?
Se nota que has estado entre heroínas.

FAUSTO. ¡Ganaré señoríos y riquezas!
La acción lo es todo: no vale la fama.

MEFISTÓFELES. Se encontrarán poetas, sin embargo,
que a la posteridad cuenten tu gloria,
con locura animando a la locura.

FAUSTO. Nada de eso te ha sido concedido.
¡Tú qué sabes, el hombre lo que ansía!
Tu ser amargo, duro, repelente,
¿qué sabe lo que el hombre necesita?

MEFISTÓFELES. ¡Ocurra entonces todo como quieres!
Dime hasta dónde llegan tus locuras.

FAUSTO. Yo tendí mi mirada al alto mar:
se hinchaba y se encrespaba en altas torres,
luego se hundió, agitando su oleaje,
e invadió el ancho llano de la orilla.
Y me enojó: así enoja la arrogancia

---

[6] Legendario rey asirio, cuyo nombre queda como sinónimo de gula y lujuria. En 1821, Lord Byron publicó un drama titulado *Sardanápalo.*

al que estima lo justo, al alma libre,
dándole un agitado sentimiento
con sangre apasionada y excitada.
Como azar lo juzgué: agucé la vista:
la ola se alzaba, echándose hacia atrás,
lejos de aquella meta que alcanzara
con orgullo: y el juego se repite.

MEFISTÓFELES. *(ad spectatores)*.
No me resulta nuevo: hace ya cientos
de millones de años que lo sé.

FAUSTO *(continuando apasionado)*.
Y el mar avanza así, por mil canales,
infecundo que da infecundidad;
se hincha y aumenta y rueda y sobrepasa
la franja hostil del trecho desolado.
Con gran fuerza animada, ola tras ola,
avanza y se echa atrás y no ha hecho nada:
¡esto me dio desesperada angustia!
¡Fuerza sin meta, mundo desatado!
Osó entonces mi espíritu volar
sobre sí mismo: allí quise luchar:
eso sí lo podría yo vencer.
¡Y es posible! Por más que se desborde,
ante cualquier colina cede el mar;
y por mucha arrogancia con que se alce,
una pequeña altura le hace frente,
y un hoyo escaso, enérgico, le atrae.
Hice rápidos planes en mi espíritu:
Logra el placer precioso de apartar
de la orilla al soberbio mar; los límites
de la húmeda extensión hacer más breves,
y hasta bien dentro, en sí retroceder.
Comprendí, paso a paso, dónde estaba:
¡eso deseo, atrévete a emprenderlo!
(Tambores y música guerrera, desde la lejanía, a es-
     paldas de los espectadores, a la derecha.)

MEFISTÓFELES.
¡Qué fácil! ¿No oyes, lejos, los tambores?

FAUSTO. ¡Guerra otra vez! El cuerdo se entristece.

MEFISTÓFELES.
Guerra o paz, lo más cuerdo es esforzarse
por sacar algo en propio beneficio.

Hay que acechar y ver el buen momento.
¡Ahora hay ocasión, Fausto, aprovéchala!

FAUSTO. ¡Déjame ahora en paz con tus enigmas!
Y dime de una vez ¿qué es esto? ¡Explícate!

MEFISTÓFELES. En mi viaje he podido darme cuenta
de que el Emperador sufre inquietudes;
¡le conoces! Cuando con él hablamos
y le hicimos tener falsas riquezas,
creyó que el mundo entero estaba en venta.
Porque siendo muy joven subió al trono
y se inclinó a pensar erradamente
que podría lograrse al mismo tiempo
y que sería hermoso/y deseable
gobernar y a la vez pasarlo bien.

FAUSTO. Gran error. El que debe gobernar
ha de hallar su placer en el gobierno,
con el pecho colmado de altas miras,
pero que nadie puede adivinar.
A sus fieles susurra algo al oído;
se cumple, y asombrado queda el mundo.
Así siempre será el más elevado,
el más digno... el placer hace grosero.

MEFISTÓFELES. Él no es así. Se dio al placer ¡y cómo!
Mientras, caía el reino en la anarquía,
se enemistaban grandes y pequeños,
los hermanos en lucha se mataban,
ciudades y castillos entre sí,
los gremios enfrentados con los nobles,
contra el obispo, fieles y cabildo:
no se veían más que enemistades;
crímenes en iglesias; comerciantes
y viajeros, muy cerca de los muros,
perdidos. Y crecía la osadía:
la vida era defensa. Y ya pasó.

FAUSTO. Pasó... renqueó, cayó, se alzó otra vez,
luego se desplomó y rodó en montón.

MEFISTÓFELES. Tal situación no pudo criticarse:
cada cual quiso usar de su ocasión.
Hasta el más chico quiso serlo todo.
Pero al final, se hartaron los mejores.
Se levantaron, fuertes, los valientes,
y dijeron: Será el señor quien pueda

darnos la paz. Si no quiere ni puede
el Emperador, vamos a elegir:
que un nuevo Emperador anime el reino,
poniendo a cada cual a buen seguro,
y que en un mundo claro y renovado
vuelva a hermanar la paz con la justicia.

FAUSTO.   Suena muy clerical.

MEFISTÓFELES.   ¡Y hubo allí clérigos!
Asegurando el vientre bien nutrido,
participaron más que nadie en esto.
Creció y se consagró la rebelión,
y aquel Emperador al que alegramos
se acerca acá, quizá a su última lucha.

FAUSTO.   Lo siento: para mí fue bueno y franco.

MEFISTÓFELES.
¡Mira! Mientras hay vida, hay esperanza.
¡Liberémosle de este estrecho valle!
Si se salva, será para mil veces.
Ya veremos, los dados cómo caen.
Si tiene suerte, aún tendrá vasallos.
(Suben al centro de la sierra y observan la disposi-
ción del ejército en el valle. Sube desde abajo la
música militar y ruido de tambores.)

MEFISTÓFELES.   La posición está muy bien tomada;
si intervenimos, suya es la victoria.

FAUSTO.   ¿Qué se puede esperar aquí? ¡Mentiras,
espejismo de magia y apariencias!

MEFISTÓFELES.   Es astucia de guerra en la batalla.
¡Confírmate en tu augusto pensamiento,
mientras que consideras tu objetivo!
Si conservamos al Emperador
trono y tierras, recibes a sus plantas
en recompensa playas infinitas.

FAUSTO.   Tú has probado y logrado muchas cosas:
¡gana también ahora una batalla!

MEFISTÓFELES.   ¡No, tú la ganarás! ¡En esta vez,
serás generalísimo!

FAUSTO.   ¡Bonita!
elevación sería para mí
dar órdenes en donde nada entiendo!

MEFISTÓFELES.   Al Estado Mayor deja el cuidado,
mientras se esconde el Mariscal de Campo.

Ya he previsto hace mucho el desconcierto
de la guerra, y armé un fuerte consejo
de los prístinos hombres de las prístinas
montañas[7]: ¡y feliz quien los reúna!

FAUSTO. ¿Qué veo allí con armas? ¿Sublevaste
a la gente que vive en las montañas?

MEFISTÓFELES.
No: como Peter Squenz[8], aquí he extraído
la quintaesencia de esta juerga entera.
(Aparecen los Tres Fuertes.) (Samuel, II 23, 8.)[9]
¡Ahí vienen mis muchachos!
Ya ves, están ahí muy diferentes
en edad, en ropaje y armamento.
No te irá mal con ellos. *(Ad spectatores.)*
Les gusta ahora a todos los muchachos
gola de caballero y armadura;
y por mucho que sean alegóricos
estos pícaros, bien que les contenta.

MATÓN *(ligeramente armado, vestido de colores).*
Quien me mire a los ojos, en seguida
le he de meter el puño por la boca,
y si pretende huir luego el cobarde
por el último pelo he de agarrarle.

LADRÓN *(en edad madura, bien armado, ricamente vestido).* Ésas son vanas bromas y bravatas
con que se echa a perder en tonto el tiempo:
ocúpate tan sólo de agarrar
y pregunta después por lo demás.

FORZUDO *(entrado en años, muy armado, sin ropajes).*
Tampoco así al final se gana mucho.
Muy pronto se deshace un gran caudal,
fundido en la corriente de la vida.
¡Si bueno es agarrar, mejor guardar!
Haz caso a este compadre encanecido,
y ninguno podrá quitarte nada.
(Bajan juntos más hondo.)

---

[7] Esto es, un ejército de duendes para ayudar al Emperador.
[8] Peter Squenz, en una obra teatral de Andreas Gryphius, es imitación del Quince de *El sueño de una noche de verano* de Shakespeare: el artesano que organiza un «entremés» teatral con unos compañeros.
[9] Los tres valientes que siguen a David en el citado pasaje bíblica: Ishbaal, Eleazar y Shamma. Goethe modifica sus nombres y cualidades.

EN LA ESTRIBACIÓN DE LA MONTAÑA

*(Tambores y música militar, desde abajo. Se arma
la tienda del Emperador.)*

El Emperador, Generalísimo, Acompañantes.

GENERALÍSIMO.   Me sigue pareciendo bien pensado
que en este valle oculto hayamos hecho
al ejército entero replegarse:
espero firmemente que habrá suerte.
EMPERADOR.   Veremos cómo sale: me disgusta
esta media escapada, este ceder.
GENERALÍSIMO.
¡Observa, soberano, nuestro flanco derecho!
Es un emplazamiento ideal para guerras.
El cerro no es abrupto ni demasiado fácil:
bueno para los nuestros, para ellos una trampa;
medio ocultos nosotros por el suelo ondulado,
no dejaremos paso a la caballería.
EMPERADOR.
Ya no me queda más sino elogiar también:
aquí se probarán los brazos y los ánimos.
GENERALÍSIMO.
En este prado, en medio de estas anchas llanuras,
verás a tu falange combatir con buen ánimo.
Las picas relucientes chispean en el aire,
por el fulgor del sol en la niebla temprana.
¡Qué oscuramente ondula el cuadro poderoso!
A millares se encienden por una gran acción.
Ahí conocerás la fuerza de esta masa;
confío en que divida las fuerzas enemigas.
EMPERADOR.
Por primera vez veo tan hermoso espectáculo:
un ejército así vale por más del doble.
GENERALÍSIMO.
Nada hay que referir de nuestro flanco izquierdo:
el gran peñasco ocupan héroes vigilantes:
la escollera del monte, que ahora reluce de armas,

defiende el pasadizo de la garganta estrecha.
Ya me parece ver hundirse al enemigo
sin poderlo prever, en sangrienta emboscada.

EMPERADOR.

Allí están los parientes falsos que me llamaban
abuelo, tío, hermano, permitiéndose siempre
más cosas cada vez, hasta qué me quitaron
la energía del cetro y la gloria del trono;
luego se dividieron y asolaron el reino,
y después, contra mí juntos, se rebelaron.
La multitud vacila con espíritu incierto,
para luego afluir donde' va la corriente.

GENERALÍSIMO.

Un hombre fiel, enviado para obtener informes,
desciende por las peñas de prisa: ¡traiga suerte!

PRIMER MENSAJERO. Nos ha salido bien
con ánimo y astucia, el arte nuestro;
por un lado y por otro nos metimos;
aunque poco provecho hemos sacado.
Muchos te juran puro acatamiento,
como ejércitos fieles: la disculpa
de su inactividad dicen que sea
el fermento interior, riesgo del pueblo.

EMPERADOR.

Conservarse uno mismo es doctrina egoísta;
no es gratitud ni afecto, ni obligación ni honor.
¿No pensáis, cuando llegue la hora de rendir cuentas,
que el incendio de casa del vecino os consuma?

GENERALÍSIMO.

Se acerca el mensajero segundo, muy despacio:
al hombre, fatigado, le tiembla el cuerpo entero.

SEGUNDO MENSAJERO.

Primero con placer, pudimos ver
el curso errante de esa gente loca;
hasta que, incontenible, inesperado,
ha aparecido un nuevo Emperador.
Y por rutas previstas de antemano
lleva a la multitud por la llanura:
y todos siguen a sus desplegadas
banderas victoriosas... ¡como ovejas!

EMPERADOR.

Un Contra-Emperador me sirve de ganancia;

ahora es cuando noto que soy Emperador.
Sólo como soldado me puse la armadura,
pero ahora la llevo para más alto objeto.
En fiestas, aunque fueran de muy rico esplendor
y no faltara nada, me faltaba el peligro.
Vosotros, como mucho, proponíais torneos:
mi corazón latía y respiraba lucha:
si entonces no me hubierais disuadido de guerras
yo ahora brillaría en hazañas heroicas[1].
Siempre sentía el pecho igual que encadenado
al verme reflejado en el reino del fuego:
el fuego se lanzaba contra mí con crueldad:
era sólo apariencia, pero gran apariencia.
Con fama y con victoria soñé confusamente,
y hoy busco lo que entonces desperdicié en deshonra.
(*Los Heraldos se disponen a desafiar al Contra-
Emperador. Fausto, con armadura y con la celada
a medio cerrar. Los Tres Fuertes, armados y vestidos según se dijo antes.*)

FAUSTO. Adelante avanzamos, esperando no errar;
aun sin necesidad, buena es la precaución.
Sabes: los montañeses cavilan y simulan,
y han estudiado el libro de la tierra y las rocas.
Espíritus huidos hace mucho del llano
se han ido a los peñascos del monte más que nunca.
En silencio trabajan por cuevas laberínticas,
en noble gas de olores cargados de metales;
en análisis siempre, probando y combinando,
es su única intención descubrir algo nuevo.
Con el ligero dedo de espirituales fuerzas
construyen transparentes figuras: y después
miran en el cristal y su eterno silencio
los acontecimientos del mundo superior.

EMPERADOR. Lo he oído decir y a ti bien te lo creo
pero di, tú que observas: ¿a qué viene eso aquí?

FAUSTO. El nigromante aquel de Norcia, el de Sabina[2],
es tu fiel servidor, que se honra con servirte.

---

[1] El Emperador recuerda el episodio en que estuvo a punto de
quemarse, en la fiesta carnavalesca.
[2] Fausto, para justificar su presencia, dice ser enviado en testimonio de gratitud, por un nigromante de Norcia, figura más o
menos histórica, a quien, ya a punto de arder en la hoguera en
Roma, salvó el Emperador, que había ido allí para ser coronado.

¡Qué espantosa y horrible suerte le amenazaba!
La leña se apilaba, se alzaba el fuego en lenguas;
la seca pira en torno tenía pez y azufre:
hombres, dioses, demonios, no podían salvarle:
¡tu Majestad rompió las cadenas ardientes!
Fue en Roma. Él te quedó altamente obligado,
mirando siempre atento cómo marchan tus cosas.
Desde entonces, entero, se olvidó de sí mismo;
sólo por ti pregunta al abismo, a la estrella.
Él nos encomendó sin tardanza ayudarte.
Son muy grandes las fuerzas de la montaña: en ellas
obra toda la fuerza de la Naturaleza,
aunque lo llame hechizo la estupidez del clero.

EMPERADOR. En día de alegría, saludando invitados
que alegremente vienen a disfrutar con gozo,
me gusta ver que todos se agolpan y abren paso,
hasta hacer que el salón nos parezca pequeño.
Pero más grato debe sernos el hombre honrado
que nos viene a ayudar con toda su energía
en este amanecer, que aparece inquietante
porque sobre él oscila la balanza del hado:
pero en tan alto instante retirad todavía
vuestra robusta mano de la espada impaciente,
respetad el momento en que avanzan millares
de hombres a pelear contra mí o a mi lado.
¡Uno mismo es el hombre! Quien codicia coronas
y tronos, sea digno de ellos en su persona.
Y ese fantasma, contra nosotros rebelado,
que Emperador se llama, señor de nuestras tierras,
caudillo del ejército, jefe de nuestros grandes,
¡mi propia mano lo eche al reino de los muertos!

FAUSTO. Por glorioso que sea hacer algo tan grande
no haces bien en poner en juego tu cabeza.
Protege la cabeza que enciende nuestros ánimos;
pues ¿de qué servirían los miembros sin cabeza?
Todos desmayarían y se entumecerían;
de herirse la cabeza, ellos quedan heridos;
·si ella se cura pronto, vuelven a remozarse.
El brazo, pronto sabe usar de su derecho;
pone en alto el escudo, en defensa del cráneo:
la espada al mismo tiempo cumple su obligación:
esquiva el golpe y luego lo devuelve a su vez:

el intrépido pie toma parte en su dicha,
pisoteando el cuello del enemigo herido.

EMPERADOR.   Así es mi ira, y así querría yo tratarle:
¡su orgullosa cabeza de escabel de mis pies!

HERALDOS (regresando).   Poco honor y respeto
allí nos otorgaron:
nuestro mensaje, noble y poderoso,
lo rieron, como una broma estúpida:
«Está perdido vuestro Emperador,
repite el eco en el estrecho valle;
si hemos de recordarle, es cuando el cuento
dice: Había una vez...»

FAUSTO.   Ha ocurrido según querrían los mejores
de los que están, leales y firmes, a tu lado.
Se acerca el enemigo, y los tuyos resisten:
¡manda que ataquen ya! el momento es propicio.

EMPERADOR.
Renuncio desde ahora al mando de las tropas.
                    (Al Generalísimo.)
¡En tus manos, oh príncipe, tienes tu obligación!

GENERALÍSIMO.
¡Avance, pues, el ala derecha! El ala izquierda
enemiga, que ahora precisamente sube,
antes de dar el paso último, deberá
ceder a la probada lealtad de mis jóvenes.

FAUSTO.
Permite entonces que este héroe tan animoso
sin perder un momento se sitúe en tus filas,
y vaya a incorporarse en lo más dentro de ellas,
para, así acompañado, ejercitar su fuerza.
                    (Señala a la derecha.)

MATÓN.   El que me dé la cara, no la podrá volver
sino con las quijadas rotas, las dos a un tiempo:
quien me vuelva la espalda, sacará la cabeza
con el cuello y el pelo por la nuca arrancados.
Y si hieren tus hombres, con la espada y la maza,
con esta misma cólera, se hundirá el enemigo,
hombre a hombre, ahogado entre su propia sangre.
                    (Se va.)

GENERALÍSIMO.
Que el centro del ejército avance lentamente,
prudente en su energía, de cara al enemigo:

un poco a la derecha, la fuerza de los nuestros
ha derribado ya con cólera sus planes.

FAUSTO *(señalando al centro).*

¡Entonces, éste siga tus órdenes también!
Es vehemente y todo lo lleva por delante.

LADRÓN *(adelantándose).*

Las huestes imperiales, con su valor heroico,
deben tener también avidez de botín:
a todos se señale cuál es el objetivo:
la riquísima tienda del Contra-Emperador.
No resplandecerá mucho más en su sitio:
yo mismo a la cabeza me pondré de las tropas.

GARRA-RÁPIDA *(cantinera, uniéndose a él).*

Aunque no esté casada con él,
siempre será el muchacho que más quiero.
¡Para nosotros maduró este otoño!
La mujer es feroz cuando arrebata
y no tiene clemencia cuando roba:
¡adelante, victoria! Todo vale. *(Salen ambos.)*

GENERALÍSIMO.

A nuestra izquierda, como habíamos previsto,
asalta su derecha, con fuerza. Hombre por hombre
habrá de resistir a este furioso envite
para ganar el paso estrecho de las rocas.

(Hace una señal a la izquierda.)

FAUSTO.   Señor, también os ruego que consideréis esto:
nunca estará de más reforzar a los fuertes.

FORZUDO *(adelantándose).*

¡No haya cuidados por el ala izquierda!
Donde estoy, está a salvo la ganancia;
el viejo se acredita en estas cosas;
lo que defiendo, no lo parte un rayo. *(Se va.)*

MEFISTÓFELES *(bajando de la altura).*

Mirad ahora cómo al fondo salen
y aparecen corriendo hombres armados
tras las picudas grietas de las rocas,
y en el sendero estrecho se acumulan
con escudos, espadas y corazas,
para formar un muro a nuestra espalda
esperando las órdenes de ataque.

(En voz baja, a los enterados.)

No preguntéis de dónde sale todo

esto; cierto que no he perdido el tiempo;
vacié, por aquí, las salas de armas.
A caballo y a pie, las armaduras
estaban como dueñas de la tierra;
un día fueron reyes, caballeros,
y son ahora cáscaras vacías:
con ellas se adornó más de un fantasma[3]
para dar nueva vida a la Edad Media.
Y el diablillo que en ellas hoy se esconda,
por esta vez hará también su efecto.
(En voz baja.) ¡Oíd cómo se irritan de antemano,
entrechocando planchas de hojalata!
Jirones de bandera en los pendones
aguardan impacientes frescas brisas.
Pensad: un viejo pueblo está aquí presto,
con ganas de meterse en nueva lucha.
*(Terrible ruido de trompetas, desde fuera: visible va-
cilación en el ejército enemigo.)*

FAUSTO.   El horizonte se ha sumido en sombras.
Aquí y allá, expresivas, saltan chispas
de un fulgor rojo, lleno de presagios:
ya las armas, sangrientas, centellean,
los peñascos, la atmósfera y el bosque,
y el cielo entero van a intervenir.

MEFISTÓFELES.
Con fuerza aguanta allí el ala derecha;
y veo, destacándose entre todos,
a Juan Matón, gigante vehemente,
ocupado sin tregua en sus asuntos.

EMPERADOR.   Vi elevarse primero un solo brazo;
ahora veo, con furia, una docena;
no me parece cosa natural.

FAUSTO.   ¿Nunca has oído hablar de aquellas nieblas
que surgen en las costas de Sicilia[4]?
En pleno día allí se ve flotar
y elevarse hasta en medio de los aires,
reflejándose en vahos singulares,
una extraña visión que se aparece:
surgen ciudades, tiemblan, se disipan,

---

[3] De paso, Goethe tira aquí una punzada contra el medievalismo
de los románticos.
[4] Los fenómenos de *fata morgana*, espejismos marítimos.

jardines se levantan y descienden,
según rompen el éter las imágenes.
EMPERADOR.   Pero ¡qué raro! Veo refulgir
las puntas de las viejas jabalinas;
y en las brillantes lanzas de los nuestros,
veo danzar con ímpetu llamitas.
Lo encuentro demasiado fantasmal.
FAUSTO.   Señor, perdón: son huellas de los seres
espirituales que se han disipado:
es un reflejo de los dos Dioscuros[5]
por que juraban todos los marinos:
su última fuerza aquí están concentrando.
EMPERADOR.   Pero dime: ¿a quién debo agradecer
que la Naturaleza, a favor nuestro,
reúna los fenómenos más raros?
FAUSTO.   ¿A quién sino al maestro, a aquel ser alto[6],
que en tu pecho conserva tu destino?
Hoy que tus enemigos te amenazan
se ha sentido agitado en sus entrañas.
Su gratitud te quiere ver a salvo,
aunque él mismo debiera perecer.
EMPERADOR.   Me llevaron con fiestas y gran pompa;
al ser algo, lo quise demostrar,
y sin pensarlo mucho, hallé ocasión
de dar la libertad a aquel barbudo.
Estropeé a los clérigos su broma,
perdiendo, ciertamente, su favor.
¿Y ahora, tras de tantos años, noto
el efecto de aquella acción alegre?
FAUSTO.   Un favor generoso trae usura;
¡levanta tus miradas hacia arriba!
Pienso que una señal nos va a mandar:
¡fíjate, que en seguida se nos muestra!
EMPERADOR.   Un águila[7] se cierne por los cielos,
y un grifo la persigue amenazándola.
FAUSTO.   Fíjate: me parece buen agüero.

[5] Fausto quiere quitar importancia a las llamitas fantasmales de sus soldados diciendo que se trata del «fuego de San Telmo» que se observa también en los mástiles de los barcos, y que antiguamente se atribuía a los Dioscuros, divinidades protectoras de la navegación.
[6] Al nigromante de Norcia, de que antes habló Fausto.
[7] El águila simboliza al Emperador; el grifo, animal legendario, al Contra-Emperador.

El grifo es animal de las leyendas.
¿Cómo puede, olvidado tanto tiempo,
medirse con un águila de veras?
EMPERADOR. Ahora, en cada vez más anchos círculos,
se persiguen... en este mismo instante
se precipitan uno contra el otro,
y quieren desgarrarse pecho y cuello.
FAUSTO. Observa ahora cómo el pobre grifo,
destrozado y vencido, es todo penas,
y con su cola de león caída,
cae al bosque en la cumbre, y se disipa.
EMPERADOR. ¡Oscura,, pues, lo que esto significa!
Lo acepto con enorme admiración.
MEFISTÓFELES (hacia la derecha).
Repetidos ataques apremiantes
deben vencer a nuestros enemigos,
que ahora, en vacilantes contraataques,
desplazándose van a su derecha,
y llevan confusión así en la lucha
a la izquierda del grueso de sus fuerzas.
La firme punta de nuestra falange
tuerce hacia la derecha y como el rayo
acude hacia los puntos descubiertos.
Como olas de tormenta salpicando,
estas huestes iguales se enfurecen,
en un doble combate enloquecidas:
no se ha inventado cosa más espléndida:
¡ya tenemos ganada esta batalla!
EMPERADOR (a la izquierda, a Fausto).
¡Mira! Aquello parece algo inquietante:
nuestro puesto está en mala situación.
No veo que haya piedras por los aires:
escaladas están las rocas bajas
y están abandonadas las de arriba.
¡Ahora! El enemigo entero, en masa,
acosa cada vez desde más cerca,
¡conclusión de un esfuerzo desdichado!
¡Inútiles han sido vuestras artes! (Pausa.)
MEFISTÓFELES. Mis dos cuervos se acercan por allí;
¿qué recado me vienen a traer?
Me temo que nos debe andar muy mal.
EMPERADOR. Esos míseros pájaros, ¿qué quieren?

Izan sus velas negras hacia aquí
desde el caliente campo de batalla.

MEFISTÓFELES *(a los cuervos)*.
Colocaos muy cerca de mi oreja.
Si a alguno protegéis, no está perdido,
porque vuestro consejo es siempre cuerdo.

FAUSTO *(al Emperador)*.
Ya habrás oído hablar de esas palomas
que vuelven, de las tierras más lejanas,
al calor y las crías de su nido.
Aquí ocurre con mucha diferencia:
que las palomas sirven a la paz,
los cuervos mensajeros, a la guerra.

MEFISTÓFELES.
De un acontecimiento grave informan:
¡mirad, ved el acoso en torno al borde
de roca donde luchan nuestros héroes!
Las alturas cercanas se han tomado,
y si ocuparan el desfiladero
tendríamos muy grave situación.

EMPERADOR. ¡Después de todo, estoy en un engaño!
En las redes me habéis hecho meterme:
me da horror al mirar cómo me envuelven.

MEFISTÓFELES. ¡Ánimo! No ha salido mal aún.
¡Hasta el último instante, ten paciencia!
Al final suele todo decidirse.
Tengo mis mensajeros de confianza:
ordenad lo que tenga que ordenarse.

GENERALÍSIMO *(que ha llegado entretanto)*.
Te has unido con ésos: todo el tiempo
me ha dolido: las cosas de conjuros
no dan ninguna suerte permanente.
No sé ocuparme más de la batalla:
si éstos la han empezado, que la acaben.
Te devuelvo el bastón de mando. toma:

EMPERADOR. Guárdalo para tiempos más dichosos
que tal vez el destino nos conceda.
Me estremece este horrible consejero
y la fidelidad de estos dos cuervos.
(A Mefistófeles.)
No puedo encomendarte este bastón:
no me pareces hombre conveniente:

ordena y mira a ver cómo nos libras,
y ocurra lo que tenga que ocurrir.
                (Entra en la tienda, con el Generalísimo.)
MEFISTÓFELES.   ¡Que le guarde ese estúpido bastón!
A nosotros, de poco nos sirviera:
tiene mucho de cruz.
FAUSTO.
  ¿Qué hay que hacer?
MEFISTÓFELES.   ¡Ya está hecho! Negros primos,
pronto, a servir, al gran lago del monte:
llevadles mi saludo a las ondinas,
pedidles una imagen de sus olas.
Con artes femeninas, misteriosas,
saben separar «ser» y «parecer»,
que todos jurarían que es el «ser». *(Pausa.)*
FAUSTO. Nuestros cuervos, del fondo habrán sacado
a las damas del lago, con lisonjas;
allí empieza a manar un chorro de agua.
En muchas rocas secas y peladas
surge una fuente rauda y abundante:
  ¡se ha hecho para lograr una victoria;
MEFISTÓFELES.
  ¡Es un saludo extraño! Los más bravos
escaladores quedan confundidos.
FAUSTO.   Baja un rumor de arroyo, dividiéndose,
al salir, redoblado, de barrancos:
un torrente proyecta un arco iris:
se extiende en la planicie de unas rocas,
y con ruido y espuma, cae a un lado
y otro, y al valle baja en escalones.
  ¿De qué sirve la heroica resistencia?
Vienen las grandes olas a arrastrarles;
ante tan fuerte alud, yo mismo tiemblo.
MEFISTÓFELES.   Esas mentiras de agua, no las veo:
se engañan los humanos ojos sólo,
y este caso curioso me divierte.
Se agolpan en montones relucientes:
los insensatos, creen ahogarse:
mientras corren por tierra firme, libres,
ridículos, con gestos de nadar.
Ahora hay confusión por todas partes.
                (Los cuervos han vuelto.)

Ante el Jefe Supremo[8] he de elogiaros;
pero si os queréis hoy mostrar maestros,
apresuraos a esa ardiente fragua,
donde, nunca cansados, los enanos
hacen centellear metal y piedra.
Con discursos prolijos, exigidles
fuego luciente, fúlgido, en centellas,
como la mente más alta soñara:
cualquier noche de estío puede haber
relámpagos sin lluvia en lontananza,
raudo caer de estrellas en la altura;
pero tan fácilmente no se ha visto
relámpagos en bosques intrincados,
y estrellas que en el barro centellean.
Deberíais así, sin molestaros,
al principio rogar, luego mandar.
(Se van los cuervos. Ocurre lo que se ha dicho.)

MEFISTÓFELES.   ¡Para los enemigos, densas sombras!
¡Y que anden y caminen por lo incierto!
¡En todas partes, chispas que confundan
y un fulgor que deslumbra de repente!
Todo esto sería ya estupendo;
además ha de haber ruido terrible.

FAUSTO.   Las huecas armaduras, del abismo
de las salas venidas, se refuerzan
al aire libre: crujen y restallan
hace mucho: es un buen sonido falso.

MEFISTÓFELES.
¡Muy bien! Ya no es posible reprimirlas;
suena a caballeresca lucha ahora
como en los buenos tiempos que pasaron.
Los brazales lo mismo que las grebas,
como los gibelinos y los güelfos,
reanudan sin más la eterna lucha.
Firmes, según costumbre de su herencia,
se muestran por completo inconciliables;
ya resuena el bramido, ancho y distante.
En las fiestas diabólicas, al fin,
obra mejor el odio de partidos,
hasta que llega al fin el horror máximo:

---

[8] El Demonio.

y resuena con pánico espantoso,
con satánico son agrio y agudo,
sembrando conmoción por todo el valle.
(*Tumulto bélico en la orquesta, que al fin se transforma en alegres melodías militares.*)

LA TIENDA DEL CONTRA-EMPERADOR

Trono, ricamente adornado.

Ladrón y Garra-Rápida

GARRA-RÁPIDA.
¡Hemos llegado entonces los primeros!
LADRÓN.   No hay cuervo que nos pueda adelantar.
GARRA-RÁPIDA.
¡Oh qué tesoro aquí hay amontonado!
¿Por dónde empezaré y acabaré?
LADRÓN.   ¡El cuarto está muy lleno! Yo no sé
por dónde meter mano.
GARRA-RÁPIDA.
Me vendría muy bien llevar la alfombra:
en mi yacija duermo mal a veces.
LADRÓN.   De acero, cuelga aquí un rompecabezas.
Algo así estoy buscando ya hace mucho.
GARRA-RÁPIDA.   Siempre soñé con algo parecido
a este manto escarlata de orla de oro.
LADRÓN (*tomando el arma*).
Con esto se despacha en un momento;
se deja muerto al otro, y adelante.
Pero hay metido ya mucho en el saco,
sin guardar nada bueno, sin embargo.
Deja ese baratillo en su lugar,
y llévate ese lindo cofrecito:
la paga del ejército se guarda
dentro de su barriga de oro puro.
GARRA-RÁPIDA.   ¡Esto pesa de un modo criminal!
No puedo levantarlo ni lo aguanto.
LADRÓN.   ¡Agáchate en seguida! ¡Has de inclinarte!

En .tus fuertes espaldas lo pondré.

GARRA-RÁPIDA.   ¡Ay, ay! ¡Ay, ya pasó!
Este peso me parte el espinazo.
        (El cofrecillo se cae y se abre.)

LADRÓN.   Ahí tienes en montón el oro rubio;
¡agárralo de prisa!

GARRA-RÁPIDA *(agachándose)*.
¡Pronto, y en el regazo me lo escondo!
Tendremos suficiente para siempre.

LADRÓN.   ¡Basta ya, date prisa! *(Ella se incorpora.)*
¡Ay, tiene un agujero el delantal!
Por donde vas o donde te detienes,
siembras, derrochadora, los tesoros.

ESCOLTA *(de nuestro Emperador)*.
¿Qué hacéis aquí, en un sitio tan sagrado?
¿Qué hacéis en los tesoros imperiales?

LADRÓN.   Hemos puesto en peligro nuestros miembros;
tomamos nuestra parte del botín.
Esto es costumbre en tiendas enemigas,
y nosotros también somos soldados.

ESCOLTA.   Entre nosotros eso no está bien:
¡soldados y ladrones a la vez!
El que se acerque a nuestro Emperador
debe ser un soldado bien honrado.

LADRÓN.   Esa honradez muy bien la conocemos:
se llama: Requisar.
Todos venís lo mismo:
«dame» es el santo y seña en vuestro gremio.
        (A Garra-Rápida.)
¡Vete y saca de aquí lo que has cogido:
aquí no somos gratos invitados! *(Se va.)*

PRIMERO DE LA ESCOLTA.
Dime ¿por qué en seguida no le diste
un revés a ese tipo descarado?

SEGUNDO.   No sé por qué, las fuerzas me faltaron:
eran gente espectral.

TERCERO.   Algo extraño sentí yo por los ojos:
había chispas: no veía bien.

CUARTO.   No sabría explicarlo yo tampoco:
de pronto, el día se hizo muy caliente,
cargado, pegajoso e inquietante;
uno se levantaba, otro caía,

a la vez yendo a tientas, dando golpes;
caía un enemigo a cada tajo:
había como un velo en nuestros ojos,
y se oían susurros y zumbidos.
Así iba todo: aquí estamos ahora
y no sabemos cómo pudo ser.
(Entra el Emperador con cuatro Príncipes. La Escol-
ta se aleja.)

EMPERADOR.

¡Sea, pues, como sea! Ganamos la batalla,
el enemigo en fuga inunda el campo llano.
Vacío, aquí está el trono; el tesoro traidor,
cercado de tapices, hace estrecho el lugar.
Por nuestra propia escolta con honor defendidos,
aguardamos, con plena majestad, delegados
del pueblo: buenas nuevas llegan de todas partes;
en paz está el Imperio; con gozo se me entrega.
Si en nuestra lucha ha habido alguna brujería,
al final peleábamos nosotros solamente.
Pues los azares vienen muy bien a los que luchan:
cae del cielo una piedra, o llueve al enemigo
sangre, o de las cavernas del monte salen voces
que elevan nuestros ánimos y al enemigo abruman.
Cayó el vencido, en medio de burla para siempre,
y el vencedor, gloriándose, alaba al Dios propicio,
y todo se armoniza, sin que él deba ordenarlo,
con «Señor, te alabamos» en millones de bocas.
Pero del mejor premio vuelvo el mirar piadoso
hacia mi propio pecho, lo que antes era raro.
Un rey joven, valiente, puede perder el día;
le enseñarán los años lo que importa el instante.
Así, sin perder tiempo, me alié con vosotros
cuatro, oh nobles: por Casa, por Corte y por Imperio.
(Al primero.)
Tuvo, ¡oh príncipe! el orden acertado
de la tropa, y en trance capital, su atrevida
dirección: obra ahora en la paz según pida
la ocasión: ten la espada: te hago Archimariscal.

ARCHIMARISCAL.

Tu fiel tropa, hasta ahora ocupada en tu reino,
a la frontera irá para afirmar tu trono:
séanos dado entonces prepararte el festín

en la atestada sala del castillo ancestral.
Ante ti y a tu lado andaré, espada en alto;
compañía perenne de tu alta Majestad.

EMPERADOR *(al segundo).*

Tú que, además de bravo, eres tierno y amable,
sé mi Archicamarero: no es fácil la misión.
Serás el superior de todos los criados:
en su discordia interna tengo malos sirvientes;
desde ahora se eleve tu ejemplo, hermosamente,
de cómo se complace al Señor y a la Corte.

ARCHICAMARERO.

Servir al gran designio de mi señor trae gracia;
ser útil a los buenos, no dañar a los malos;
ser claro y sin astucia, tranquilo sin engaño.
Ya me basta, Señor, si penetras en mi alma.
¿Puede mi fantasía alcanzar tales fiestas?
Al llegar a la mesa, te daré copa de oro,
y te tendré el anillo para que en la delicia
se refresquen tus manos, y tus ojos me alegren.

EMPERADOR.

Cierto es que estoy muy serio para pensar en fiestas;
pero ¡sea! Bien viene un alegre comienzo.
(Al tercero.) Te elijo para ser mi Montero Mayor.
¡Tú mandas en la caza, recreos y excursiones!
Tráeme los alimentos mejores de las épocas,
según los trae el mes, y prepáralos bien.

MONTERO. El ayuno será mi obligación más grata
mientras lo que te ponga delante no te agrade.
La gente de cocina ha de unirse conmigo
trayendo lo remoto, y avanzando sazones.
Lo exótico y temprano, esplendor de la mesa,
no es lo que a ti te agrada: es lo sencillo y simple.

EMPERADOR *(al cuarto).*

Como es inevitable que aquí se hable de fiestas,
tú te me cambiarás, joven héroe, en copero.
¡Archicopero, ahora cuida que a mi bodega
no le falte buen vino del modo más espléndido!
¡Tú mismo, ten mesura, no vayas a extraviarte
con la ocasión alegre de las festividades!

ARCHICOPERO.

Basta, príncipe, dar la confianza a los jóvenes,
para que se hagan hombres antes de que se piense.

Yo también me imagino en ese gran festín;
adornaré la mesa imperial con lujosos
recipientes de plata y de oro: y para ti
antes reservaré la copa más hermosa:
un cristal de Venecia, que encierre el bienestar,
y al vino haga mejor, sin mayor embriaguez.
A tal tesoro muchos se exceden en confiar:
pero a ti te protege tu mesura, oh Señor.

EMPERADOR.

Escuchad en confianza de boca fidedigna
lo que os he reservado en esta hora solemne.
Muy grande es mi palabra y asegura los dones;
pero ha de confirmarse con la noble escritura,
y debe ser firmada. Para hacer el escrito
veo entrar en el buen momento, el hombre justo.

(Entra el Arzobispo [Canciller])[1]

EMPERADOR.

Cuando está encomendada la bóveda a la clave,
para siempre ha quedado alzada y bien segura.
¡Ves aquí cuatro príncipes! Ya hemos establecido
lo que pide el decoro de la Corte y la Casa.
Pero por lo que toca al Imperio en conjunto,
con el peso y la fuerza de cinco se resuelva.
Debéis brillar los cinco en tierras sobre todos;
por eso aumento el límite de vuestras posesiones
con los bienes de aquellos que de mí se apartaron.
A vosotros, mis fieles, os doy hermosas tierras
y el poder de ensancharlas, si hay alguna ocasión,
con herencias o cambios o compras. Y después
que se os fije y conceda ejercer sin estorbo
lo que toca en derecho al señor de la tierra:
los jueces os remitan las sentencias supremas,
y contra vuestro juicio no quepa apelación.
Impuestos y alcabalas, peajes y aduanas,
monopolios de minas, sal y moneda, sean
vuestros. Y demostrando mi gratitud del todo,
os he elevado al rango casi de majestades.

CANCILLER.

En nombre de los cinco, la gratitud más honda.

---

[1] El Arzobispo (Elector Imperial) es también Canciller del Imperio; se le designa alternativamente de las dos maneras según las situaciones.

Nos haces firmes, fuertes, y aumentas tu poder.

EMPERADOR.

A los cinco daré honores aún más altos.
Para mi reino aún vivo y deseo vivir;
pero mi estirpe me hace volver, grave, los ojos
atrás, y no fijarlo en lo raudo apremiante.
Yo también a los míos a mi hora dejaré:
será vuestro deber nombrarle sucesor[2].
¡Coronado, elevadle sobre el sagrado altar,
y acabe en paz entonces, lo que hoy fue tormentoso!

CANCILLER.

Con orgullo en el alma y humildad en el gesto,
a ti se postran príncipes, los primeros del mundo.
Mientras la sangre fiel llene y tense las venas,
somos un dócil cuerpo que mueve tu designio.

EMPERADOR.

Y así pues, concluyendo, lo que hemos acordado
se confirme, perenne, con firma y con testigos.
Tenéis la propiedad libre, como señores,
con la condición sólo que sea indivisible,
y que el hijo mayor la herede en la medida
en que aumentéis aquello que de mí recibisteis.

CANCILLER.

Al pergamino pronto confío de buen ánimo
un decreto tan grave para bien del Imperio
y nuestro: copia en limpio y sello los podrán
en la cancillería, para tu sacra firma.

EMPERADOR.

Y así os dejo marchar, para que todos puedan
meditar, concentrados, la grandeza del día.

(Se alejan los Príncipes seculares.)
(Queda el Príncipe eclesiástico, que habla patéticamente.)

[ARZOBISPO.]

Se ha ido el Canciller, pero queda el Prelado[3],
a hablarte con un grave espíritu de aviso.
Con alma paternal tengo miedo por ti.

---

[2] El Emperador —como de hecho lo era el del Sacro Imperio Germánico— es electivo, no hereditario.

[3] Quiere decir: «Ya no estoy presente en cuanto Canciller, sino sólo en cuanto soy Arzobispo». Poco más adelante, reprocha al Emperador la ya mencionada liberación del nigromante de Norcia.

EMPERADOR.
¿Por qué temes en esta hora de gozos? ¡Habla!

ARZOBISPO.
¡Con qué amargo dolor encuentro en esta hora
aliada a Satanás tu frente consagrada!
Cierto es que, al parecer, has confirmado el trono,
pero ¡ay! burlando a Dios y a nuestro padre el Papa.
En cuanto éste lo sepa, castigará con rayo
sagrado al pecador Imperio, aniquilándolo.
Pues aún no ha olvidado que en el supremo día
de tu coronación, libraste al hechicero.
De tu corona, a toda la Cristiandad dañando,
fue la primera gracia a aquel hombre maldito.
Date golpes de pecho, restituye una leve
parte del bien injusto, dándola a lo sagrado;
la anchura en la colina donde estuvo tu tienda,
donde los malos genios se aliaron defendiéndote,
y al rey de las mentiras prestaste oído atento,
con santo aviso, dalo y funda una obra pía;
con monte y bosque espeso, hasta donde se extienden,
y alturas que se cubren de verde en densos prados,
claros lagos con peces, arroyuelos sin número,
que, apresurados, tuercen y caen en el valle,
y el valle con praderas, llanuras y barrancos:
el arrepentimiento se expresa así, y tendrás
perdón.

EMPERADOR.
Mucho me asusta esta falta tan grave;
¡que se tracen las lindes según tu propia norma!

ARZOBISPO.
Ante todo: ese espacio que profanó el pecado,
conságrese en seguida al culto del Altísimo.
En mi alma vehemente veo alzarse los muros,
el sol de la mañana ilumina ya el coro,
se ensancha el edificio, creciendo hasta el crucero,
la nave se prolonga, con gozo de los fieles;
con devoción, ya acuden, por el grandioso pórtico;
¡resuenen campanadas por el valle y el monte!
desde las altas torres que se elevan al cielo,
mientras el pecador se acerca a nuestra vida.
En la consagración —¡no tarde el alto día!—
tu presencia será el más alto ornamento.

EMPERADOR.
Que expresa tan grande obra la piadosa intención
de alabar al Señor y de expiar mi pecado.
¡Basta! Ya noto ahora que mi ánimo se eleva.
ARZOBISPO.
Como Canciller pido que se haga formalmente.
EMPERADOR.
Tú preséntame en regla un documento para
ceder esto a la Iglesia y lo firmaré alegre.
ARZOBISPO *(se ha despedido, pero se vuelve en la
salida).*
Dedica, al mismo tiempo que se eleva, a la obra
las rentas de esa tierra: diezmos, censos, tributos,
para siempre. Hace falta, para guardarla, mucho,
y el gobernarla bien traerá muy graves costes.
Para construir de prisa en lugar tan desierto
nos darás algún oro de tu rico botín.
También se necesita —no lo puedo callar—
madera de muy lejos, yeso, pizarra y todo.
Lo transportará el pueblo, aleccionado en prédicas:
su bendición concede la Iglesia al que le sirve. *(Se va.)*
EMPERADOR.
Es muy grande el pecado con que estoy abrumado:
los miserables brujos me han hecho mucho daño.
ARZOBISPO *(volviendo otra vez, con profunda reve-
rencia).*
¡Perdonad, majestad! A aquel hombre maldito
se le dio el litoral del reino[4]; que en entredicho
queda, si arrepentido, no concedes también
a ese gran santuario diezmos, censos y rentas.
EMPERADOR *(enojado).*
¡Aún no hay tierra ahí; se extiende bajo el mar!
ARZOBISPO.
Con derecho y paciencia, siempre llega el momento.
¡Que tu palabra guarde valor para nosotros!
EMPERADOR.
Si sigue así, daré al fin mi Imperio entero.

[4] Sólo aquí se dice que se le ha concedido a Fausto la petición que
hizo por consejo de Mefistófeles.

QUINTO ACTO

CAMPO ABIERTO[1]

CAMINANTE.   ¡Sí, aquéllos son esos tilos sombríos,
robustos aun con toda su vejez,
y ahora vuelvo a hallarlos nuevamente
tras de tan larga peregrinación!
¡También está allí el viejo lugar,
la cabaña que un día me guardó,
cuando las olas que la tempestad
movía, me arrojaron a esas dunas!
Querría bendecir a los que entonces
me acogieron, vivaces, serviciales;
pero ya eran entonces muy ancianos
para que hallàrlos hoy de nuevo pueda.
¡Ah, qué gentes piadosas fueron ésas!
¿Llamo a la puerta? ¿Os traigo mi saludo
si disfrutáis aún, hospitalarios,
de la felicidad de hacer el bien!

BAUCIS *(anciana muy vieja)*.
¡Querido forastero, no hagas ruido!
¡Permite descansar a mi marido!
Es anciano, y le deja el largo sueño
hacer mucho en su breve tiempo en vela.

CAMINANTE.   Di, madre, ¿todavía estás aquí
para que pueda darte yo las gracias

---

[1] Ha pasado mucho tiempo desde el acto anterior. Fausto, con ayuda de Mefistófeles, ha realizado numerosas obras y un gran palacio en el litoral que le concedió el Emperador, pero le irrita que haya un matrimonio de ancianos —designados con los nombres simbólicos de «Filemón» y «Baucis»— que no quieren cederle su modesta posesión, para completar los arreglos y obras.

por lo que, por la vida de aquel joven,
con tu marido hiciste en otro tiempo?
¿Eres la Baucis tú que, diligente,
reavivó la boca medio muerta? (*Aparece el marido.*)
Las llamas y el fulgor de vuestra hoguera,
el argentino son de vuestra esquila[2],
fueron la solución que conocisteis
para aquella aventura tan temible.
Dejad que vaya ahora y que me acerque
a contemplar el mar ilimitado:
dejad que me arrodille para orar:
¡siento el pecho cargado y oprimido!

FILEMÓN (*a Baucis*).

¡A preparar la mesa date prisa,
donde florece alegre el jardincillo!
¡Déjale allá que corra y que se asuste.
porque no dará crédito a sus ojos!
(*Poniéndose al lado del Caminante.*)
El mar que os maltrató tan duramente,
con su salvaje espuma, ola tras ola,
lo veis ahora en huerto convertido;
lo veis como una imagen del Edén.
Yo era ya viejo entonces, no servía,
no podía ayudar como de joven,
y conforme mis fuerzas descendían,
las olas, a la vez, se retiraban.
Osados siervos de señores sabios
cavaban fosos, diques construían
los dominios del mar disminuyendo,
para ser, en lugar de él, los señores.
Mira prados y prados verdeando,
bosques, aldeas, huertos y dehesas;
pero ve sin tardar a disfrutarlo,
porque pronto se va a ocultar el sol.
Allá lejos hay velas que se tienden,
buscando puerto donde pernoctar:
los pájaros conocen bien su nido,
pues hay ahora allí un puerto seguro.
Tan sólo en lontananza se distingue
la franja azul del mar que se ha alejado:

---

[2] Señales para las embarcaciones en peligro.

y a derecha y a izquierda, a todo lo ancho
un espacio habitado densamente.
(Sentados los tres a la mesa, en el jardincillo.)

BAUCIS.   ¿Permaneces callado; y ni un bocado
acercas a tu boca desganada?

FILEMÓN.   ¡Él quiere comprender este prodigio!
A ti te gusta hablar: háblale de esto.

BAUCIS.   ¡Es verdad! Un prodigio ha sido todo,
que sigue sin dejarme nunca en paz:
porque el asunto entero, no es asunto
que tenga algo que ver con cosas buenas.

FILEMÓN.   ¿Ha pecado quizá el Emperador,
al darle en propiedad el litoral?
¿No lo vino a anunciar, estrepitoso,
un heraldo, pasando por aquí?
Bastante cerca fue de nuestras dunas
donde se puso la primera base
de tiendas y cabañas. Pero pronto
entre lo verde se elevó un palacio.

BAUCIS.   De día inútilmente los criados
con el pico y la pala hacían ruido:
de noche, había enjambres de llamitas
y un dique se elevaba al otro día.
Sacrificios humanos y sangrientos
debía haber, pues por la noche oíamos
quejas: al mar fluía fuego ardiente;
y había allí un canal, por la mañana.
Impío es quien lo ha hecho; ahora ansía
nuestra cabaña, nuestro bosquecillo:
siendo nuestro vecino, y codiciándolo
someterse hace falta a su deseo.

FILEMÓN.   Nos ofreció una finca, sin embargo,
muy hermosa, en la nueva tierra seca.

BAUCIS.   ¡No te fíes del fondo de las aguas,
permanece en la altura sin moverte!

FILEMÓN.   ¡A la capilla vamos a acercarnos,
a ver los rayos últimos del sol!
¡Toquemos la campana, arrodillémonos,
y con confianza, al viejo Dios recemos!

PALACIO

Amplio jardín de recreo. Un gran canal, en línea recta. Fausto, anciano, pasea meditabundo.

LINCEO EL VIGÍA[3] *(por un altavoz).*
Se pone el sol, los últimos navíos,
hacia el puerto, con ánimo, navegan.
Una gran nave viene aquí acercándose,
a punto de llegar por el canal.
Con gozo ondean vivos gallardetes,
y se elevan, inmóviles, los mástiles:
a ti, feliz, te alaba el navegante;
y en su cima la dicha te saluda.
    (Suena la campanita en las dunas.)
FAUSTO *(enfureciéndose)*
¡Maldito ruido! Pérfido, su golpe
lo hiere todo y cubre de ignominia.
Sin fin se abre mi reino ante mis ojos,
y el enojo me acecha a mis espaldas,
con sonido envidioso, recordándome
que mi alta posesión no está bien limpia,
que los tilos y aquella oscura choza
y la sombría ermita, no son míos.
Y si quisiera allí encontrar reposo,
la sombra ajena me hace estremecer,
como espina en mis ojos y en mis pies.
¡Ah, querría estar lejos de este sitio!
EL VIGÍA *(como antes).*
¡Qué alegre boga el barco abigarrado
al fresco vientecillo de la tarde!
¡Cómo su avance rápido se eleva
con montones de cajas y de cofres!
(Una espléndida nave, rica y abigarrada, cargada de productos de tierras lejanas.) (Entran Mefistófeles y los Tres Fuertes.)

---

[3] «Linceo», en general, es el vigilante; no se dice que se trate precisamente de la misma persona que antes apareció como centinela del castillo medieval de Fausto.

CORO.   ¡Ya llegamos a tierra,
aquí estamos al fin!
¡Al señor saludemos;
tenga suerte el patrón!
(Desembarcan, y se descargan las mercancías.)

MEFISTÓFELES.   Así hemos superado grandes pruebas;
contentos, si el patrón quiere alabarnos.
Salimos con dos barcos solamente;
con otros veinte al puerto regresamos.
Qué cosas más grandiosas hemos hecho
se ve cuando se mira nuestra carga.
El mar abierto al alma hace ensancharse;
¡nadie conoce allí qué es cavilar!
Allí sirve tan sólo ser muy rápido
en agarrar: se pescan peces, barcos,
y en cuanto apenas se es dueño de tres,
se puede echar la garra al cuarto barco;
y al quinto le va mal, al poco tiempo;
quién tiene fuerza, tiene la razón.
¡No se pregunta «cómo», sino «qué»!
No he de saber el arte marinero:
piraterías, guerras y comercio
son tres en uno y no hay separación.

LOS TRES FUERTES.
¡Nada de saludar y agradecer!
¡nada de agradecer y saludar!
Como si algo podrido le trajéramos
al patrón y señor.
Nos ha puesto una cara
de repugnancia y asco:
no parece agradarle
este botín de rey.

MEFISTÓFELES.
¡No sigáis esperando
ninguna recompensa!
Pero podéis tomar
vuestra parte de todo.

LOS TRES FUERTES.
Eso es tan solamente
para nuestra molestia:
exigimos los tres
unas partes iguales.

MEFISTÓFELES.
                Antes poned en orden
                arriba en los salones
                los preciosos tesoros
                juntos y reunidos.
                Y cuando él entre a ver
                el lujoso espectáculo,
                y eche cuentas de todo
                con más exactitud,
                no habrá seguramente
                de mostrarse tacaño,
                y a la flota dará
                una fiesta tras otra.
        Mañana llegan pájaras pintadas,
        y yo las cuidaré del mejor modo.
                (Se retiran las mercancías.)
MEFISTÓFELES *(a Fausto).*
        Con mirada sombría y frente grave
        recibes esta dicha tan sublime.
        La alta sabiduría se corona;
        la orilla con el mar se reconcilia;
        desde la orilla el mar recibe dócil
        las naves, para rápida carrera:
        ¡habla, pues, de tal modo que tu brazo
        desde el palacio abarca el mundo entero!
        De este lugar partimos: aquí estuvo
        la primera barraca hecha de tablas:
        se abrió un pequeño foso, en hendidura,
        donde ahora salpica el remo activo.
        Tu alta mente, el esfuerzo de los tuyos
        conquistaron de mar y tierra el premio.
        Desde aquí fue...
FAUSTO.   ¡Y ese maldito «aquí»!
        Eso precisamente es mi aflicción.
        Debo decirlo a ti que tanto sabes:
        en mi pecho, me da de puñaladas;
        me resulta imposible de aguantar.
        Y al decirlo, me lleno de vergüenza:
        deberían ceder aquellos viejos:
        quiero esos tilos para mi morada,
        esos escasos árboles, no míos,
        el dominio del mundo me malogran.

Para gozar la vista, allí quería
armazones poner, de rama a rama,
abriendo a la mirada ancho camino
para ver todo cuanto he construido,
y dominar en una sola vista
la obra maestra de la mente humana,
con prudente sentido, haciendo activa
esta nueva ganancia de los pueblos.
Por eso mi tormento es tan profundo:
porque siento mi falta en mi riqueza.
Campanadas y aromas de los tilos
me envuelven como en fosa o en iglesia.
Mi deseo, en su arbitrio omnipotente,
viene a estrellarse aquí, en estas arenas.
¿Cómo puedo quitármelo del alma?
Al oír la campana, me enfurezco.

MEFISTÓFELES.   Un enojo tan grande es natural
que tenga que amargarte la existencia.
¡Quién lo niega! A cualquier oído noble
le resulta molesto el campaneo.
Y el maldito tin-tán envuelto deja
en niebla el claro cielo del poniente,
y se mezcla entre todo lo que hacemos,
desde aquel primer baño hasta el sepulcro,
igual que si la vida fuera un sueño
que se ha de consumir del «tin» al «tan».

FAUSTO.   La terquedad, la dura resistencia
malogran la ganancia más espléndida,
de modo que con ira y honda pena
tenemos que cansarnos de ser justos.

MEFISTÓFELES.
¿Por qué has de estar aquí tan cohibido?
¿No tienes que seguir colonizando?

FAUSTO.   Pues ve tú, y me los quitas de delante;
sabes cuál es la finca deliciosa
que tengo reservada a esos ancianos.

MEFISTÓFELES.   Les echaremos, para allí instalarles;
antes de darse cuenta, han arraigado.
Después de soportar una violencia,
una bella morada reconcilia.
(Silba con estridencia.)
(Aparecen los Tres Fuertes.)

MEFISTÓFELES.
¡Venid, vuestro señor así lo ordena!
Y mañana habrá fiesta de la flota.

LOS TRES FUERTES.
Mal nos manda el señor: nos debería
dar una fiesta que nos ponga a flote.

MEFISTÓFELES *(ad spectatores).*
Ocurre aquí otra vez lo que hace tiempo:
ya hubo lo de la viña de Nabot. *(1.ª Reyes, 21.)*[4]

NOCHE PROFUNDA

LINCEO EL VIGÍA *(cantando en su puesto de centinela
del castillo).*
Nacido para ver,
puesto para observar,
a la torre ligado en juramento,
me es agradable el mundo.
Yo miro a lo lejano,
y veo desde cerca
la luna y las estrellas,
los bosques y los ciervos.
El eterno ornamento
veo por todas partes,
y complacido en todo,
me complazco en mí mismo.
Vosotros, mis felices
ojos, cuanto habéis visto,
como quiera que fuese,
siempre ha sido muy bello. *(Pausa.)*
No para el placer sólo
estoy puesto tan alto:
¡qué espanto me amenaza
en el mundo en tiniebla!

[4] El rey Ahab de Samaria codiciaba la viña de su pobre vecino Nabot, y enfermó de la desazón: la reina Jezabel, entonces hizo acusar falsamente a Nabot, que murió lapidado, permitiendo así al rey apoderarse de su viña.

Veo que brotan chispas
por los tilos donde hay dos veces noche,
más fuerte cada vez, se alza un incendio,
atizado con furia por la brisa.
¡Ay, que dentro está ardiendo·la cabaña,
la húmeda choza toda envuelta en musgo:
rápido auxilio se hace necesario,
pero no existe modo de salvarles!
¡Ay, los buenos ancianos, que otros tiempos
se preocupaban tanto por el fuego,
habrán de perecer en la humareda!
¡Qué horror y qué desgracia! ¡Se levantan
llamas y del fulgor enrojecida
queda la negra casa envuelta en musgo!
¡Si los buenos ancianos se salvaran
de ese infierno que en llamas se desata!
Como lenguas, se elevan leves chispas
entre hojas y entre ramas; y el ramaje
seco chisporrotea y se consume,
ardiendo velozmente y desplomándose.
Ojos míos, ¡y habíais de ver esto!
¡Por qué podré mirar desde tan lejos!
Se está desmoronando la capilla
al peso de las ramas desplomadas.
Ya alcanzan a su aguja las sutiles
llamas serpenteantes. Y los troncos
huecos se inflaman hasta la raíz,
de púrpura en el fuego.
                    (Larga pausa. Cánticos.)
¡Lo que antes invitaba a la mirada
se ha hundido, con los siglos transcurridos!
FAUSTO *(en el balcón, observando las dunas).*
¿Qué canto de dolor llega de arriba?
La palabra está aquí: tarda la música.
Mi vigía se queja: en mi interior
me entristece esta acción precipitada.
Aunque el bosque de tilos ya no existe,
en horror de carbonizados troncos,
pronto aquí ha de elevarse un miradero
para poder mirar a lo infinito.
Y veo allí también la nueva casa
que ha de albergar al viejo matrimonio

que, en sensación de indulto generoso,
de sus últimos días gozará.

MEFISTÓFELES Y LOS TRES FUERTES *(abajo)*.

Venimos al galope desatado:
¡perdona!, ¡no ha salido bien la cosa!
Golpeamos, llamamos a la puerta,
pero la puerta nunca nos abrían;
gritamos y seguimos golpeando,
y la maldita puerta siempre quieta.
Dimos golpes, con graves amenazas,
pero no nos quisieron hacer caso;
como en tal ocasión se ve bien claro,
no nos oían porque no querían.
Pero nosotros no nos detuvimos,
y les quitamos, rápidos, de en medio.
No ha sufrido gran cosa el matrimonio;
exánimes estaban con el susto.
A un forastero, oculto allí con ellos,
que quiso pelear, le derribamos.
Pero en el poco tiempo de la lucha,
la paja se inflamó con los carbones
puestos alrededor. Y ya arde libre,
como pira ritual de aquellos tres.

FAUSTO. ¿Estabais sordos, pues, a mis palabras?
¡Yo no quería un robo, sino un cambio!
¡Maldigo vuestra acción salvaje y loca!
¡La culpa se reparte entre vosotros!

CORO. Vuelve a sonar aquí el viejo proverbio:
¡Obedece y sé dócil a la fuerza!
Y si eres atrevido y haces frente,
te juegas casa y bienes... y a ti mismo. *(Se van.)*

FAUSTO *(en el balcón)*.

Las estrellas ocultan su mirada
y su luz: baja el fuego ya y se extingue;
un vientecillo atiza los rescoldos
y me trae los humos y los vahos.
¡Orden veloz, cumplida demasiado
pronto! ¿Ahí qué se cierne como sombras?

MEDIANOCHE

(Aparecen cuatro mujeres encanecidas.)

PRIMERA.   Me llamo la Escasez.
SEGUNDA.   Yo me llamo la Culpa.
TERCERA.   Me llamo la Inquietud.
CUARTA.   Yo, la Necesidad.
LAS TRES [MENOS LA INQUIETUD].
   La puerta está cerrada, no podemos entrar.
   Un rico vive ahí, y no tenemos paso.
ESCASEZ.   Ahí me vuelvo sombra.
CULPA.   Ahí me vuelvo nada.
NECESIDAD.
   De mí aparta la vista, hecha sólo a lo bueno.
INQUIETUD.   No podéis ni debéis, hermanas, penetrar.
   La Inquietud se desliza aun por la cerradura.
   (Desaparece Inquietud.)
ESCASEZ.   Apartaos de aquí, mis canosas hermanas.
CULPA.
   Contigo quiero unirme yendo a tu mismo lado.
NECESIDAD.   Y la Necesidad me pisa los talones.
LAS TRES.
   Las nubes se deslizan, se extinguen las estrellas.
   ¡Allá atrás, allá atrás!, desde muy lejos viene
   la hermana, desde lejos viene la hermana... Muerte.
                    (Se van.)
FAUSTO *(en el palacio)*.
   Vi llegar cuatro, y sólo son tres las que se han ido.
   No he podido entender qué quería decir.
   Sonaba parecido como... Necesidad[1];
   Era un sonido hueco, espectralmente velado.
   Aún no me he abierto paso, luchando, hasta lo libre;
   si pudiera alejar de mi senda la magia,
   olvidando del todo los hechizos, delante
   de ti, Naturaleza, estaría como hombre
   sólo, y valdría entonces la pena ser un hombre.

[1] En el original, rima *Tod*, «muerte», con *Not*, «necesidad».

Es lo que he sido, antes de buscarlo en lo oscuro,
maldiciéndome a mí y al mundo, en sacrilegio.
Y ahora el aire está tan lleno de fantasmas
que no puede saberse cómo cabe evitarlos.
Por más que el día claro y sensato nos ría,
la noche nos envuelve con la red de los sueños.
Alegres regresamos del campo en primavera,
y grazna acaso un ave. ¿Qué grazna? Mala suerte.
Nos rodean antiguas, nuevas supersticiones:
aparecen, se muestran y nos traen su aviso.
Y asustados así, quedamos solitarios.
Se oye chirriar la puerta, y no penetra nadie.
(Asustado.) ¿Hay alguien?

INQUIETUD.   Tal pregunta exige decir «Sí».

FAUSTO. ¿Y tú, quién eres tú?

INQUIETUD.   Aquí estoy, de una vez.

FAUSTO. ¡Aléjate de aquí!

INQUIETUD.   Estoy en mi lugar.

FAUSTO *(al principio colérico, luego suavizado, para sí).*
Ándate con cuidados y no digas conjuros.

INQUIETUD. Aunque ningún oído me notara,
resonaría yo en el corazón;
en figura cambiante y transformada,
ejercito colérica violencia.
Por las olas, por todos los caminos,
angustiosa y eterna compañera,
nunca buscada, pero siempre hallada,
tan adulada como maldecida.
¿No has conocido nunca a la Inquietud?

FAUSTO. Solamente he corrido por el mundo
agarrando el placer por los cabellos,
dejé estar lo que no me satisfizo,
lo que se me escapó, lo dejé andar.
No he hecho más que anhelar y realizar,
y otra vez desear: así, potente,
con tumulto crucé la vida: grande
al principio, y hoy sabio y pensativo.
Ya conozco bastante el mundo entero:
más allá la visión queda borrada:
¡loco es quien mira allá, parpadeante,
e inventa algo como él sobre las nubes!
Que se detenga, firme, y mire en torno:

no está mudo este mundo ante el que es digno.
¿Para qué va a buscar eternidad?
Lo que conoce aquí, puede alcanzarlo.
Vaya siguiendo el día terrenal;
prosiguiendo hallará tormento y dicha,
descontento de todos los instantes.

INQUIETUD. A quien poseo yo por una vez
no le sirve de nada el mundo entero;
a cubrirle desciende eterna sombra,
pero el sol no se pone ante sus ojos;
en su mente, perfecta exteriormente,
habitan las tinieblas interiores,
y no sabe tomar la propiedad
de todos los tesoros de la tierra.
La dicha y la desdicha le enloquecen;
se muere de hambre en medio del exceso,
y lo mismo delicia que tormento,
para el día siguiente va aplazándolo;
sólo tiene presente el porvenir
y así jamás consigue terminar.

FAUSTO. ¡Basta ya! ¡Tú no vienes a ayudarme!
No puedo soportar tales locuras.
¡Márchate ya!, esa mala letanía
podría volver loco hasta al más cuerdo.

INQUIETUD. ¿Irá por fin? ¿O bien por fin vendrá?
No es capaz de tomar la decisión;
en medio del camino más trillado,
vacila a tientas, y anda a paso corto,
y se extravía más a cada instante
y ve las cosas más de medio lado,
oprimiendo a sí mismo y a los otros,
jadeando y aún sin ahogarse;
no ahogado y tampoco en esta vida
no resignado ni desesperado.
Semejante rodar incontenible,
dura renuncia y áspero deber,
tanto liberación como opresión,
mitad soñar, mitad resucitar,
le tiene bien pegado en su lugar
y le prepara para los infiernos.

FAUSTO. Así tratáis, espíritus impuros,
mil veces a la especie de los hombres;

transformáis hasta al día indiferente
en confusión de penas enredadas.
De los demonios no es fácil librarse;
su atadura de fuerza espiritual
es fuerte, Inquietud, que crece a rastras.
INQUIETUD. Fíjate qué de prisa
me separo de ti con maldición.
Ciegos los hombres son siempre en la vida:
¡ahora, Fausto, vas a terminar!   *(Le sopla.)*
FAUSTO *(cegado)*.
Parece entrar la noche y hacerse más espesa;
pero una luz brillante refulge en mi interior.
Lo que había pensado, me apresuro a cumplirlo:
da peso la palabra del señor a la acción.
¡Levantaos, esclavos!, ¡arriba, hombre por hombre!
Miremos con ventura lo que pensé atrevido.
¡Tomad las herramientas, moved picos y palas!
Lo propuesto se debe conseguir en seguida.
Con un orden severo y rauda diligencia
se puede conseguir el mejor de los premios;
para que se realice la mayor de las obras
basta un único espíritu para cada mil manos.

GRAN PATIO EXTERIOR
DELANTE DEL PALACIO

Antorchas.

MEFISTÓFELES *(como inspector, adelantándose).*
¡Adelante, adelante!
¡Vosotros, vagos Lémures[1],
seres a medias, hechos
de huesos y tendones!
LÉMURES *(a coro).* Aquí nos presentamos en seguida,
y por lo que creemos entender,
es cuestión de una tierra muy extensa
que hemos de recibir en posesión.

---

[1] Duendes maléficos y grotescos, semiesqueléticos, de la iconografía de la Antigüedad.

Aquí tenemos palos afilados
y una larga cadena de medir[2];
pero por qué hemos sido los llamados
no podemos ahora recordar.

MEFISTÓFELES.
¡No es cuestión de ningún esfuerzo artístico!
¡Actúe cada cual por su medida!
Que se tienda el más largo aquí a lo largo,
y los demás dad vueltas por el césped.
Como se hacía para vuestros padres,
cavad un cuadrilátero alargado.
Desde el palacio hasta esta estrecha casa:
a este estúpido fin se va a parar.

LÉMURES (*cavando, con muecas grotescas*)[3].
De joven siempre estaba enamorado
y era dulce la vida:
en cuanto oía música de fiesta
mis pies allá corrían.

Ahora la vejez, pérfida y mala,
me hirió con su muleta;
tropecé con la puerta de la tumba:
¡por qué estaría abierta!

FAUSTO (*sale del Palacio, a tientas por las jambas de*
las puertas).
¡Cómo me alegra el ruido de las palas!
La multitud por mí se está afanando;
reconcilia la tierra con la tierra,
a las olas le pone sus fronteras,
y ciñe el mar con recia ligadura.

MEFISTÓFELES (*a un lado*).
Pero para nosotros solamente
te cansas con tus diques y tus presas;
porque estás preparando un gran festín
a Neptuno, el demonio de las aguas.
Estáis perdidos ya, de todos modos:
los elementos andan conjurados
con nosotros, y vais a aniquilaros.

FAUSTO.   ¡Inspector!

---

[2] Es decir, los instrumentos del topógrafo.
[3] Esta canción imita la del sepulturero en *Hamlet*, V, 1; es de
origen popular, y fue también conocida por Goethe en la versión
recogida por Percy en *Reliques of ancient poetry*, 1765.

MEFISTÓFELES.   ¡Aquí estoy!

FAUSTO.   Como se pueda,
busca trabajadores en gran número,
con ganancia y severidad anímalos:
págales, estimúlales, promételes.
Quiero tener noticias a diario
de cómo marcha el foso comenzado.

MEFISTÓFELES (a media voz).
Conforme a las noticias que he tenido,
no se trata de foso, sino fosa.

FAUSTO.   Una ciénaga en torno a la montaña
trae la peste a todo lo logrado;
esas aguas podridas desecar
sería el fin del logro más excelso.
Daría sitio así a muchos millones;
si no seguros, sí en trabajo libre.
Verde el fecundo campo: reses y hombres
en la tierra más nueva pronto a gusto,
puestos en lo más fuerte de este cerro,
con la gente que sea trasladada
aquí, gente valiente y laboriosa.
Hay una tierra edénica aquí dentro:
¡en su borde, enfurézcanse las olas!
Si se asoman, entrando con violencia,
la multitud irá a cerrar la brecha.
Sí, de esta idea estoy bien convencido;
la palabra final de la prudencia:
sólo merece vida y libertad
quien sabe conquistarlas cada día.
Cercados de peligros, pasarán
niño, hombre y viejo el tiempo laborioso.
¡Querría poder ver ése afanarse,
estar con gente libre en suelo libre!
Querría yo decir a este momento:
¡Detente, eres tan bello![4]
La huella de mis días terrenales
No puede disiparse eternamente...
Presintiendo una dicha tan excelsa,
el instante supremo ahora gozo.

---

[4] Aquí Fausto pierde su «apuesta» con Mefistófeles, al pedir al instante que se pare (pág. 816).

(Fausto se desploma hacia atrás; los Lémures le toman y le colocan en el suelo.)

MEFISTÓFELES.

No hay goce que le sacie, no hay dicha que le baste,
siempre va enamorado tras de formas cambiantes;
desea retener, pobre de él, el momento
último, malo y vano. El tiempo se hace
señor de quien me supo resistir
con tal fuerza: en la arena yace el viejo.
¡Se ha parado el reloj!

CORO.   Está parado y calla
la medianoche. La manecilla cae...

MEFISTÓFELES.   Cae: todo acabó.

CORO.   ¡Todo pasó!

MEFISTÓFELES.   ¡Pasó! Palabra estúpida.
¿Por qué todo pasó?
¡Pasó, y la pura nada: identidad perfecta!
¿De qué nos sirve entonces la actividad eterna,
arrastrar a la nada lo creado?
¡Pasó! ¿Qué significa tal palabra?
Es igual que si nunca hubiera sido,
pero como si fuera, avanza en círculo.
Prefiero lo vacío eternamente.

ENTIERRO

LÉMUR *(cantando en solo)*[1].
¿Quién fue el que construyó tan mal la casa,
con la pala y el pico?

LÉMURES *(a coro)*.
Para ti ya está bien, callado huésped,
revestido de lino.

LÉMUR *(en solo)*.
¿Quién es el que cuidó tan mal la sala?
¿Y la mesa y las sillas, dónde están?

LÉMURES *(a coro)*.   Las habían prestado para poco;
y acreedores, hay cada vez más.

---

[1] Sigue aquí la imitación de la canción del sepulturero en *Hamlet*.

Mefistófeles.

El cuerpo está tendido: quiere escapar el alma;
pronto le enseñaré la letra escrita en sangre;
pero aún quedan muchos medios, por mi desgracia,
de robarle las almas al demonio.
Por el camino viejo, se tropieza;
por el nuevo, no estamos bien mirados:
vo, que antaño solía hacerlo solo,
hoy tengo que buscar mis ayudantes.
¡Nos va muy mal en todos los asuntos!
Viejo derecho, firme tradición,
en nada cabe ya tener confianza.
Con el último aliento antes salía
como raudo ratón; yo la acechaba
y la aferraba, ¡paf!, con garra firme.
Hoy vacila y no quiere ir al lugar
de la sombra y dejar la repugnante
morada del cadáver lamentable:
y al fin, los elementos con sus odios
poco a poco terminan por echarla.
Y aunque yo le dé vueltas día y noche,
sobre el cómo y el cuándo, es triste cosa:
perdió la vieja muerte su energía
rauda, y hasta es dudoso si acontece:
con codicia, a menudo yo miré
miembros yertos y sólo era ilusión:
se movían, volvían a agitarse.
*(Hace fantásticos gestos de mando, como un tambor
    mayor.)*
Acelerad el paso, ¡vamos, pronto!
señores de los cuernos retorcidos
y los cuernos derechos, de la antigua
cepa de los demonios: con vosotros
traéis las mismas fauces del infierno.
¡Tiene el infierno muchas, muchas fauces!
Se traga a cada cual según su rango,
pero después de tal juego final
no habrá en lo sucesivo miramientos.
    (Se abren las horribles fauces del infierno.)
Crujen dientes en punta: del hueco del abismo
brota fuego colérico en torrente;
y al fondo, en la humareda temerosa,

veo en ardor eterno la ciudad de las llamas.
El rojo incendio sale hasta los dientes;
condenados, nadando, procuran salvación;
pero la inmensa hiena los tritura,
y repiten con miedo su camino de fuego.
En los rincones queda mucho por descubrir:
¡tantas cosas horribles en tan escaso sitio!
Hacéis muy bien en dar miedo a los pecadores,
pero lo juzgan ellos mentira, engaño y sueño.
(A los demonios gordos, de cuernos cortos y rectos.)
¡Ahora, gordos pícaros con el lomo de fuego,
ardéis muy bien cebados con azufre infernal!
Con nucas siempre quietas, cortas, como de palo,
mirad abajo a ver si hay un brillo de fósforo:
es el almita, es Psique con sus alas y todo;
desplumadla y será un gusano asqueroso.
Con mi marca la quiero sellar, y luego, ¡vaya
allá hacia el remolino de fuego en tempestad!
Mirad a las regiones inferiores,
odres, que es esa vuestra obligación;
no se sabe con mucha exactitud
si le puede agradar vivir allí.
En el ombligo está como en su casa:
¡cuidado, por allí os escapará!
(A los demonios flacos de cuerpo, de cuernos largos
    y retorcidos.)
¡Gigantescos tambores mayores, fanfarrones,
echad la garra al aire!, ¡probadlo sin cansancio,
con el brazo extendido y zarpas afiladas,
por si agarráis el alma que se escapa volando!
Seguramente está mal en su antigua casa
y el genio siempre tiende a subir a la altura.
        Gloria, arriba, a la derecha.
HUESTES CELESTIALES.   ¡Seguid allá, enviados,
                mensajeros celestes,
                de vuelo poderoso;
                perdonad pecadores
                y dad al polvo vida!
                ¡Dad a todos los seres
                vestigios del amor,
                que queden al flotar
                el cortejo ligero!

MEFISTÓFELES.

Escucho disonancias; ruidos desagradables
me llegan desde arriba con una luz ingrata:
ésa es la afeminada charanga muchachil,
buena para encantar el gusto a las beatas.
Sabéis cómo en momentos de profunda impiedad
pensamos a la humana especie aniquilar:
y lo más lamentable de lo que allí inventamos
resulta ser lo bueno para su devoción.
¡Vienen con aire hipócrita, saltando, esos estúpidos!
Nos han arrebatado y hurtado muchas almas;
con nuestras propias armas nos combaten ahora:
son demonios también, por más que disfrazados.
Perder aquí sería una vergüenza eterna:
¡a la fosa, y quedaos bien firmes en el borde!

CORO DE ÁNGELES *(esparciendo rosas)*.

    ¡Oh, rosas deslumbrantes,
    que difundís aromas!
    ¡Flotando, aleteantes,
    animando escondidas,
    con ramitas por alas,
    abriendo los capullos,
    corréis a florecer!
    ¡Surja la primavera,
    en púrpura y en verde!
    Llevad al Paraíso
    al que descansa ahí.

MEFISTÓFELES *(a los satanases)*.

¿Tembláis y os agacháis?, ¿es uso del infierno?
Manteneos bien firmes: dejadles dispersarse:
¡que vaya cada imbécil a ocupar su lugar!
Se imaginan que van a helar a los demonios,
tan ardientes, con esos floreos: todo eso
se funde y se disipa si le echáis el aliento.
¡Soplad, soplad, soplones! ¡Basta, ya es suficiente!
Al sentir vuestra peste palidece el cortejo.
¡No tan fuerte!, ¡cerrad la boca y la nariz!
Cierto que habéis soplado con demasiada fuerza:
¡nunca seréis capaces de hallar el justo medio!
¡Y no sólo se encogen: se secan y se queman!
Ya vienen, con letales y luminosas llamas.
¡Poneos frente a ellos, apretad bien las filas!

Se disipan las fuerzas y se acaba el valor:
huelen los diablos vanos ardores lisonjeros.

CORO DE ÁNGELES. Flores afortunadas,
llamas de la alegría,
difunden el amor
y preparan deleites
dados al corazón.

¡Palabras verdaderas,
éter con claridad,
ejércitos eternos
y día en todas partes!

MEFISTÓFELES.
¡Maldición, qué vergüenza, estos idiotas!
Los satanases andan de cabeza;
los gordos van rodando, hasta caer
en un baño de asiento en el infierno.
¡Que os aproveche el baño merecido!
Pero yo no me muevo de mi sitio.
(Dando golpes alrededor con las rosas que caen.)
¡Afuera, fuego fatuo! Brillas, pero al cogerte
tan sólo eres un poco de sucia gelatina.
¿Por qué revoloteas? ¿Quieres marcharte ya?
Se me pega al cogote igual que pez o azufre.

CORO DE ÁNGELES.
Lo que no os pertenece
lo debéis evitar.
Lo que os disturbe el ánimo,
no habéis de soportarlo.
Si quiere entrar, violento,
hemos de ser virtuosos.
¡Solamente a los que aman
guía adentro el amor!

MEFISTÓFELES.
¡Me abrasa la cabeza, el corazón, el hígado,
con llamas mucho más que demoníacas,
con fuego más agudo que el infierno!
Así sufrís de modo tan terrible
¡pobres enamorados! que buscáis, desdeñados,
con el cuello torcido a vuestra amada.
¡También a mí! ¿Qué tira mi cabeza a ese lado?
¿O es que en lucha mortal no estoy con ellos?
En otro tiempo, verles me era odioso.

¿Algo extraño se me ha metido dentro?
Puedo verles con gusto a estos hermosos jóvenes;
¿qué me frena que no les puedo maldecir?
Y si yo me dejara enloquecer
en lo futuro ¿quién va a ser el loco?
¡Los chicos de las nubes, a quien odio,
me resultan, no obstante, muy simpáticos!
Decidme, pues, muchachos tan hermosos,
¿de Lucifer no sois hijos también?
Sois muy guapos; querría yo besaros;
parece que llegáis en buen momento.
Me resulta tan grato y natural
como si ya os hubiera visto mucho,
con secreta codicia, como un gato:
¡a cada vez os veo más hermosos!
¡Venid, y concededme una mirada!

ÁNGELES. Ya venimos: ¿por qué te echas atrás?
Nos acercamos: quédate; si puedes.
(Los ángeles, dando la vuelta alrededor, ocupan todo
el sitio.)

MEFISTÓFELES.
¡Nos llamáis condenados, insultándonos,
y sois vosotros los genuinos brujos,
pues seducís al hombre y la mujer…!
¡Qué aventura maldita!
¿Y el fuego del amor es éste, entonces?
Abrasándose está mi cuerpo entero,
y apenas noto que la nuca me arde.
Andáis flotando: echaos, pues, abajo;
moved los bellos miembros de un modo más mun-
en verdad ·que lo serio os sienta lindamente   [dano;
¡pero querría veros sonreír una vez!
Sería para mí eterno entusiasmo:
digo, como al mirarse unos enamorados;
un gesto con la boca, y se acabó.
Tú, el larguirucho, eres el que más me apasiona;
el gesto clerical no te sienta muy bien,
¡mírame con un poco de ternura!
Podríais ir también desnudos con decencia;
el camisón cn pliegues es demasiado austero.
Se vuelven, y al mirarles por detrás
¡qué apetitosos son estos bribones!

CORO DE ÁNGELES.   ¡Volveos, amorosas
                   llamas, hacia lo claro!
                   A los que se condenan,
                   sálvelos la verdad,
                   para que se rediman
                   del mal con alegría
                   y que en la universal
                   unión sean dichosos.
MEFISTÓFELES (*dominándose*).
   ¡Qué es de mí! Como Job, llaga tras llaga,
   me he vuelto que hasta a mí me doy horror:
   pero triunfó, al mirarse todo entero,
   y al confiar en sí y sus descendientes:
   están las nobles partes diabólicas a salvo,
   y la chispa de amor no pasó de la piel.
   Esas llamas malditas se apagaron,
   y a todos os maldigo como debo.
CORO DE ÁNGELES.   Aquel a quien rodean
                   los sagrados fulgores
                   se siente con los buenos
                   dichoso en esta vida.
                   ¡Todos juntos y unidos,
                   a alabar levantaos!
                   ¡El aire ya está puro;
                   que respire el espíritu!
(*Se elevan, llevándose la parte inmortal de Fausto.*)
MEFISTÓFELES (*mirando en torno*).
   Pero ¿adónde? ¿Por dónde han escapado?
   gente menor de edad me han sorprendido,
   y al cielo se han volado con su presa;
   a eso bajaron ávidos al foso.
   Se me escapó un tesoro grande y único:
   el alma noble que tenía en prenda,
   en una distracción me la han hurtado.
   Ahora ¿a quién me puedo ir a quejar?
   ¿Quién me dará razón, como merezco?
   Has quedado engañado en tu vejez;
   te lo mereces, que te vaya mal.
   Como un derrochador, mal he actuado:
   he disipado en vano un gasto enorme:
   gozo vulgar, absurdos amoríos
   al demonio en la liga han atrapado.

Y si el prudente experto se ocupó
de ese asunto tan loco e infantil,
no es pequeña, en verdad, la tontería
que ha podido con él en conclusión.

BARRANCOS EN UNA MONTAÑA

Bosque, peñas, desierto.

*Santos Anacoretas, distribuidos por el monte arriba,
viviendo entre las grietas.*

CORO Y ECO. Se balancea el bosque
y pesan los peñascos,
las raíces se agarran,
y los troncos se aprietan.
Saltan olas tras olas,
y abriga la honda cueva.
Nos rodean leones
alrededor, propicios,
y honran el lugar santo,
santo asilo de amor.

PATER ECSTATICUS *(cerniéndose arriba y abajo).*
Placer de llama eterna,
amor ardiente en vínculo,
pecho en dolor agudo,
gozo hirviente de Dios.
Flechas, atravesadme,
y lanzas, subyugadme;
mazas, hacedme trizas,
¡fulminadme, relámpagos!
Que lo que nada vale,
lo maldecible, brille
con la estrella perenne,
núcleo eterno de amor.

PATER PROFUNDUS *(en la parte más honda).*
Como el cantil de rocas a mis pies
descansa sobre el fondo del abismo;
como los mil arroyos manan fúlgidos

y en terrible caída hacen espuma;
como, recto, en impulso poderoso,
el tronco se levanta por los aires:
igual es el amor omnipotente
que da su forma a todo, y lo cobija.
En torno a mí hay un loco ruido hirviente,
como agitando bosque y roca madre,
el rebose del agua hacia el barranco,
llamada al valle a dar su riego: el rayo,
cayendo con su llama, acude luego
a depurar la atmósfera, por más
que en su seno allegó niebla y veneno...
Son heraldos de amor, y a anunciar vienen
lo que nos cerca en muro creador.
¡Ojalá mis entrañas también queme,
donde, frío, el espíritu enredado,
en su torpe sentir cercado sufre
con dolor de cadenas apretadas!
¡Dios, a mis pensamientos dales paz!

PATER SERAPHICUS *(en la región central).*
¿Qué nube mañanera en los abetos
y en su pelo ondulante va flotando?
¿Sospecho lo que vive en su interior?
Un cortejo de jóvenes espíritus.

CORO DE NIÑOS BIENAVENTURADOS.
Dinos, Padre, hacia dónde nos movemos.
Dinos tú, Bondadoso, ¿quiénes somos?
Somos afortunados: para todos
es propicia y amable la existencia.

PATER SERAPHICUS.
¡Niños! Nacidos en la medianoche,
medio cerrada el alma y los sentidos,
recién perdidos para vuestros padres,
pero para los ángeles ganados.
Al venir al encuentro del que os ama,
sentís felicidad, así ¡acercaos!
De la tierra y sus ásperos caminos
no conserváis vestigio, ¡afortunados!
Descended y tendréis en mis miradas
un órgano adecuado para el mundo;
y si podéis usarlo como vuestro
contemplad el lugar que nos rodea.

(Los toma dentro de sí.)
Éstos son peñas, árboles son éstos,
ése el torrente de agua que al caer
con un tremendo salto, va atajando
su senda por lo abrupto de la roca.

NIÑOS BIENAVENTURADOS *(desde dentro de él).*
Es una cosa muy grande de ver,
pero este sitio está muy desolado;
de miedo y de terror nos estremece.
¡Tú, bueno y noble, déjanos marchar!

PATER SERAPHICUS. Subid allá, a la esfera superior,
y sin ser advertidos, creced siempre,
según como, del puro modo eterno,
da fuerzas la presencia del Señor.
Pues eso es lo que nutre a los espíritus,
en el éter más libre establecido;
es la revelación de amor eterno
que en bienaventuranza se despliega.

CORO DE NIÑOS BIENAVENTURADOS *(girando en torno
a la cima más alta).*
Entrelazad las manos,
en un alegre corro.
Moveos y cantad
vuestros santos sentires.
Por Dios aleccionados,
podéis en Él confiar:
porque veréis a Aquel
a quien hoy veneráis.

ÁNGELES *(se ciernen en la atmósfera más alta, llevando
el alma inmortal de Fausto).*
Salvado está del Malo este preclaro
elemento del mundo del espíritu:
*a quien siempre se esfuerza con trabajo
podemos rescatar y redimir.*
Y si en él el Amor tomó su parte
bajando de la altura, le saldrá
al encuentro el cortejo beatífico
con saludo de todo corazón.

LOS ÁNGELES MÁS JÓVENES.
Esas rosas que vienen de las manos
de santas y amorosas penitentes,
nos ayudaron para nuestro triunfo

para llevar a cabo este alto empeño,
y conquistar esta alma y su tesoro.
Al esparcirlas, los malos cedieron;
volaron los demonios al tocarlas.
En vez de usadas penas infernales,
sintieron el tormento del amor
los espíritus: y hasta al viejo jefe
de los diablos le traspasó el dolor.
¡Tened júbilo ahora! Lo logramos.

LOS ÁNGELES MÁS PERFECTOS.

Un resto de la tierra
nos queda, doloroso,
y aunque fuera de asbesto
no sería bien puro.
Si el espíritu fuerte
atrae y arrebata
a sí los elementos,
ningún ángel separa
el doble ser unido
de ambas cosas fundidas:
sólo el amor eterno
las logra separar.

LOS ÁNGELES MÁS JÓVENES.

Nieblas, cimas de roca,
observando y mirando;
veo moverse cerca
una vida de espíritu.
Las nubecillas se abren:
veo un grupo movido
de muchachos felices
sin peso de la tierra,
en coro reunidos
disfrutan con el nuevo
resplandor y esplendor
del mundo de allá arriba.
¡Únase a este comienzo
un aumento creciente
de disfrute plenario!

LOS NIÑOS BIENAVENTURADOS.

Con gozo recibimos
a éste, aún en crisálida;
recibimos así

la prenda de los ángeles.
Disolved esos copos
que le envuelven aún.
Ya está grande y hermoso
con la vida sagrada.

DOCTOR MARIANUS[1] *(en la celda más alta y pura).*

Libre está aquí la vista,
y elevado el espíritu.
Allí pasan mujeres,
flotando y ascendiendo.
Veo en el resplandor
a la Gloriosa en medio
con corona de estrellas,
a la Reina del Cielo
contemplo en su fulgor.
(Extasiado.)
¡Suprema soberana
del mundo, hazme que vea
tu misterio, en el tenso
pabellón de los cielos!
¡Concede lo que al hombre
agita, tierno y grave,
y lo lleva hacia ti
con gozo de amor santo!
Nuestra alma es invencible,
si lo ordenas, Augusta:
de pronto, su ardor cede
al darnos tú la paz.
Virgen, bella pureza,
Madre, digna de honores,
que se nos ha elegido
Reina, divina en rango.
En torno a ella se trenzan
ligeras nubecillas:
son una multitud
tierna de penitentes
que el éter va moviendo
en torno a sus rodillas,
solicitando gracia.
No te importa, Intangible,

[1] «Marianus», devoto de la Virgen María.

que a ti las fácilmente
seducidas, acudan
en espera de gracia.
Arrastradas al mal,
no es muy fácil salvarlas;
¿quién rompe, con sus fuerzas,
vínculos del placer?
¿Cómo escapará el pie
al suelo resbaloso?
¿A quién no aturden ojos
y aliento lisonjeros?

(*La Mater Gloriosa aparece flotando en la altura.*)

CORO DE LAS PENITENTES.

Te elevas a la altura
del reino perdurable;
escucha nuestra súplica,
¡tú, Incomparable, tú,
la Rica en toda gracia!

MAGNA PECCATRIX (*S. Lucas, VII, 36*)[2].

Por el amor que puso
lágrimas en el bálsamo
a los pies de tu Hijo
de claridad divina,
con burlas fariseas;
por el jarro que dio
ricas gotas de aroma;
los cabellos que, suaves,
le enjugaron los pies...

MULIER SAMARITANA (*Juan, IV*)[3].

Por el pozo a que antaño
llevó Abraham sus reses,
por el cubo que dio
frescura al Salvador,
por la fuente que, rica,

---

[2] «Entonces una mujer que era pecadora en el pueblo, al saber que él [Jesús] iba a comer en casa del fariseo, trajo un jarro de alabastro lleno de perfume, y poniéndose detrás, a los pies de él, con las lágrimas empezó a mojar sus pies, y con los cabellos de su cabeza a secarlos, besando sus pies y ungiéndolos con el perfume. Al verlo, el fariseo que le había invitado dijo para sí: —Éste, si fuera profeta, sabría quién es y qué es esta mujer...—»

[3] «Allí estaba el pozo de Jacob. Entonces Jesús, cansado del camino, se sentó allí junto al pozo. Era alrededor de la hora sexta. Vino una mujer de Samaria a sacar agua, Jesús le dijo: —Dame de beber—. Etc,»

allí ahora se vierte,
rebosante y perenne,
cruzando todo mundo...

MARÍA EGIPCÍACA[4] *(Acta Sanctorum).*

Por el lugar sagrado
a que bajó el Señor,
por el brazo, en aviso,
que me echó de la puerta;
porque expié cuarenta
años en el desierto,
por el dichoso adiós
que en la arena escribí...

LAS TRES.

Tú, que a las pecadoras
dejas que se te acerquen
y elevas al eterno
premio las penitencias,
también a esta alma buena,
que se olvidó una vez,
sin pensar que pecaba,
da el perdón generoso.

UNA POENITENTIUM[5]
(antaño llamada Margarita, acercándose).

¡Inclina, inclina el rostro,
oh tú, la incomparable,
la rica en esplendor,
graciosa, hacia mi dicha!
El que amé antaño, ahora,
libre de turbación,
se acerca de regreso.

NIÑOS BIENAVENTURADOS
(acercándose con movimientos en círculo).

En miembros poderosos
nos aventaja ya,
el fiel cuidado tiene
recompensa abundante.
Nos alejamos pronto
del coro de los vivos;
pero éste ha aprendido
y nos enseñará.

---

[4] Es la pecadora que, rechazada por una fuerza misteriosa al querer entrar en Jerusalén, se arrepiente y marcha al desierto, donde vive como ermitaña penitente.

[5] «Una poenitentium»: «una de las penitentes».

Esa Penitente *(antaño llamada Margarita).*
>Entre este noble séquito de espíritus,
>casi no se da cuenta el que ahora llega;
>la nueva vida, apenas la presiente,
>y se asemeja ya al cortejo sacro.
>Mira cómo huye a toda ligadura
>de su antigua envoltura terrenal
>y de su vestidura etérea sale
>la prístina energía juvenil.
>¡Concédeme que yo le enseñe y lleve:
>deslumbrado está aún del nuevo día!

Mater Gloriosa.
>¡Ven, elévate a más altas esferas!
>En cuanto te presienta, ha de seguirte.

Doctor Marianus *(adorando postrado).*
>Mirad hacia esos ojos salvadores,
>arrepentidos de alma tierna, todos,
>para que así, con vuestra gratitud,
>para el hado dichoso os transforméis.
>Todo el noble sentir venga a ponerse
>sumiso y reverente a tu servicio,
>¡Reina, Virgen y Madre; diosa, sigue
>concediendo tu gracia!

Chorus Mysticus.
>Todo lo transitorio,
>es solamente un símbolo;
>lo inalcanzable aquí
>se encuentra realizado;
>lo Eterno-Femenino
>nos atrae adelante.

FINIS